Web기반 PCB설계도구

-EasyEDA의 활용-

이정환 지음

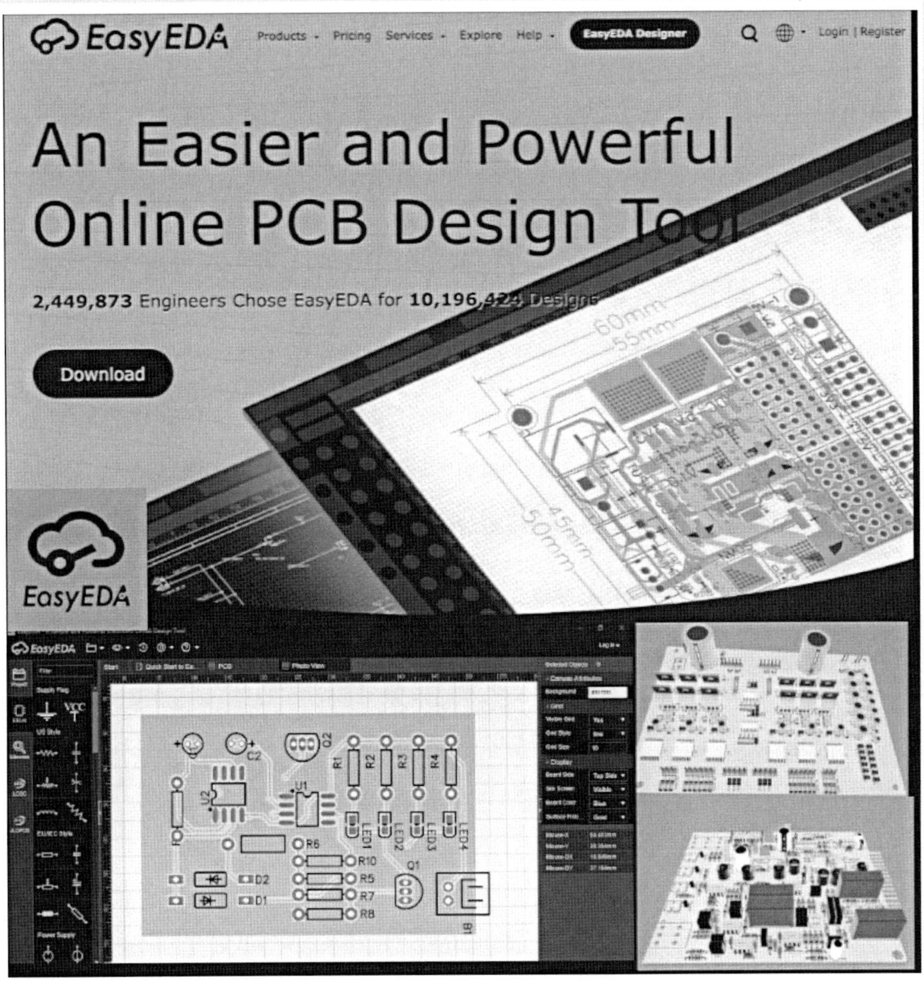

도서출판 홍릉

Web기반 PCB설계도구

-EasyEDA의 활용-

인 쇄 : 2022년 6월 21일 초판 1쇄
발 행 : 2022년 6월 30일 초판 1쇄

저 자 : 이정환
발행인 : 송 준
발행처 : 도서출판 홍릉
주 소 : 01093 서울시 강북구 인수봉로 50길 10
등 록 : 1976년 10월 21일 제5-66호

전 화 : 02-999-2274~5, 903-7037
팩 스 : 02-905-6729
e-mail : hongpub@hongpub.co.kr
http://www.hongpub.co.kr
ISBN : 979-11-5600-052-5(93560)

정 가 : 19,000원

"이 저서는 2020년도 건국대학교 교내연구비 지원에 의한 저서임"

CONTENTS

02 회로도 작성(Schematic Capture)

03 심볼 라이브러리(Symbol Library)

04 PCB 레이아웃(PCB Layout)

06 가져오기

07 내보내기

서문

EasyEDA는 Web(HTML5)을 기반으로 전자 하드웨어 설계자가 쉽게 회로를 그리고, 시뮬레이션을 하며, PCB를 제작할 수 있게 해주는 전자설계자동화(EDA) 프로그램입니다. Altium Designer와 같은 상용화된 제품의 모든 기능을 재공하고 있지는 않지만, 4차 산업혁명의 기술로 각광 받고 있는 Cloud기술이 접목되어 있어서, 개인용 컴퓨터의 운영체계(Windows, macOS, Linux등)에 맞춰 독립된 프로그램을 설치하지 않아도, 인터넷을 통하여 작업을 수행할 수 있도록 되어 있습니다. 더욱이, 오픈소스 계열의 SPICE(Ngspice) 시뮬레이션을 지원하고 있으며, 다층 PCB 지원 및 2D/3D의 부품과 PCB preview기능을 지원하고 있어, 초보자도 멋있는 결과물을 만들어 낼 수 있는 프로그램입니다.

더욱이, LCSC사의 부품 카타로그와 연동되어 쉽게 다양한 전자 부품들을 검색할 수 있으며, JLCPCB사의 PCB제작 및 배송 서비스와 연동되어 전세계 어디에서든 PCB를 주문하고 배송받아 볼 수 있습니다.

이에, 본 도서는 처음으로 EDA 프로그램을 접하는 초보자들을 위하여, EasyEDA를 활용하는 방법을 EasyEDA사의 가이드라인을 참고로 전자회로의 설계에서 PCB작업에 이르기까지의 과정을 정리해 보았습니다. 시뮬레이션관련해서는 다소 많은 내용을 전달해야 하는 문제로 인하여 본 도서에서는 다루지 않기로 했습니다. 관심있는 독자나 PSPICE 사용에 대한 경험이 있는 사람이라면 쉽게 접근할 수 있을 것입니다.

01

시작하며

1.1 EasyEDA에 대하여

전자 엔지니어, 교육자, 학생, 메이커(Maker) 및 애호가를 위한 웹기반의 EDA(Electronics Design Automation) 도구인 EasyEDA의 사용법에 대하여 알아보고자 합니다. 별도의 응용 프로그램을 설치할 필요가 없어서, HTML5가 가능한 표준 호환 웹 브라우저에서 EasyEDA를 열기만 하면 됩니다. 만약에 사용자가 리눅스(Linux), 맥(Mac) 또는 윈도우(Windows)를 사용하는 경우라면 크롬(Chrome) 또는 화이어폭스(Firefox) 웹 브라우저를 사용하는 것을 추천합니다. 아니면, 데스크탑에서 실행이 가능한 EasyEDA Client(https://easyeda.com/page/download)를 다운받아 사용할 수도 있다는 전자회로의 개념적인 설계에서 생산을 위한 PCB의 제작에 이르기까지, 쉽고 빠르게 그 과정을 구현하는데 필요한 유용한 기능을 거의 대부분 갖추고 있습니다.

EasyEDA에서 구현되는 주요 기능은 다음과 같습니다:

- 간단하고 쉽고 친근하며 강력한 범용의 그리기 기능
- 언제 어디서나 모든 장치에서 동작가능
- 실시간 팀 협력(Real-time Team Cooperation)
- 설계화일의 온라인 공유
- 참고가 가능한 많은 오픈소스 프로젝트
- 통합 PCB 제작 및 부품 구매 체인
  (PCB fabrication: https://jlcpcb.com/ , Components: https://lcsc.com/)
- API 제공
- 스크립트 지원

<table>
<tr><th>회로도 작성(Schematic Capture)</th><th>PCB 레이아웃(PCB Layout)</th></tr>
<tr><td>• LTSpice 기반 시뮬레이션
• Spice모델과 부회로 생성
• WaveForm 뷰어 및 데이터 내보내기(CSV)
• Netlist 내보내기(Spice, Protel / Altium Designer, Pads, FreePCB)
• 문서 내보내기 (PDF, PNG, SVG)
• EasyEDA 소스 파일 내보내기 (json)
• Altium Designer 형식 내보내기
• BOM 내보내기
• 다중 시트 회로도(Mutil-sheet schematics)
• 회로도 모듈(Schematic module)
• 테마(Theme) 설정
• 문서 복구</td><td>• 설계 규칙 검사 (Design Rules Checking :DRC)
• 다중 레이어, 6개의 구리(copper) 레이어 지원
• 문서 내보내기 (PDF, PNG, SVG)
• EasyEDA 소스 파일 내보내기 (json)
• Altium Designer 형식 내보내기
• BOM 내보내기
• DXF 내보내기
• 사진 보기
• 3D보기
• 제작 파일 (Gerber) 생성
• 선택(Pick) 및 배치(Place) 파일 내보내기
• 자동 라우터
• PCB 모듈
• 문서 복구</td></tr>
<tr><th>Import</th><th>Libraries</th></tr>
<tr><td>• Altium/ProtelDXP ASCII Schematic/PCB
• Eagle Schematic/PCB/Libraries
• KiCAD Schematic/PCB/Libraries
• DXF</td><td>• 1,000,000개 이상의 공용 라이브러리 (Symbol 및 Footprint)
• 라이브러리 관리
• Symbol/Subpart 생성 및 편집
• Spice symbol/model 생성 및 편집
• Footprint 생성 및 편집</td></tr>
</table>

1.2 EasyEDA를 사용한 설계 흐름(Design flow)

EasyEDA를 사용하여 쉽게 회로도를 만들 수 있는데, 이때의 설계 흐름은 다음과 같습니다.

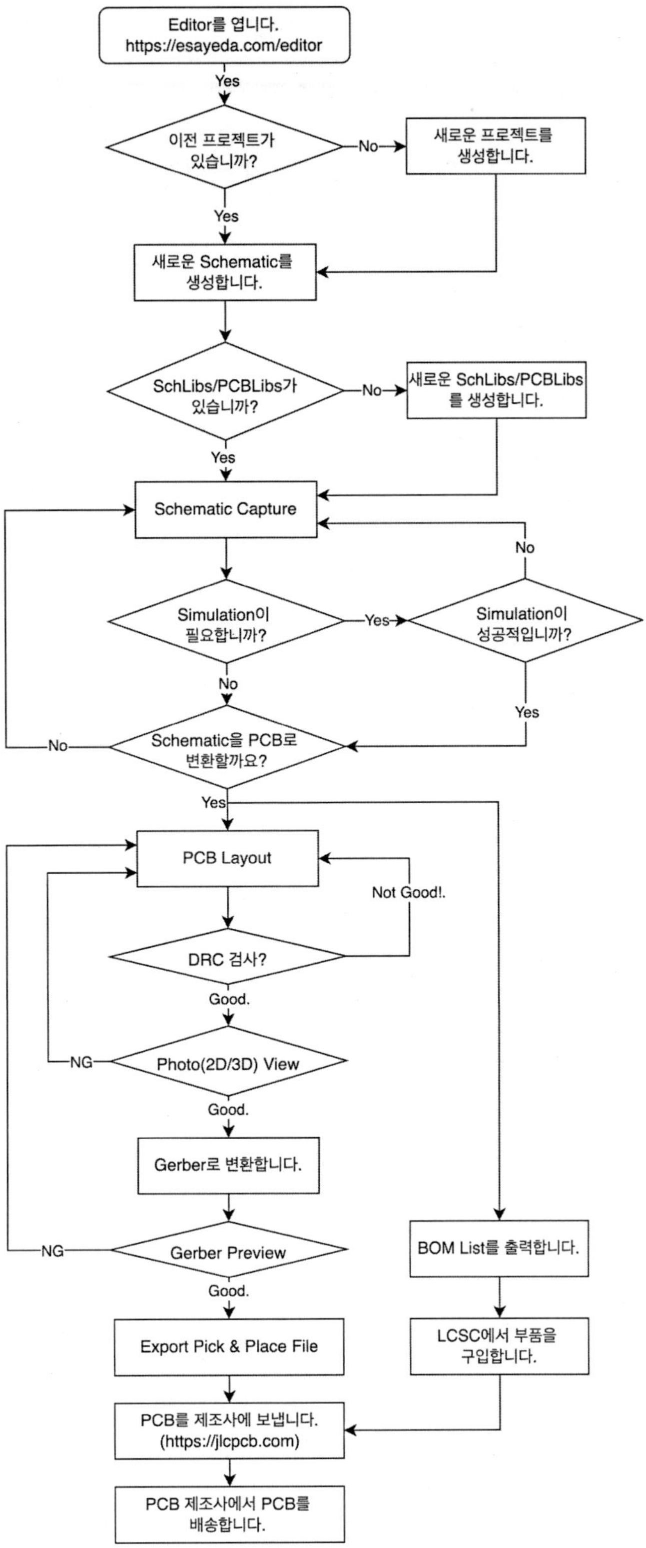
Editor를 엽니다.
https://esayeda.com/editor
Yes
이전 프로젝트가 있습니까?
No
새로운 프로젝트를 생성합니다.
Yes
새로운 Schematic를 생성합니다.
SchLibs/PCBLibs가 있습니까?
No
새로운 SchLibs/PCBLibs를 생성합니다.
Yes
Schematic Capture
No
Simulation이 필요합니까?
Yes
Simulation이 성공적입니까?
No
Yes
Schematic을 PCB로 변환할까요?
No
Yes
PCB Layout
Not Good!.
DRC 검사?
Good.
Photo(2D/3D) View
NG
Good.
Gerber로 변환합니다.
Gerber Preview
NG
Good.
Export Pick & Place File
BOM List를 출력합니다.
LCSC에서 부품을 구입합니다.
PCB를 제조사에 보냅니다.
(https://jlcpcb.com)
PCB 제조사에서 PCB를 배송합니다.

1.3 사용자 인터페이스(User Interface)

EasyEDA 편집기(Editor)에는 명확하고 친숙한 사용자 인터페이스를 가지고 있어, 익숙해지면 모든 기능을 매우 쉽고 빠르게 사용할 수 있습니다.

1.3.1 검색 필터(Search Filter)

검색필터를 사용하기 전에 화면 왼쪽 탐색 패널에서 필요한 모듈을 선택해야 한니다. 그러면 제목 몇 글자만 입력해도 프로젝트, 파일, 부품 및 footprint를 빠르고 쉽게 찾을 수 있습니다.

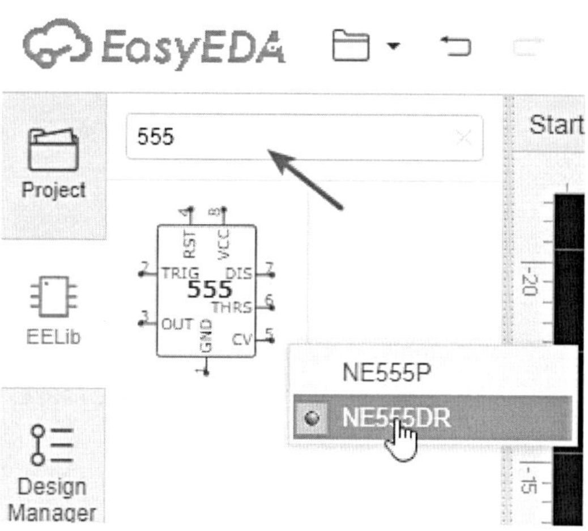

예를 들어 제목에 "NE555"가 포함 된 모든 파일을 찾으려면 "555"만 입력하면 대소문자를 구분하지 않고, 연관된 대상을 보여줍니다.

검색 필터는 프로젝트, 파일, 부품 제목 및 이름 만 찾을 수 있으며, 설명 및 내용 필드를 지원하지는 않습니다.

1.3.2 탐색 패널(Navigation Panel)

탐색 패널은 EasyEDA에서 모든 프로젝트, 파일, 부품 및 footprint를 찾을 수있어, 매우 많은 활용을 하는 중요한 패널입니다.

1.3.2.1 프로젝트(Project)

비공개거나 공개적으로 공유된 모든 프로젝트를 찾을 수 있습니다. 이 옵션에는 프로젝트로 드롭다운하고 항목을 마우스 오른쪽 버튼으로 클릭하면 다음과 같은 트리 메뉴가 표시됩니다.

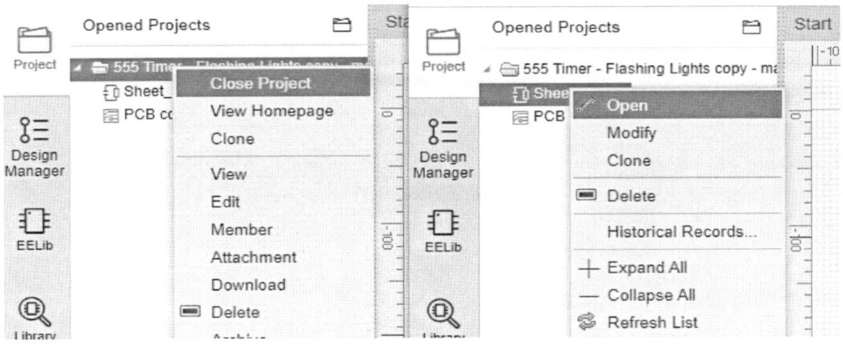

1.3.2.2 EELib(EasyEDA 라이브러리)

EElib는 EasyEDA 라이브러리를 의미합니다. 시뮬레이션 모델로 완성된 많은 구성 요소를 제공하며, 대부분은 EasyEDA 용으로 개발되어 시뮬레이션 경험을 더 쉽게 만들어 줍니다.

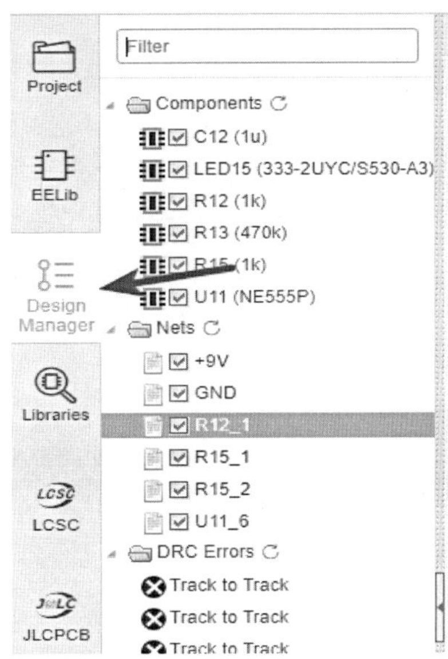

1.3.2.3 디자인 관리자(Design Manager)

디자인 관리자는 각 구성 요소/부품과 네트(net)를 쉽게 확인할 수 있으며, 설계 규칙 검사 DRC(Design rule check) 기능을 제공하여 보다 나은 설계를 지원합니다.

1.3.2.4 라이브러리(Library)

사용 가능한 많은 부품 및 프로젝트에 대한 회로도 심볼 및 PCB footprint가 포함되어 있으며, 사용자의 라이브러리 및 모듈이 여기에 표시됩니다.

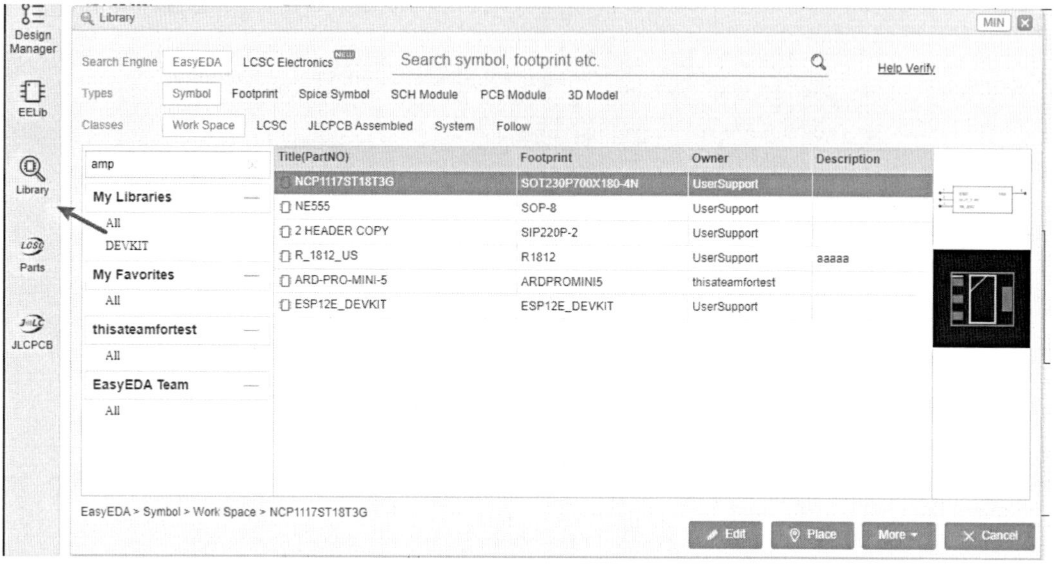

■ **LCSC[Https://lcsc.com]**

PCB를 완성하기 위해 필요한 부품을 구입하려면 LCSC 모듈을 사용해 봐야 한다. LCSC.com 과 EasyEDA는 동일한 회사이다. EasyEDA는 중국 최대 전자 부품 온라인 스토어와 제휴하여 고객 및 주문 수량 출시를 제공한다. LCSC는 Love Components & Save Cost! 의 약자이다.

■ **JLCPCB(Shenzhen JIALICHUANG Electronic Technology Development Co., Ltd)**

JLCPCB, LCSC 및 EasyEDA는 동일한 회사 그룹으로, 전 세계 200,000 명 이상의 고객이 신뢰하는 JLCPCB 는 중국 최대의 PCB 프로토 타입 기업이자 빠른 PCB 프로토 타입 및 소형을 전문으로하는 하이테크 제조업체이다.

1.3.3 최상위 메뉴(Top Menu)

대부분의 EasyEDA 기능은 최상위 메뉴에서, 필요한 기능을 쉽고 빠르게 명확하게 찾을 수 있습니다.

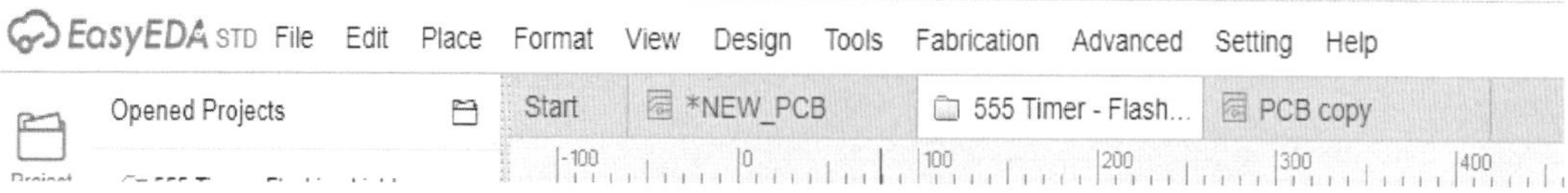

1.3.4 미리보기 대화 상자(Preview Dialog)

미리보기 대화 상자는 구성 부품과 footprint를 선택하는데 도움이 되며, 회로도와 PCB 레이아웃을 식별하는데 도움이 될 수 있습니다. (Top Menu > View > Preview Window)

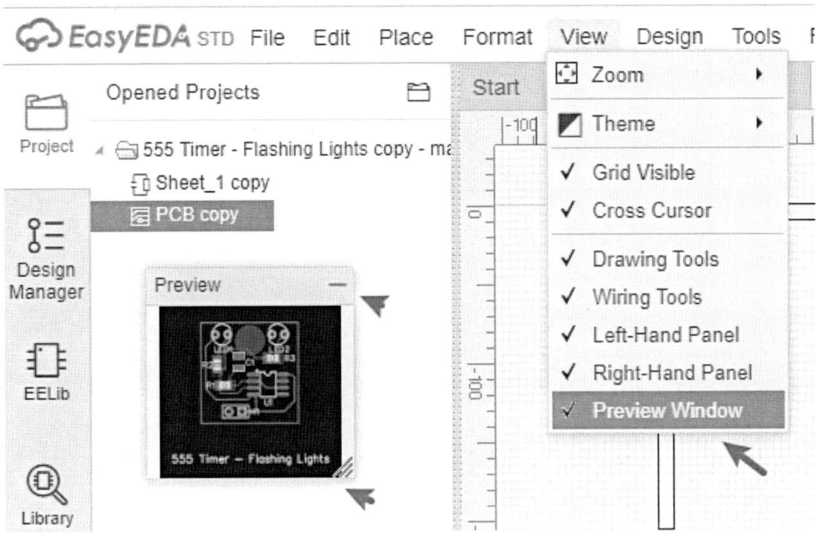

- 미리보기 대화 상자의 오른쪽 하단부에는 크기 조정 핸들이 있습니다.
- 미리보기 대화 상자는 닫을 수 없지만, 상단 배너를 두 번 클릭하면 패널이 롤-업되거나 오른쪽 상단 모서리를 클릭 할 수 있습니다. 상단 배너를 다시 두 번 클릭하면 선택한 크기로 다시 전환됩니다.

1.3.5 배선 도구(Wiring Tools)

배선 도구는 문서 유형에 민감하여, 문서 유형마다 표시되는 도구가 다르게 표시됩니다.

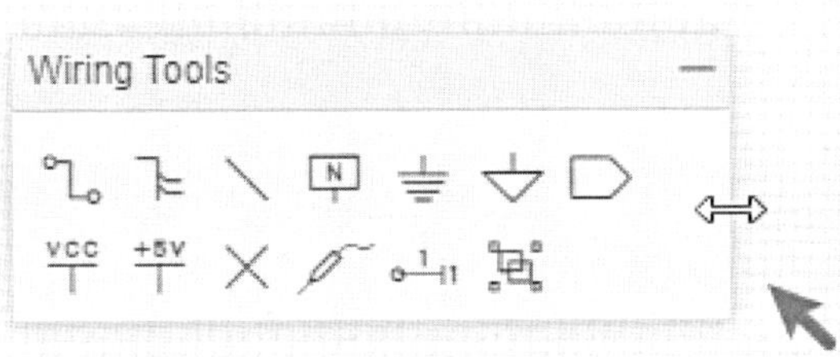

1.3.6 드로잉 도구(Drawing Tools)

EasyEDA의 사용자 인터페이스(UI)를 일관성 있고 선명하게 유지하기 위해, 배선 및 그리기 도구 팔레트는 수평으로 크기를 조정하거나 롤-업하거나 숨길 수 있는데, 드로잉(drawing)에 집중하려는 경우 다른 팔레트를 롤-업하거나 숨겨 더 많은 공간을 만들고 작업공간을 확보할 수 있습니다.

1.3.7 캔버스 속성(Canvas Attributes)

캔버스의 빈 공간을 클릭하여 캔버스 속성 설정을 찾을 수 있습니다.

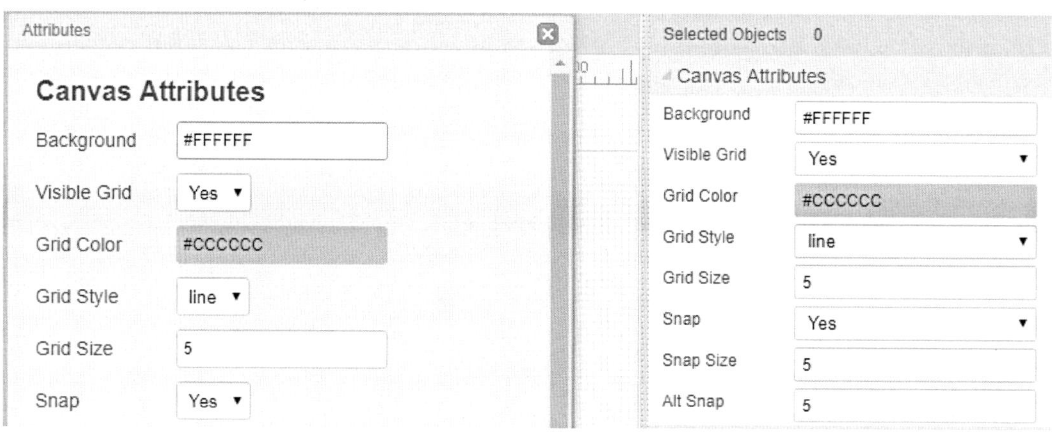

배경 및 그리드 색상, 그리드 스타일, 크기, 가시성 및 스냅 속성을 모두 구성 할 수 있습니다. 캔버스 영역은 너비 및 높이 또는 사용 가능한 사전 설정 프레임 크기로 직접 설정할 수 있습니다.

1.3.8 캔버스(Canvas)

모든 회로작업이 일어나는 공간입니다. 여기에서는 회로도, PCB 레이아웃, 회로 심볼, footprint 및 기타 도면을 생성 및 편집하고 시뮬레이션을 실행하고 WaveForm 트레이스를 표시할 수 있습니다.

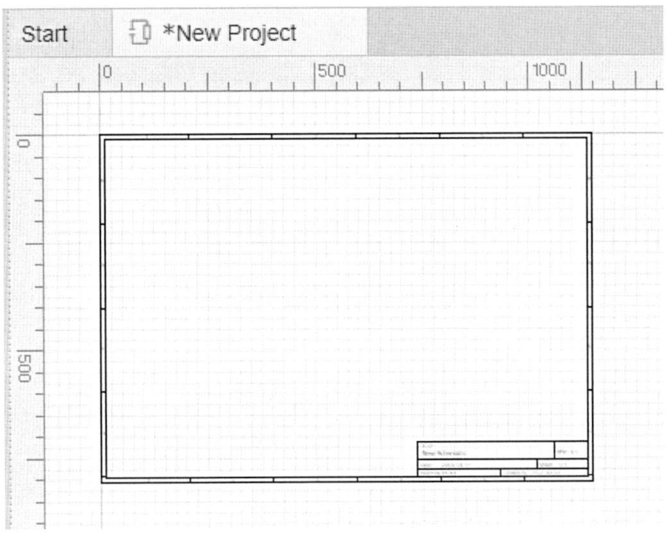

1.4 새 프로젝트 또는 파일 만들기

1.4.1 프로젝트 생성

로그인 후 새 프로젝트를 만들 수 있습니다.

File > New > Create a new project/ Schematic..etc

프로젝트 개념은 디자인을 구성하는 방법의 기초이기 때문에 EasyEDA에서 중요합니다.

- Owner: 이 프로젝트의 소유자를 변경할 수 있으며 참여한 경우 소유자를 팀으로 변경할 수 있습니다.
- Title: 제목을 지정하십시오. 왼쪽 패널의 프로젝트 트리에 표시됩니다.
- Path: EasyEDA를 사용하면 프로젝트 경로를 설정할 수 있습니다. 친구와 공유하고 싶다면 유용할 것입니다. 생성시 편집 할 수 없습니다.
- Description: 간단한 설명을 추가하면 프로젝트를 공유하는 모든 사람이 프로젝트의 내용을 이해하는 데 도움이 됩니다.

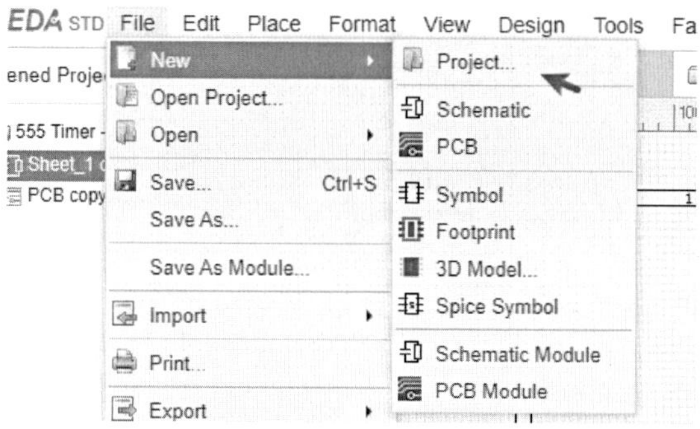

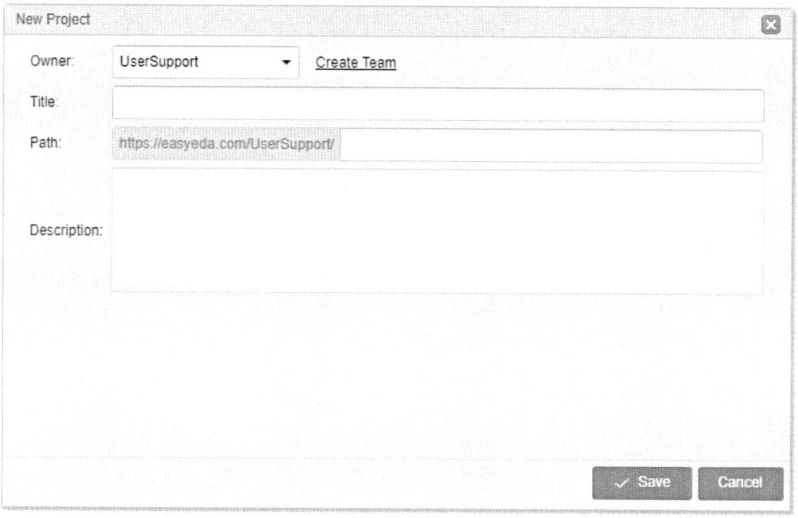

생성된 프로젝트를 수정하려면 왼쪽 패널의 프로젝트 트리에서 마우스 오른쪽 버튼을 클릭합니다.

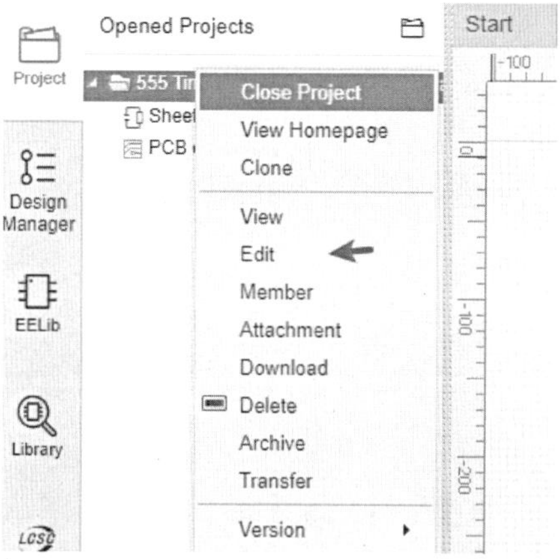

그러면 프로젝트를 편집 할 수 있는 웹 페이지가 열립니다.

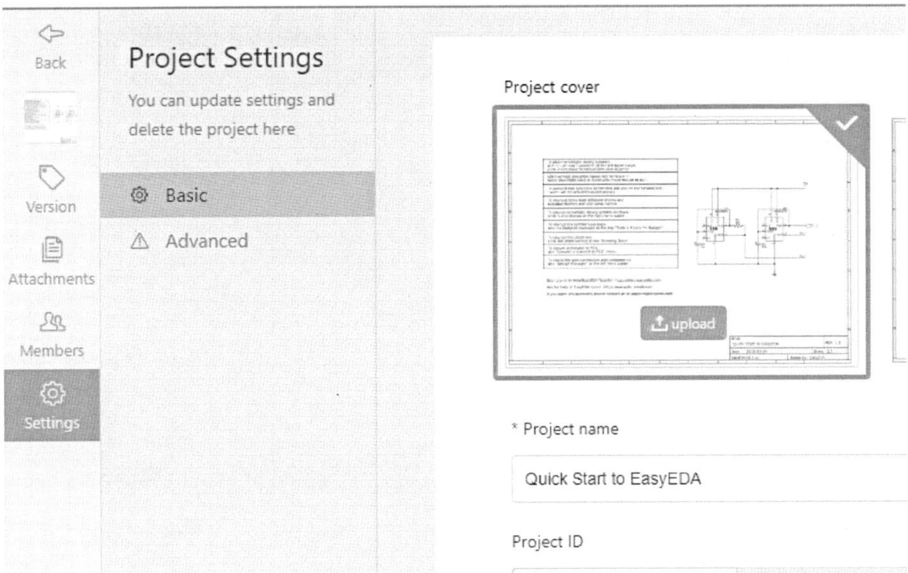

여기에서 게시 여부를 변경하고, 다른 사람이 프로젝트에 대해 의견을 말하도록 허용하고, 프로젝트 콘텐츠에 대한 자세한 설명을 입력 할 수 있습니다. 프로젝트를 돋보이게 하거나 단순히 프로젝트에 대한 자세한 설명을 읽기 쉽게 만들기 위해 Markdown 구문을 사용할 수 있습니다.

1.4.2 프로젝트 열기

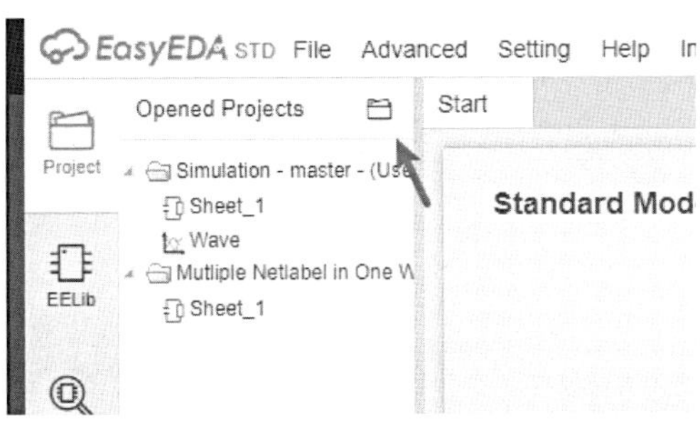

다음을 통해 생성된 프로젝트를 열 수 있습니다. Top Menu - File - Open Project

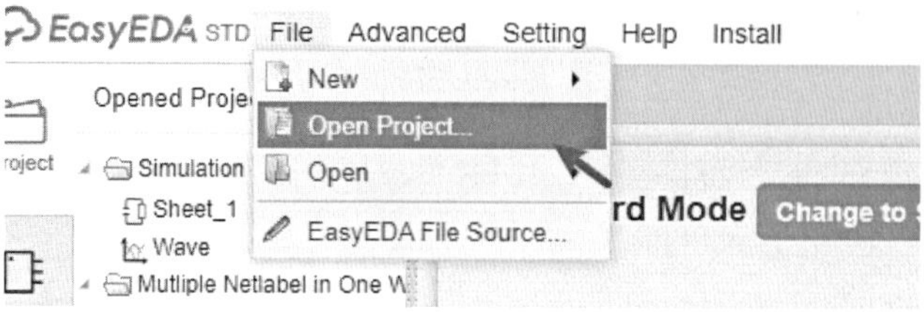

또는 열린 프로젝트 "프로젝트 열기(open project)" 아이콘을 클릭하십시오.

프로젝트를 선택하고 엽니다.

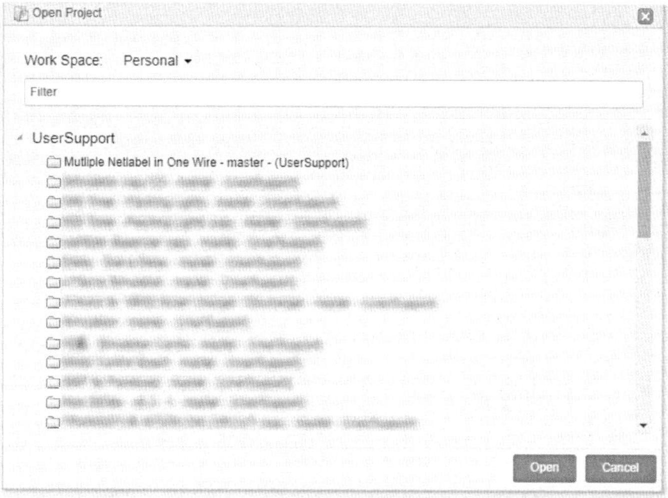

1.5 회로도 캡처(Schematic Capture)

EasyEDA는 매우 전문적인 회로도를 만들 수 있습니다

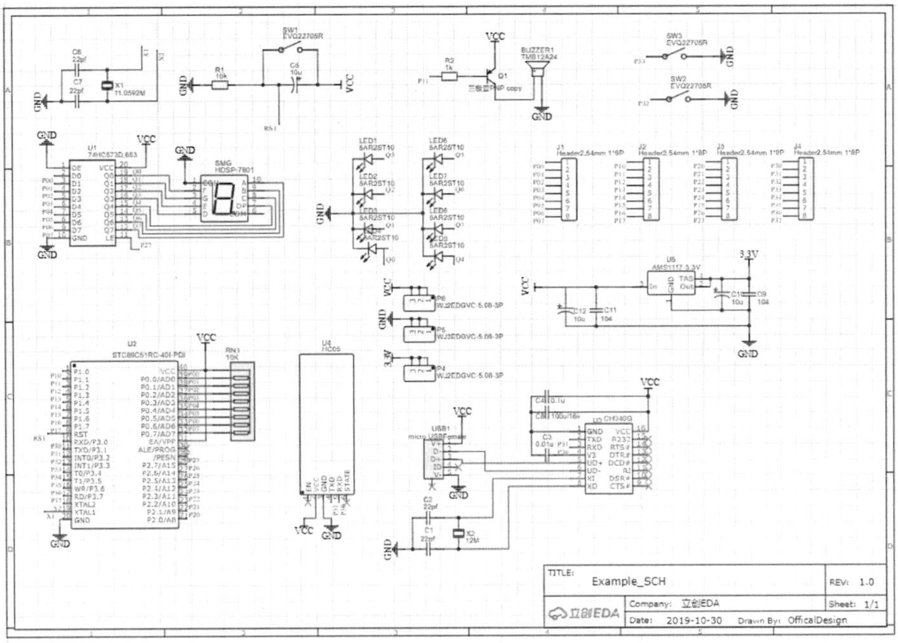

EasyEDA에는 간단하지만 강력한 드로잉 기능이 있기 때문에, 기존 심볼을 자신의 라이브러리에 복사 한 다음, 편집 및 저장하거나 처음부터 그려서 자신 만의 심볼을 만들 수 있습니다. DIP, QFP 및 SIP에 대한 새 기호를 빠르게 그릴 수 있는 Symbol Wizard 도 있습니다.

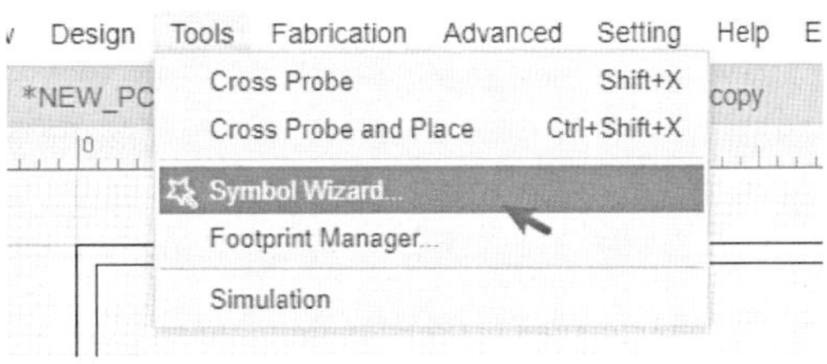

EasyEDA의 특징은 일반적인 간단한 "2D"그래픽 회로도 기호의 광범위한 라이브러리뿐만 아니라, 그려진 3D 부품 기호, 즉 그들이 나타내는 물리적 구성 요소처럼 보이는 기호 라이브러리가 있다는 것입니다.

또 다른 강력한 기능은 Kicad, Eagle 및 Altium 라이브러리에서 심볼을 가져올 수도 있다는 것입니다.

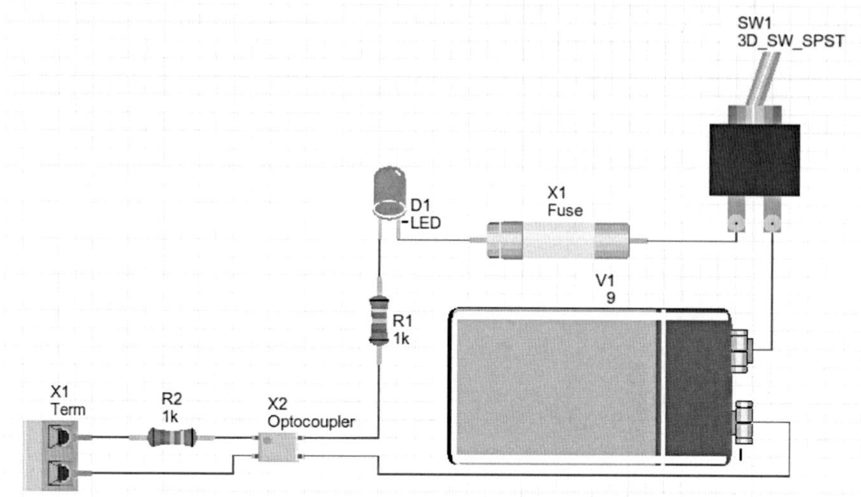

1.6 PCB 레이아웃

회로도 설계 및 시뮬레이션 결과에 만족하면 EasyEDA를 떠나지 않고도 완성되고 실장된 PCB를 신속하게 생산할 수 있습니다.의 PCB 디자인 캔버스는 회로도 캔버스에서 이미 생성한 회로도에서 복잡한 다층PCB 디자인도 빠르고 쉽게 레이아웃하거나, 회로도가 없는 레이아웃으로 직접 레이아웃 할 수 있도록 도와줍니다.

- EasyEDA 회로도를 PCB 디자인 편집기에 전달하는 것은 버튼을 클릭하는 것만 큼 쉽습니다. "Menu - Design - Convert to PCB"을 통해 Convert to PCB을 클릭하기 만하면 됩니다.

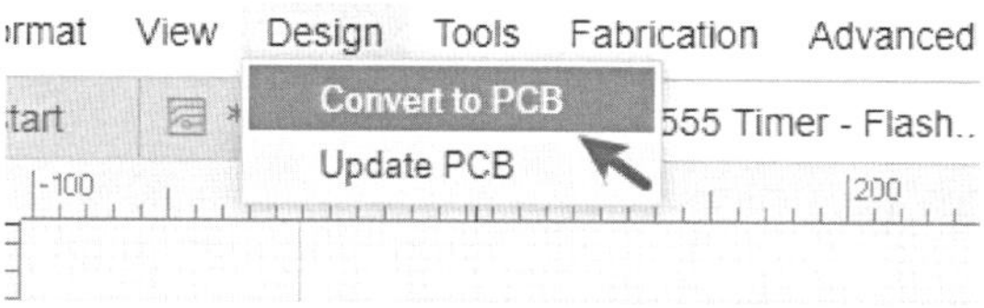

- EasyEDA는 광범위한 footprint를 가지고 있습니다. 또한 EasyEDA의 강력한 footprint 생성 및 편집 도구를 사용하여 기존 부품을 복사 및 수정하거나, 처음부터 일반적이지 않거나 특수한 부품 라이

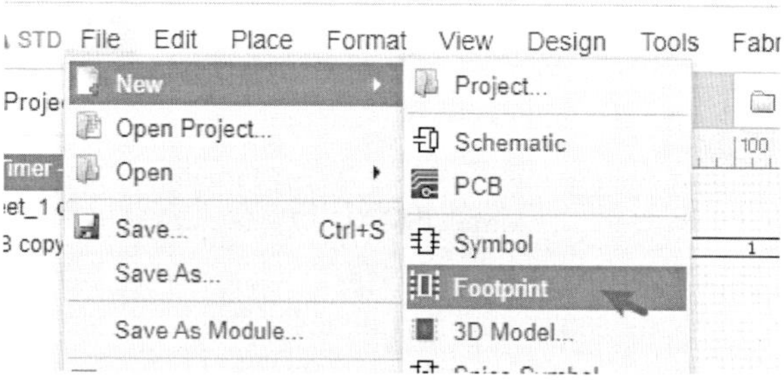

브러리를 구축 할 수 있습니다.

- 회로도 디자인 캔버스와 유사한 방법으로, PCB 디자인 캔버스에서 작업 할 때, 부품 항목을 찾고 탐색 할 수 있도록 PCB 디자인 관리자가 있습니다. (Left Navigation Panel 〉 Design Manager)

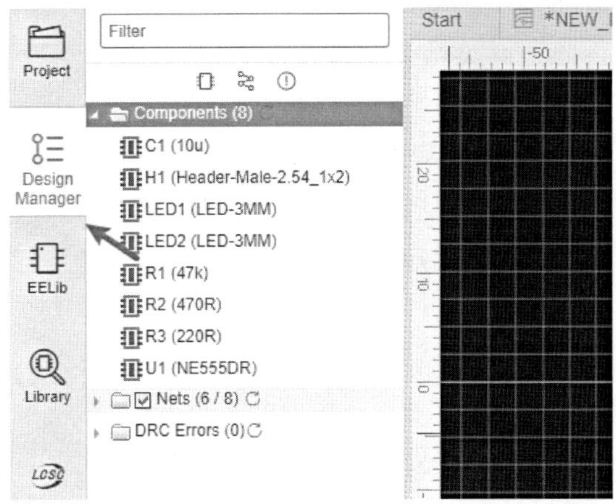

- PCB Design Manager는 부품(구성 요소), 트랙(Nets) 및 패드(net 패드)를 찾는 데 매우 강력한 도구입니다. 항목을 클릭하면 해당 부품이 강조되어 표시되고, 캔버스 창의 중앙으로 이동합니다.
- PCB에 사용되는 레이어와 해당 디스플레이 색상 및 가시성을 다음을 사용하여 설정할 수 있습니다.

Top Menu – Tools – Layer Manager…

레이어 도구 모음을 사용하여 활성 레이어 및 레이어 가시성을 선택할 수 있습니다.

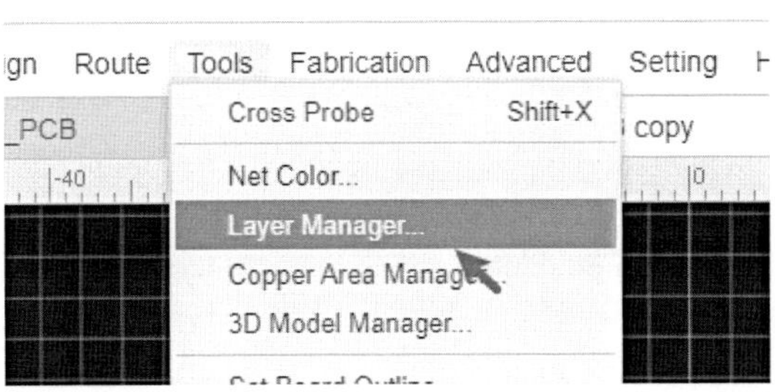

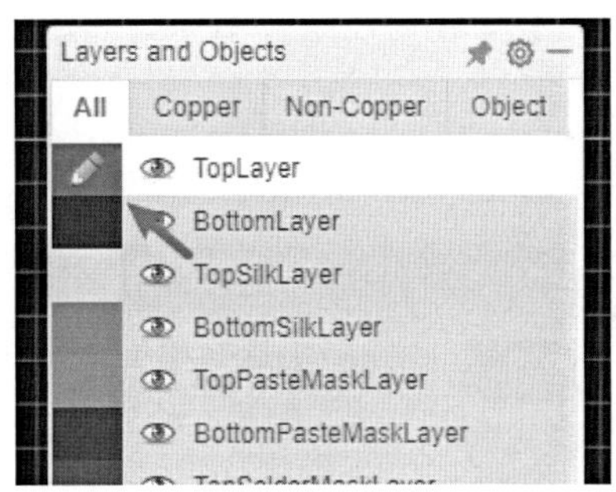

- 기본 트랙 너비(track width), 간격(clearances) 및 비아(Via) 홀 치수는 모두 다음을 통해 열리는 Design Rule Check 대화 상자에서 구성할 수 있습니다.

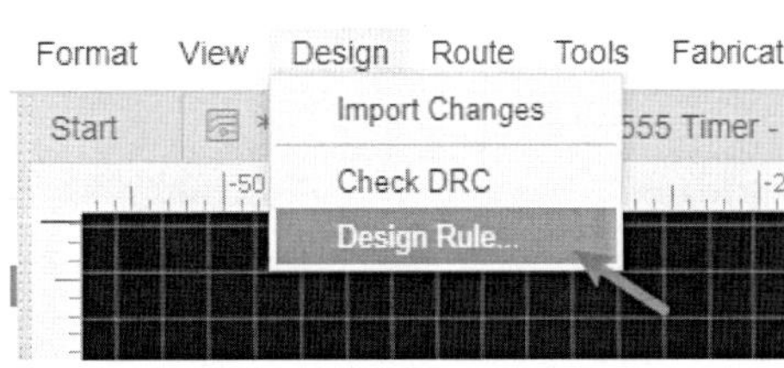

(Top Menu 〉 Design 〉 Design Rule…)

보드 레이아웃 시작 시, "설계 규칙 검사" (Design Rule Check: DRC)를 처음 설정 한 이후, DRC를 실행하는 것은 완성된 PCB를 주문할 준비가 된 보드의 제작용 파일 인Gerber 및 Drill을 생성하기 전에 PCB 설계를 확인하는 거의 마지막 단계입니다.

- 마지막 단계는 무료 및 오픈 소스 소프트웨어 "Gerber Viewer"를 설치하고 Gerber 및 Drill 파일을 확인하는 것입니다. (Gerbv : http://gerbv.geda-project.org/)
- PCB 배송을 기다리는 동안, 다음을 통해 BOM(Bill of Materials)을 생성 할 수 있습니다.

File 〉 Export BOM… 또는 Top Menu – Fabrication – BOM…

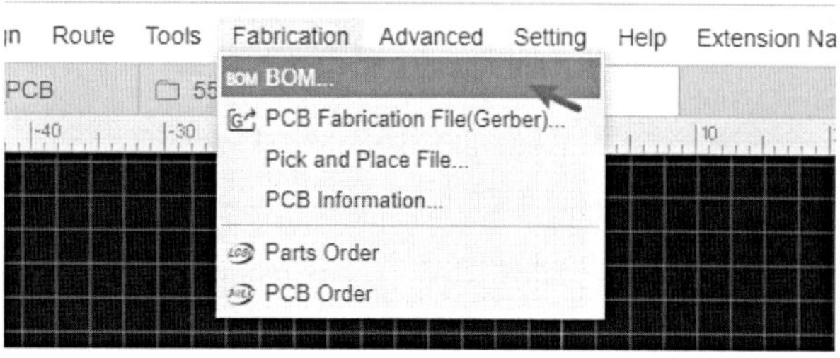

- 또한 문서화를 위해 전문적인 고품질의 SVG, PNG 또는 PDF 출력 파일을 생성 할 수 있습니다.

PCB 설계는 회로도와 동일한 방식으로 동료와 공유하고 공개 할 수 있으며, EasyEDA를 사용하여 생산할 수 있는 PCB의 크기는 거의 제한이 없습니다. 100cm × 100cm 이상의 디자인이 가능하지만, 이를 위해서는 강력한 컴퓨터가 필요할 수 있습니다.

EasyEDA는 기본적으로 최대 6개의 레이어 PCB를 지원합니다. footprints 검색은 회로도에서 Library를 사용하여 부품 심볼(기호)를 검색하는 것과 동일합니다. 검색 후 캔버스에 선택한 footprint을 배치 할 수 있습니다.

1.7 라이브러리(Library) 관리

Free 및 Open Source EDA인 Kicad Libs와 일부 Open Source인 Eagle libs 덕분에, EasyEDA에는 이제 70만 개 이상의 부품 라이브러리를 활용할 수 있으며, 대부분의 프로젝트에 충분합니다.

이제 회로도 심볼 및 PCB footprint를 검색하거나 구축하는데 많은 시간을 소비하지 않고도 EasyEDA를 사용할 수 있습니다.

- **라이브러리(Library)**

왼쪽 탐색 패널에서 "EElib"및 "Library"를 찾을 수 있습니다. 원하는 회로 부품을 입력하고 검색하기 만 하면 됩니다.

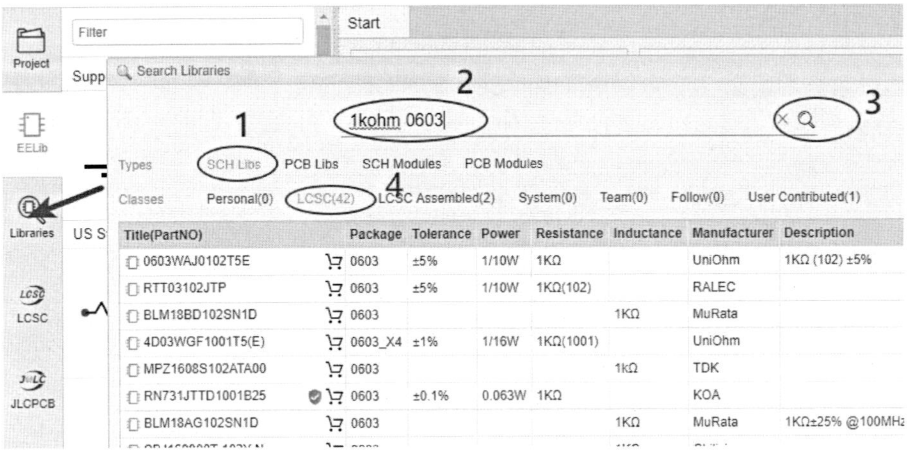

단계

1. 라이브러리 유형을 선택합니다.
2. "1k 0603"과 같은 키워드를 입력합니다.
3. 검색 버튼을 클릭합니다.
4. 결과에서 원하는 클래스를 선택하십시오
5. 검색이 필요하지 않은 경우 모든 검색 키워드를 제거해야합니다.

- **라이브러리 생성**

EasyEDA는 직접 심볼 생성을 지원하며, 생성 후 Library 〉 Symbols/Footprints 〉 Workspace에서 부품을 찾을 수 있으며 라이브러리를 쉽게 관리 할 수 있습니다.

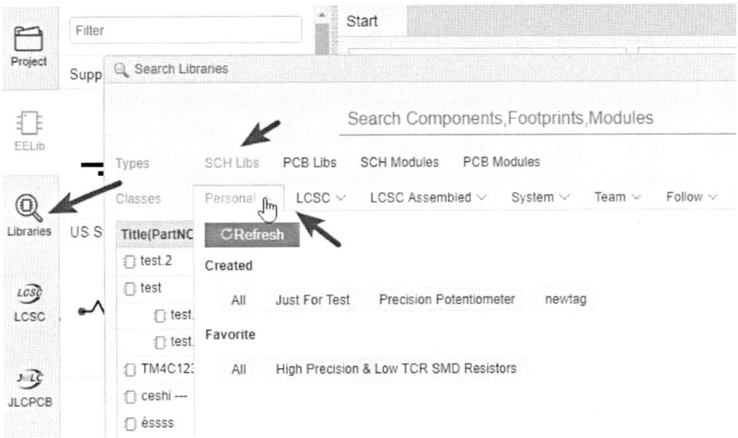

- **라이브러리 전송**

라이브러리를 팀으로 전송하려면 "User Center 〉 Libraries 〉 Personal " 기능에서 전송 할 수 있습니다.

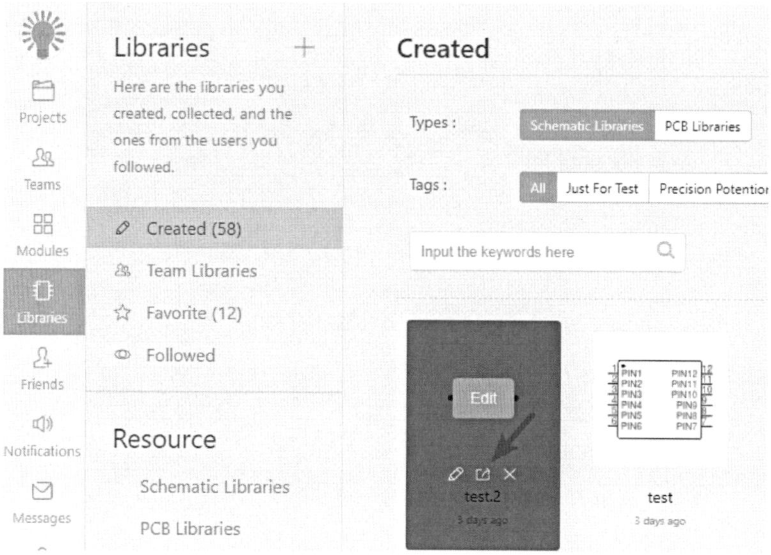

최종 조립 단계를 준비하기 위해 BOM 을 생성 할 수 있습니다. File 〉 Export BOM…
문서화를 위해 전문적인 고품질의 SVG, PNG 또는 PDF 출력 파일을 만들 수 있습니다.
모든 EasyEDA Schematic Symbol 및 PCB Footprint 라이브러리는 공개되어 있으므로, 필요하다면, 새로운 심볼 또는 footprint를 생성하여 다른 사용자들과 동유할 수 도 있습니다.

1.8 버전 관리

EasyEDA는 간단하지만 강력한 버전 관리 기능을 제공합니다. 각 버전은 독립적이며, 모든 버전에 대해 편집하고 저장할 수 있습니다. 새로운 프로젝트를 생성 할 때, 기본 버전 이름이 "master"로 설정되며, "Project Manage – Version"에서 버전의 이름을 편집 할 수 있습니다.

하나의 프로젝트에 대해 10개의 버전을 만들 수 있습니다. 더 많은 버전을 원하는 경우에는 이전 버전을 먼저 삭제해야 합니다.

1.8.1 새 버전 만들기

방법: Project folder – right–click menu – Version – New Version

새 버전 대화 상자에서 버전의 이름과 설명을 입력하고 만들어야 하며, 새 버전으로 전환하려면 "Version – Switch Version"을 선택해야 합니다.

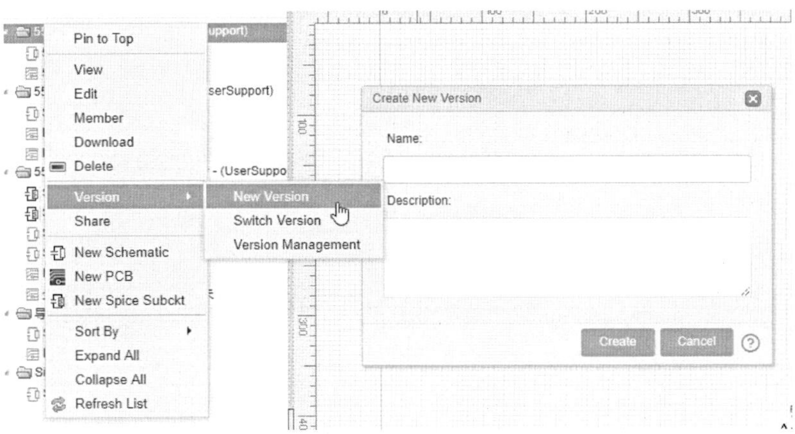

1.8.2 버전 전환

"전환(Switch)"을 클릭하면 대화 상자에 프로젝트의 현재 버전과 이전 버전들이 나열되며, 이 중 하나를 선택하여 전환 할 수 있습니다.

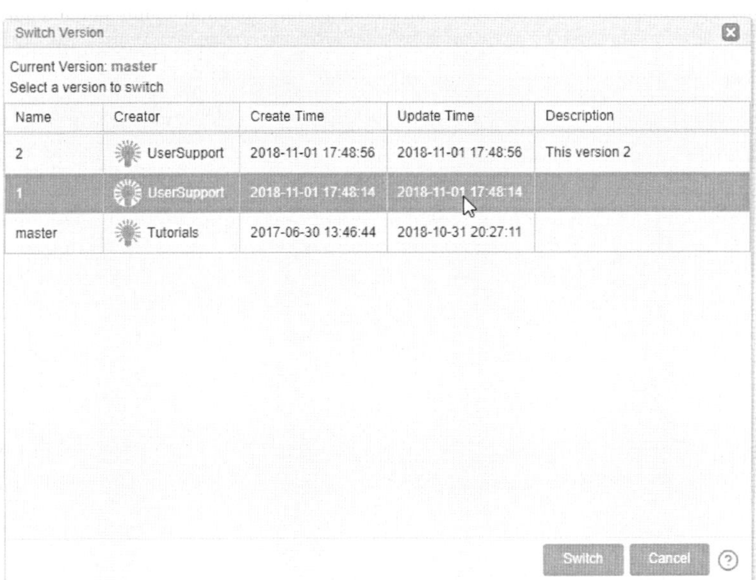

참고

- 다른 버전으로 전환하기 전에 먼저 현재 버전의 문서를 수동으로 닫아야 합니다.
- 현재 버전 문서만 열 수 있으며, 다른 버전 문서를 열려면 먼저 버전을 바꿔야합니다.
- 버전이 확실하지 않은 경우 "Switch Version"대화 상자에서 확인하여 "Current Version"을 확인하거나 프로젝트 폴더에 마우스 커서를 올려놓을 수 있습니다.

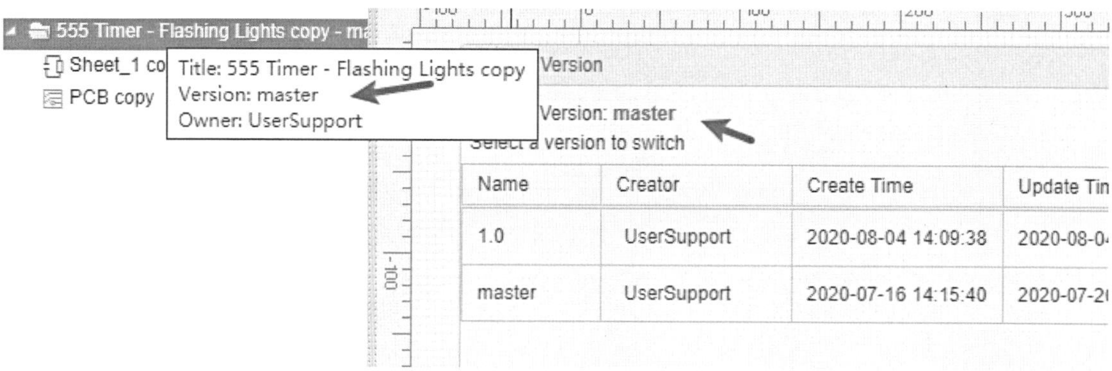

1.8.3 버전 관리

"버전 관리(Version Management)"를 통해 "Project Page – Version"이 열립니다. 버전 페이지에는 모든 버전들이 나열되며, 버전의 이름과 설명을 편집하거나 삭제할 수 있습니다. 그러나, 현재 버전은 삭제할 수 없습니다.

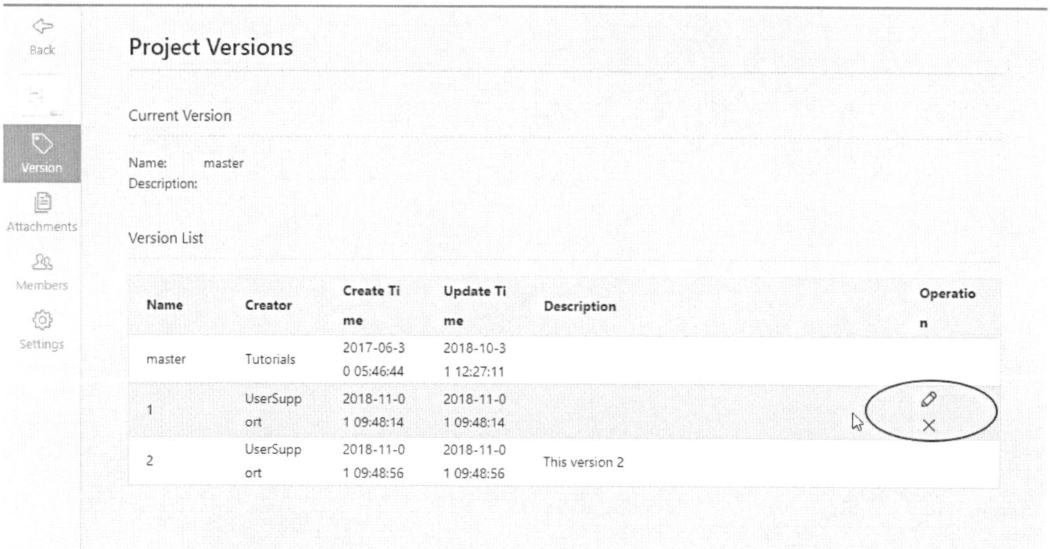

1.9 프로젝트 멤버

지정된 파트너(작업자)와 비공개 프로젝트를 공유하려면 Member를 사용하여 공유된 작업을 수행 할 수 있습니다. 프로젝트를 마우스 오른쪽 버튼으로 클릭하면 컨텍스트 메뉴에 Member가 표시됩니다. 그것을 클릭하면 회원 웹 페이지가 열립니다.

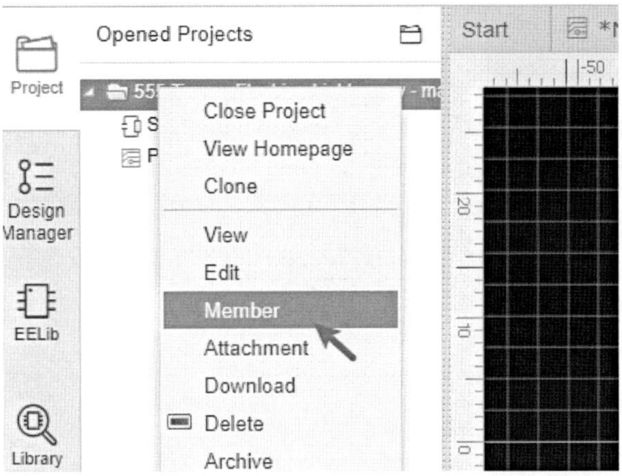

따라서 누군가와 프로젝트를 공유하고 싶다면;

1. EasyEDA로 계정을 만들 때 사용한 이메일 주소만 알면 됩니다.
2. "Developer", "Manager", "Observer"로 설정할 수 있는 프로젝트 구성원입니다.

Member 및 권한을 설정하면 파트너가 로그인하면 Open Project에서 프로젝트를 찾을 수 있습니다. 또, 파트너가 공유 프로젝트를 수락하지 않으려는 경우, 프로젝트 "Member "기능에 들어가면 프로젝트를 종료하여 거부 할 수도 있습니다.

1.10 프로젝트 공유

다른 사람과 작업을 공유하는 것은 웹-기반 EDA 도구의 가장 큰 장점이며, EasyEDA는 멋진 프로젝트 공유기능을 제공하고 있습니다. 프로젝트를 '공개'로 설정하면. 다른 사람들이 회로를 검색할 수 있습니다. EasyEDA의 모든 프로젝트는 기본적으로 '비공개'로 설정되어 있으며, 비공개 프로젝트는 누구와도 공유할 수 없습니다. 즉, 공개하려면 기존 프로젝트를 마우스 오른쪽 버튼으로 클릭하고 공개 프로젝트로 편집해야 합니다.

- 작업 공간에서 프로젝트 커버에 마우스를 가져가면 '공유(Share)' 아이콘을 클릭하면 확인 메시지가 표시됩니다.

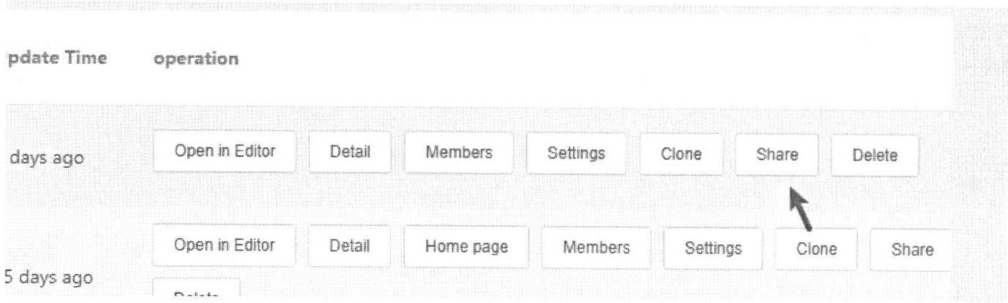

• 또는 "Workspace 〉 Project 〉 Manage 〉 Settings 〉 Basci 〉 Project proerty:Public"을 통해 프로젝트 관리 페이지로 이동합니다.

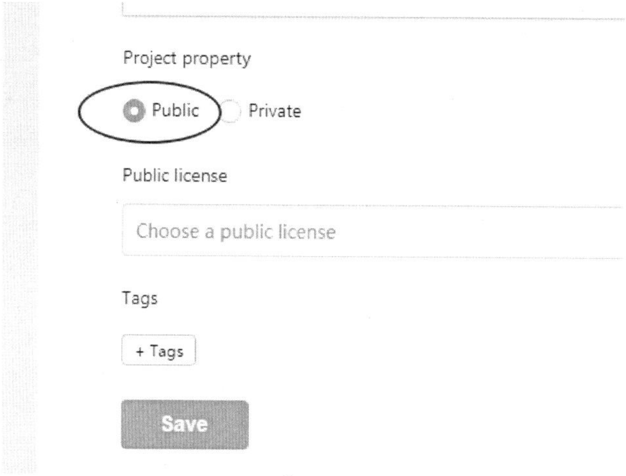

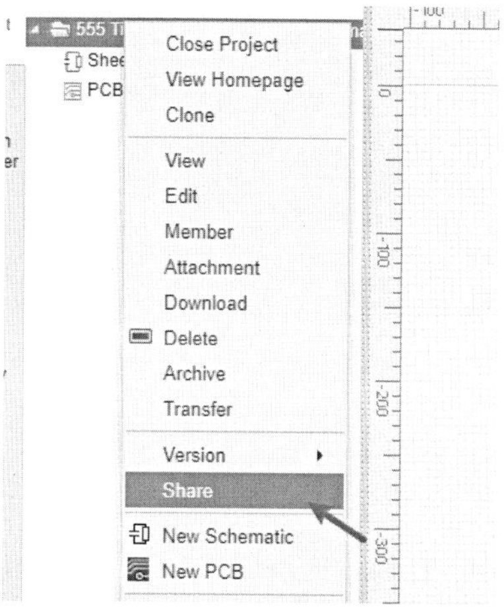

• 편집기에서 프로젝트를 마우스 오른쪽 버튼으로 클릭하고 프로젝트를 공개로 설정 한 후 Share메뉴를 클릭 할 수 있습니다.

1.11 사용자 기본 설정(User Preferences)

EasyEDA가 창 오른쪽 하단에 로그인 성공 팝업을 표시하면 사용자 관리 메뉴는 다음과 같습니다.

Top Menu – Setting – User Preferences를 클릭합니다.

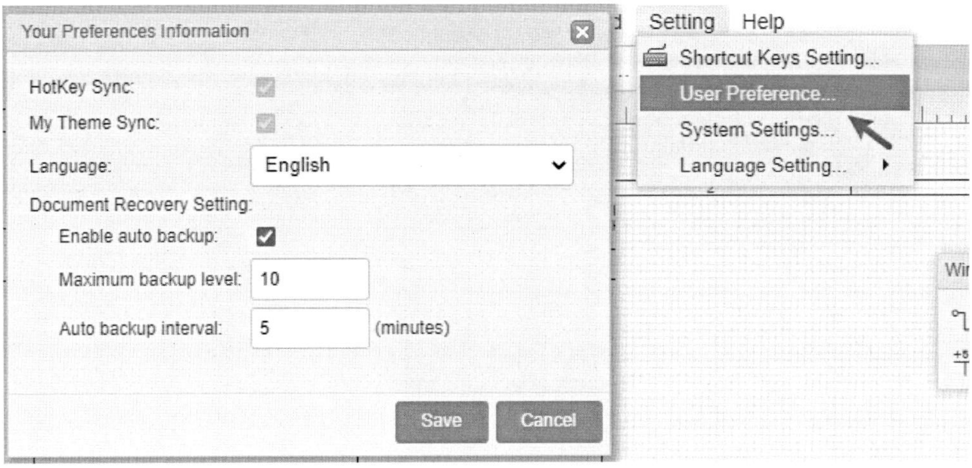

문서복구설정

- Maximum backup level: 열려있는 모든 문서를, 지정한 수의 다른 버젼으로 백업 저장할 수 있습니다.
- Auto backup interval: 열려있는 모든 문서를 자동 저장하는 시간 간격입니다.

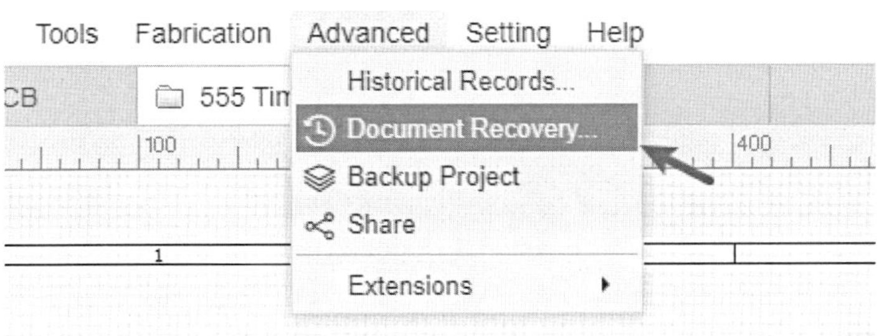

1.12 단축키(Hotkeys)

EDA 도구 모음을 사용한 후, 마우스로 모든 곳을 클릭하면 매우 지루하고 생산성이 크게 저하됩니다. 키보드 단축키 또는 핫키는 그런 비생산적인 요소를 줄일 수 있습니다. EasyEDA는 많은 단축키를 제공 할뿐만 아니라 모든 단축키를 재구성 할 수 있습니다.

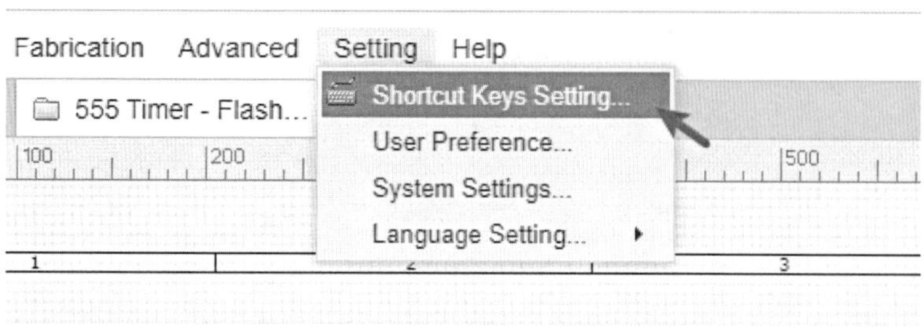

설정 메뉴에서 단축키 설정… 메뉴를 클릭하면 단축키 설정 대화 상자가 열립니다.

단축키를 변경하려면 변경하려는 단축키 행의 아무 곳이나 클릭 한 다음 새 키를 누릅니다.

예를 들어 space대신 R을 사용하여 선택한 개체를 회전하려면, 첫 번째 행을 클릭 한 다음 R을 누릅니다. 단축키를 변경 한 후, "Save Changes" 버튼을 클릭하는 것을 잊지 마십시오.

docType 열은 단축키가 적용되는 EasyEDA 문서의 유형을 설명합니다. docType에는 다음의 세 가지 유형이 있습니다.

- ALL: EasyEDA의 모든 문서 유형.
- SCH: schematic 와 schematic libs
- PCB: PCB와 Footprints.

일부 단축키의 기능은 docType간에 변경 될 수 있습니다. 예를 들어, 핫키 C는 SCH에 '호'(Arc)를 그리지만, PCB에서는 '원'(circle)을 그립니다.

1.12.1 ALL 유형(All document)

DocType	단축키	기능
ALL	Space Bar	선택한 개체 회전
ALL	Right-Click	캔버스 전체를 이동(pan)하려면 마우스 오른쪽 버튼을 계속 클릭하십시오. 하나의 개체를 선택할 때 '오프셋 대화 상자'를 엽니다.
ALL	←	선택한 항목을 왼쪽으로 스크롤 또는 이동
ALL	→	선택한 항목을 오른쪽으로 스크롤 또는 이동

ALL	↑	선택한 항목을 위로 스크롤 또는 이동
ALL	↓	선택한 항목을 아래로 스크롤 또는 이동
ALL	Tab	부품을 배치 할 때 속성을 변경 합니다. 개체를 선택할 때 '오프셋 대화 상자'를 엽니다.
ALL	Esc	현재 드로잉(그리기) 취소
ALL	Home	새 캔버스 원점 설정
ALL	Del	선택한 항목을 삭제
ALL	F1	튜토리얼(tutorials) 열기
ALL	F11	브라우저에서 전체 화면
ALL	A	확대(Zoom In)
ALL	Z	축소(Zoom Out)
ALL	D	끌기(Drag)
ALL	K	창 맞추기(Fit Window)
ALL	R	선택한 개체 회전
ALL	X	수평으로 뒤집기(footprint를 지원하지 않음)
ALL	Y	수직으로 뒤집기(footprint를 지원하지 않음)
ALL	Alt + F5	Full screen at browser
ALL	Ctrl + X	자르기(Cut)
ALL	Ctrl + C	복사(Copy)
ALL	Ctrl + V	붙여 넣기(Paste)
ALL	Ctrl + A	모두 선택(Select All)
ALL	Ctrl + Z	실행 취소(Undo)
ALL	Ctrl + Y	반복 실행(Redo)
ALL	Ctrl + S	저장(Save)
ALL	Ctrl + F	부품(구성 요소) 찾기
ALL	Ctrl + D	디자인 매니저(Design Manager)

ALL	Ctrl + Home	캔버스 원점 설정 대화 상자 열기
ALL	Shift + 1	다음 열린 탭 문서로 전진순환(Cycle forward)
ALL	Shift + 2	이전 열린 탭 문서로 역순환(Cycle backward)
ALL	Shift + X	교차 프로브(Cross Probe)
ALL	Shift + F	라이브러리 검색(Search Library)
ALL	Shift + Drag	부품의 원점에 커서 스냅
ALL	Shift + Alt + H	수평 중앙 정렬(Align horizontal centers)
ALL	Shift + Alt + E	수직 중앙 정렬(Align vertical centers)
ALL	Ctrl + Shift + L	왼쪽으로 정렬(Align left)
ALL	Ctrl + Shift + R	오른쪽으로 정렬(Align right)
ALL	Ctrl + Shift + O	위로 정렬(Align top)
ALL	Ctrl + Shift + B	아래로 정렬(Align bottom)
ALL	Ctrl + Shift + G	격자 정렬(Align grid)
ALL	Ctrl + Shift + H	수평으로 배포(Distribute Horizontally)
ALL	Ctrl + Shift + E	수직으로 배포(Distribute Vertically)
ALL	Ctrl + Shift + F	유사한 개체 찾기(Find similar objects)

1.12.2 SCH 유형 : Schematic

DocType	단축키	기능
Schematic	W	배선 그리기(Draw Wire)
Schematic	B	버스 그리기(Draw Bus)
Schematic	U	버스 진입선(Bus Entry)
Schematic	N	NetLabel
Schematic	P	핀 배치(Place Pin)
Schematic	L	Polyline 그리기

Schematic	O	다각형 그리기(Draw Polygon)
Schematic	Q	베지어 곡선 그리기(Draw Bezier)
Schematic	C	호 그리기(Draw Arc)
Schematic	S	직사각형 그리기(Draw Rect)
Schematic	E	타원 그리기(Draw Ellipse)
Schematic	F	자유형 그리기(Freehand Draw)
Schematic	T	텍스트 배치(Place Text)
Schematic	I	선택한 심볼(기호) 편집
Schematic	Ctrl + Q	NetFlag VCC
Schematic	Ctrl + G	NetFlag GND
Schematic	F8	문서 시뮬레이션(the Document Simulation) 실행
Schematic	Ctrl + J	시뮬레이션 설정 열기
Schematic	Ctrl + Shift + X	교차 프로브 및 배치

1.12.3 PCB 유형

DocType	단축키	기능
PCB	W	트랙(배선, Wire) 그리기
PCB	U	호 그리기(Draw Arc)
PCB	C	원 그리기(Draw Circle)
PCB	N	치수 그리기(Draw Dimension)
PCB	S	텍스트 그리기(Draw Text)
PCB	O	연결 심볼 그리기(Draw Connect)
PCB	E	copperArea 그리기(Draw copperArea)
PCB	T	TopLayer로 변경; 선택한 부분을 TopLayer로 변경

PCB	B	BottomLayer로 변경; 선택한 부분을 BottomLayer로 변경
PCB	1	Inner1 layer로 변경
PCB	2	Inner2 layer로 변경
PCB	3	Inner3 layer로 변경
PCB	4	Inner4 layer로 변경
PCB	P	패드 배치(Place Pad)
PCB	Q	캔버스 단위(unit) 변경
PCB	V	Via 배치(Place Via)
PCB	M	측정(Measure)
PCB	H	Net 강조 표시. 다시 누르면 강조 표시 취소
PCB	L	Route 각도 변경(Change Route Angle)
PCB	-	Routing 폭(width) 감소/ signal layer로 역방향 전환
PCB	*	다음 signal layer로 순환 전환(Cycle switch)
PCB	+	Routing 폭(width) 증가/ 다음 signal layer로 전환
PCB	Del	선택한 개체 삭제/ routing시 트랙(track) 실행 취소
PCB	Alt + -	스냅 크기 감소
PCB	Alt + +	스냅 크기 증가
PCB	Ctrl + R	반복적 개체 복사의 경우 기준점(reference point)을 중심으로...
PCB	Ctrl + L	레이어 관리자(layer manager) 열기
PCB	Ctrl + Q	네트(Net) 텍스트 숨기기 / 표시
PCB	Shift + M	모든 Copper Area 채우기 데이터 제거
PCB	Shift + B	모든 Copper Area 다시 그리기
PCB	Shift + D	기준점(reference point)으로 개체(들) 이동
PCB	Shift + G	Routing하는 동안 트랙 길이(length) 표시

PCB	Shift + W	Routing하는 동안 선호하는 트랙 폭(width) 표시
PCB	Shift + R	Routing 충돌 변경
PCB	Shift + S	활성화되지 않은 레이어 전환(toggle)
PCB	Shift + Double Click	선택한 track 세그먼트 삭제
PCB	Ctrl + Shift + V	개체(들)를 붙여넣고, 접두사를 유지하며 ratline layer 숨기기
PCB	Ctrl + Shift + Space Bar	단축키 L과 동일. Routing 각도(angle) 변경

1.13 Basic Skill

EasyEDA를 사용하려면 몇 가지의 기본 용어(term)와 개념에 익숙해져야 합니다. 이를 배우는 가장 좋은 방법은 EasyEDA를 열고 새 회로도를 여는 것입니다. File > New > Schematic

1.13.1 로컬 컴퓨터로 작업 저장

EasyEDA는 모든 파일을 서버에 저장하지만, 어떤 경우에는 작업을 로컬 컴퓨터에 저장하고 싶을 때가 있습니다.

프로젝트 폴더를 마우스 오른쪽 버튼으로 클릭하고 "Download Project"를 클릭하거나, "File 〉 EasyEDA Source"를 통해 디자인을 EasyEDA 소스 파일 형식으로 내보낼 수 있습니다. 또는 프로젝트를 다운로드 할 수 있습니다.

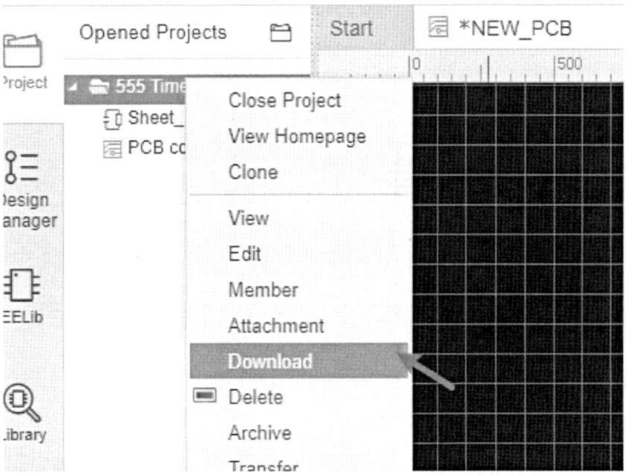

1.13.2 히스토리 기록

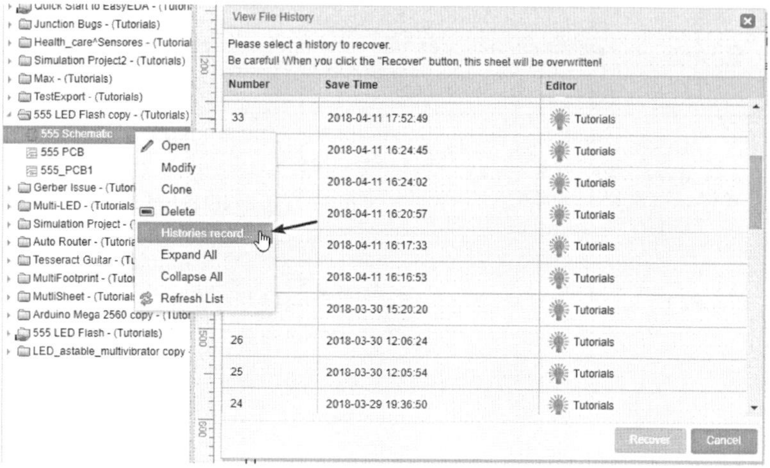

이 기능을 사용하는 것은 쉽습니다. 아래의 그림과 같이 기록이 필요한 문서를 마우스 오른쪽 버튼으로 클릭하십시오. 히스토리 링크를 클릭하면 모든 히스토리 목록이 표시됩니다.

히스토리 번호를 클릭하면 편집기에서 저장된 파일을 열 수 있습니다. 필요한 경우 프로젝트에 저장하고 잘못된 파일을 삭제할 수 있습니다.

> **참고**
>
> 1. 지금은 모든 기록 목록이 숫자로 표시되어 있는데, 향후 태그를 추가 할 수 있는 기능을 제공할 예정입니다.
> 2. 파일을 너무 자주 저장하지 마십시오. 그렇지 않으면 많은 히스토리 기록을 생성하게 되며 원하는 정확한 기록을 찾기가 어려울 것입니다.

1.13.3 문서 복구(Recovery)

어떠한 운영 체제, 소프트웨어 또는 네트워크도 완벽하지 않으므로 가끔씩 작업 상황이 문제를 일으킬 수 있습니다. 데스크탑이나 웹브라우저가 멈추다거나, 또는 인터넷 연결이 끊어져 PCB routing이 4~5시간씩 걸리다면 하루를 망칠 수도 있기 때문입니다.

그러나 EasyEDA를 사용하면 하루가 즐거워 질 것입니다. 이는 EasyEDA가 열려있는 모든 파일을 컴퓨터에 자동 저장하고 백업해주는 기능이 내장되어 있기 때문입니다.

Menu–Advanced–Document Recovery를 클릭합니다.

폴더를 최신 폴더로 확장하고, 복구(recover)할 파일을 선택한 다음, Recover 버튼을 클릭합니다. 파일이 새 탭에서 열린 다음 열린 파일을 저장합니다.

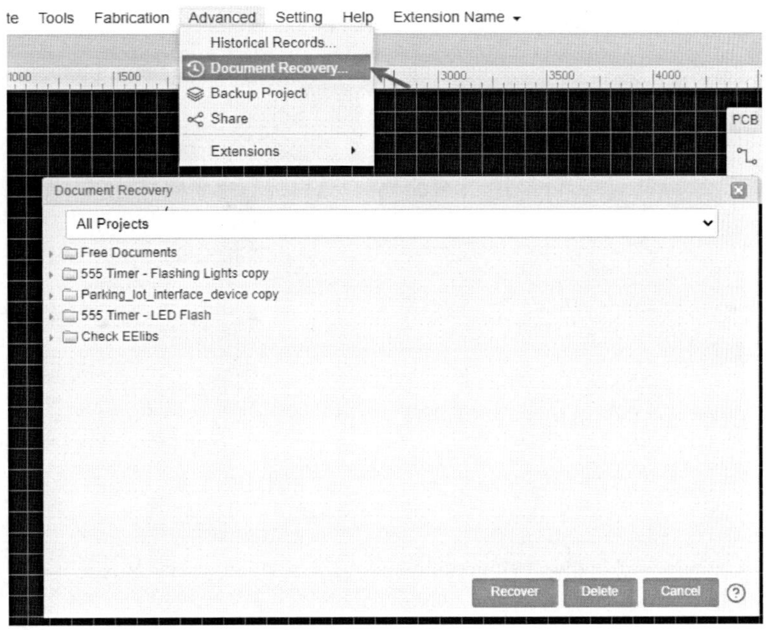

주의

- EasyEDA는 이러한 충돌 복구 파일을 EasyEDA 서버가 아닌 로컬 컴퓨터에 저장합니다. 따라서 다른 컴퓨터 또는 브라우저로 변경하여 이전의 컴퓨터 또는 브라우저의 발생한 충돌에서 파일을 복구 할 수 없습니다.
- 브라우저의 캐시(cache) 화일들을 정리하면 복구 파일이 사라집니다.
- 실수로 파일을 삭제하고 이미 캐시를 삭제 한 경우에, 운이 좋으면 휴지통을 통해 문서를 다시 찾을 수 있습니다.

1.13.4 캔버스 영역의 크기 조정

세 개의 녹색 타원으로 표시된 영역 위로 마우스 커서를 가져가면, 파란색 사이드바 토글 라인이 나타납니다. 그것들을 클릭하면 캔버스 영역을 확장하기 위해 관련, 오른쪽 및 왼쪽 영역의 가시성을 전환합니다. 수직선을 수평으로 끌어 패널 크기를 조정할 수도 있습니다.

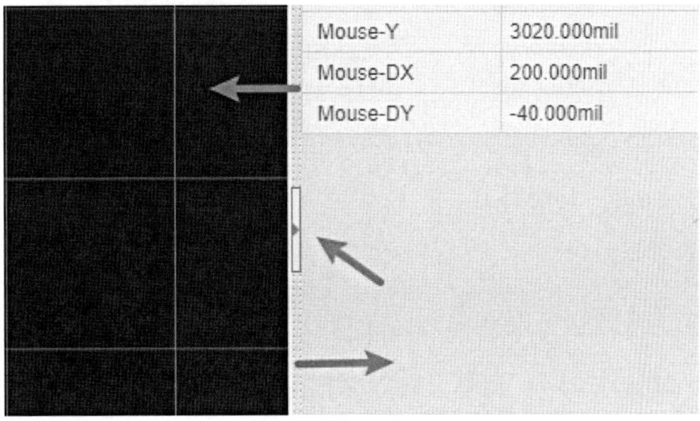

1.13.5 커서 스타일(Cursor Style)

일부 사용자는 '십자 커서(cross cursor)'를 좋아하지 않으므로, 다음의 그림과 같이 '화살표 커서'로 변경할 수 있습니다.

(Top Menu – View – Cross Cursor)

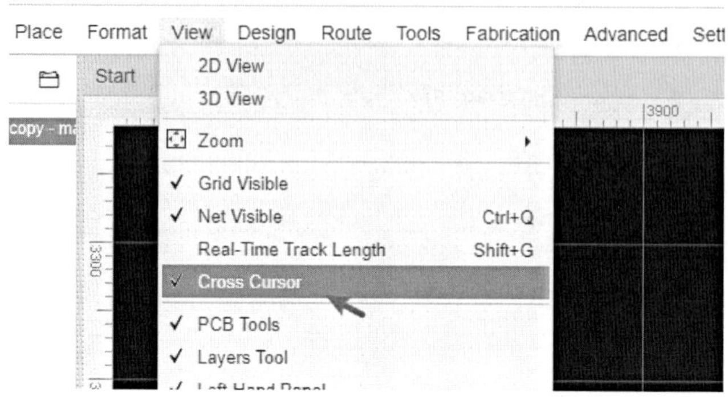

이러한 옵션의 차이점은 다음과 같습니다.

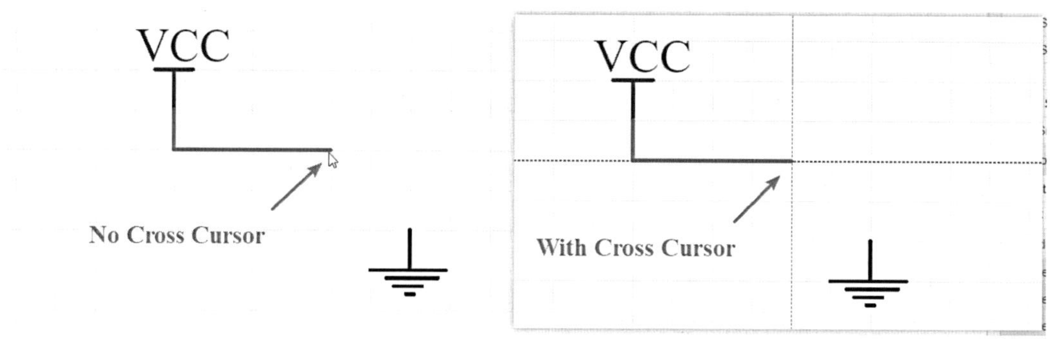

1.13.6 지우기 및 삭제

작성한 회로도 또는 PCB가 마음에 들지 않아 모든 작업을 다시 그리려면 다음과 같이 실행합니다.

(Top Menu 〉 Edit 〉 Global Delete.)

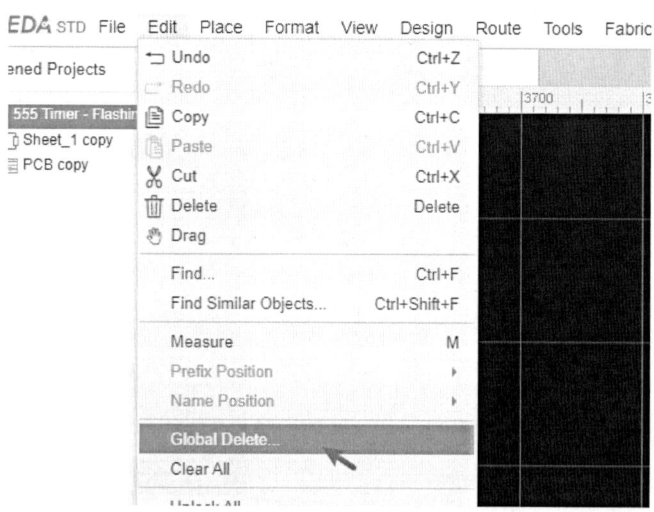

회로도를 삭제하고 새 회로도를 만듭니다.

하나의 개체를 클릭하거나 Ctrl + A 를 누르고, "Del"키를 눌러 모든 개체를 제거합니다.

1.13.7 마우스 왼쪽 버튼 기능

다른 EDA 소프트웨어와 유사한 기능들을 지원합니다 :

- 항목을 클릭하여 선택합니다.
- 선택한 항목 위에 있는 경우, 선택한 항목을 드래그하려면 클릭하고 유지합니다.
- 선택한 항목 위에 있지 않은 경우, 드래그하는 동안 클릭하고 유지하면 선택 상자가 생성됩니다.
- 선택 상자는 오른쪽으로 클릭하고 드래그하면 상자의 내부 영역에 있는 모든 개체(들)을 선택합니다.
- 선택 상자는 왼쪽으로 클릭하고 드래그하면 상자 내부 영역과 교차하는 모든 개체(들)을 선택합니다.
- 텍스트를 편집하려면 텍스트 영역을 두 번 클릭하십시오.
- 정확한 마우스 왼쪽버튼 클릭 기능은 선택한 항목과 항목이 존재하는 캔버스(회로도 또는 PCB)에 따라 다릅니다.

1.13.8 마우스 오른쪽 버튼 기능

EasyEDA는 회로도 또는 PCB 캔버스에서 마우스의 오른쪽 버튼 클릭 context menu를 지원하지 않습니다. 대신 마우스 오른쪽 버튼을 클릭하면 상황에 맞는 명령이 실행됩니다.

- 심볼을 배치 할 때, 마우스 오른쪽 버튼을 클릭하면 활성 심볼이 제거됩니다.
- 폴리라인(polyline)과 같은 모양을 그리는 경우, 마우스 오른쪽 버튼을 클릭하면 클릭한 위치에서 폴리라인이 중지되지만, 마우스는 십자(Cross)로 유지되므로 다른 모양을 그릴 수 있습니다.
- 배치 또는 그리기 모드와 같은 현재 활성화된 상황-명령(context sensitive command)을 종료하고 선택 모드(select mode) 로 돌아가려면 마우스 오른쪽 버튼을 두 번 클릭하면 됩니다.

Schematic, waveForm(Simulation 모드) 또는 PCB Canvas에서 아무 곳이나 Ctrl+Right 클릭하면, EasyEDA 창 내에서 캔버스를 드래그합니다.

1.13.9 Esc 키

Esc키를 누르면 현재 그리기 작업이 종료되지만, 현재 활성화된 상황-명령(context sensitive

command) 모드는 종료되지 않습니다(즉, 커서를 선택 모드로 되돌리지 않음)

1.13.10 더 많은 모양(shapes)의 선택

- 항목을 Ctrl+ 왼쪽 마우스 버튼을 클릭하면 해당 항목이 선택 항목에 추가됩니다.
- 마우스 버튼을 클릭하고 누르고 있으면, 선택 상자가 생성됩니다.
- 마우스 버튼을 클릭하고 오른쪽으로 드래그하여 선택 상자를 만들고, 선택 상자 안의 모든 항목을 선택합니다.
- 마우스 버튼을 클릭하고 왼쪽으로 드래그하여 선택 상자를 만들려면, 상자 내부와 교차하는 모든 항목을 선택합니다.

1.13.11 확대 및 축소(Zoom in 및 Zoom out)

- 마우스 가운데 휠 버튼을 사용합니다.
- 확대하려면 휠 버튼을 위로 굴리고, 축소하려면 아래로 롤백 하십시오.
- 단축키를 사용할 수 있습니다. 기본 단축키는 확대는 A, 축소는 Z키입니다.

참고

커서가 상단 메뉴에 있을 때, Ctrl키를 누르는 것과 동시에 마우스 휠을 스크롤하지 마십시오. 브라우저는 전체 웹 사이트를 확대합니다. EasyEDA 창에서 캔버스를 확대하려면 캔버스에 커서를 만들어야 합니다. 전체 웹 사이트가 확대/축소되어지는 경우, Ctrl+0을 눌러 브라우저 보기를 재설정합니다.

1.13.12 마우스 버튼의 더블 클릭

텍스트 영역을 두 번 클릭하면, 텍스트 인라인을 편집 할 수 있는, 크기 조정이 가능한 텍스트 상자가 열립니다.

새로운 줄(new line)을 만들려면 Enter↵ 키를 누릅니다. 텍스트 상자의 외부 영역을 클릭하여 닫습니다.

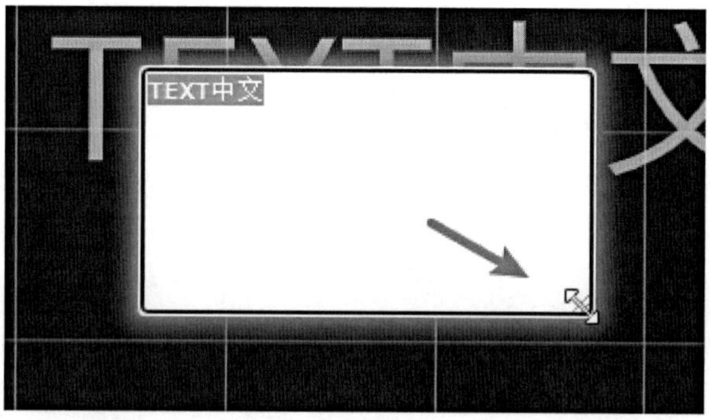

1.13.13 캔버스의 이동(Pan/Move Canvas)

- Schematic, WaveForm 또는 PCB Canvas 영역의 아무 곳이나 마우스 오른쪽 버튼으로 클릭하고 오른쪽 버튼을 누른 채 EasyEDA 창 내에서 캔버스를 드래그합니다.
- 캔버스가 EasyEDA 창보다 크고 스크롤 막대가 표시되는 경우, 스크롤 막대 또는 화살표 키를 사용하여 캔버스를 스크롤하여 이동할 수 있습니다.
- 선/배선을 시작한 후, 마우스 왼쪽 버튼을 누른 상태에서 EasyEDA 창의 가장자리를 넘어 확장하려는 배선, 그래픽 선 또는 모양은 그려진 항목을 창 내부에 유지하기 위해 캔버스가 이동합니다.

규칙

Chrome을 사용하여 Ctrl 또는 Alt 키를 누른 상태에서 마우스 휠을 돌리면서 캔버스에 커서가 머물러 있는 경우, 캔버스가 수직으로(vertically) 이동하며, Shift 키를 누른 상태에서 마우스 휠을 돌리면 캔버스가 수평으로(horizontally) 이동합니다.

1.13.14 회전(Rotate)

하나 이상의 항목을 선택한 후, 다음과 같이, 선택한 항목을 회전 할 수 있습니다.

Top Menu 〉 Format 〉 Rotate

또는 기본 회전 단축키 인 Space Bar 키를 누릅니다.

PCB에서는, footprint을 클릭하고 오른쪽 '속성 패널(property panel)'에서 회전을 변경할 수 있습니다.

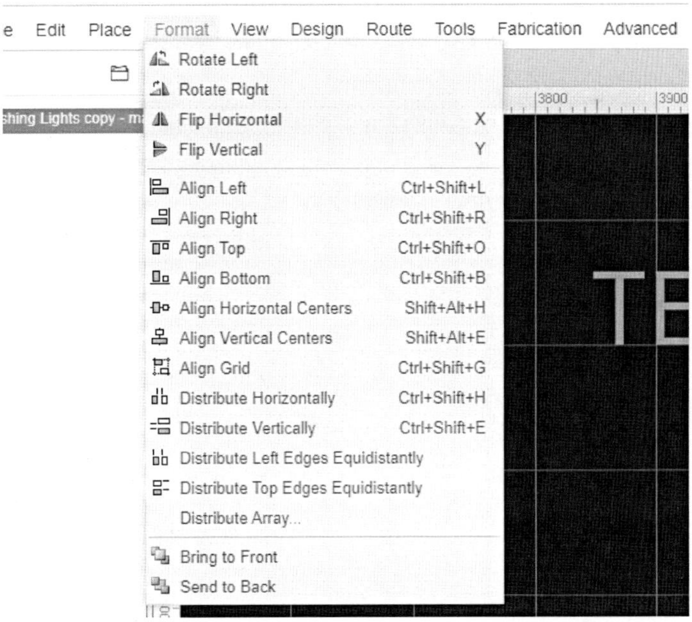

주의

여러 선택 항목을 회전하면, 각 항목이 가지고 있는 자신만의(심볼의) 원점을 기준으로 회전합니다. 항목 그룹의 중심을 기준으로 항목을 회전하지 않습니다.

1.13.15 뒤집기(Flip)

우측의 회로도와 같이, 트랜지스터 Q2를 배치하려면 항목을 뒤집어야 합니다.

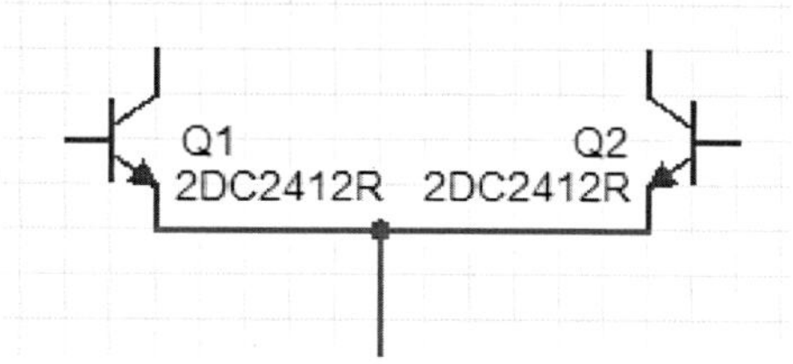

(Top menu – Format - Flip)

다음을 사용하여 하나 이상의 선택한 항목을 뒤집을 수 있습니다 : 툴바에서 Rotate and Flip 〉 Flip Horizontal or Flip Vertical, 또는 기본 '뒤집기' 단축키인 X키(수평)와 Y키(수직)를 눌러서 뒤집습니다.

1.13.16 정렬(Align)

EasyEDA는 다양한 정렬 옵션 기능을 제공하므로 심볼 또는 footprints를 매우 쉽게 정렬 할 수 있습니다.

(Top menu – Format - Align)

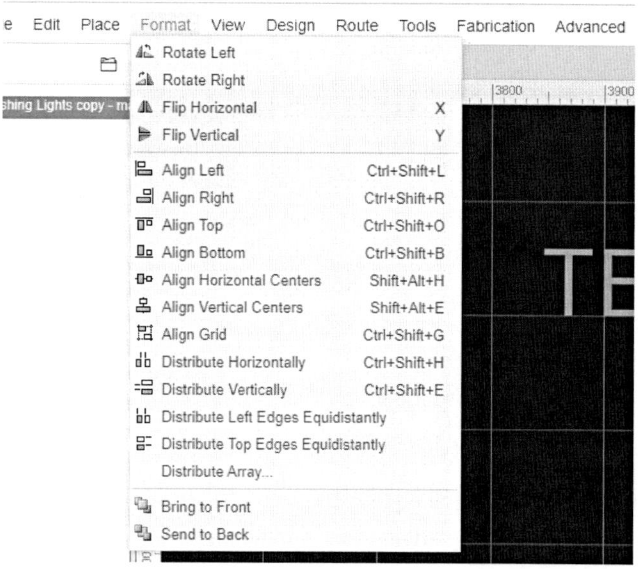

1.13.17 맨 앞으로 가져오고 맨 뒤로 보내기

아래 그림에서는 직사각형과 타원이 모두 채워져 있습니다.

(Top menu – Format – Bring/Send to Front/Back)

직사각형을 그리기 전에 타원을 그리면 직사각형이 겹치므로 타원이 숨겨집니다. 타원을 표시하려면 사각형을 선택한 다음 '가져 오기 및 보내기' 기능을 사용하면 다음이 표시됩니다.

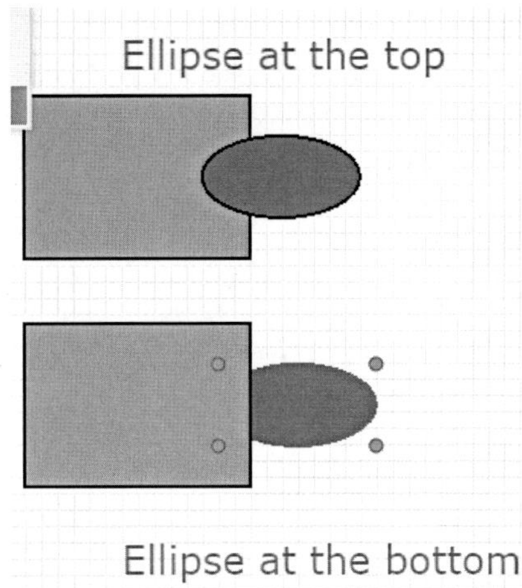

1.13.18 다중 창(Multiple Windows)

EasyEDA v6.4.0부터 다중 창 디자인을 지원합니다.

1. 회로도 및 PCB를 엽니다.
2. 회로도 또는 PCB 탭을 마우스 오른쪽 버튼으로 클릭하고 "새 창에서 열기(Open in New Window)"를 클릭합니다.

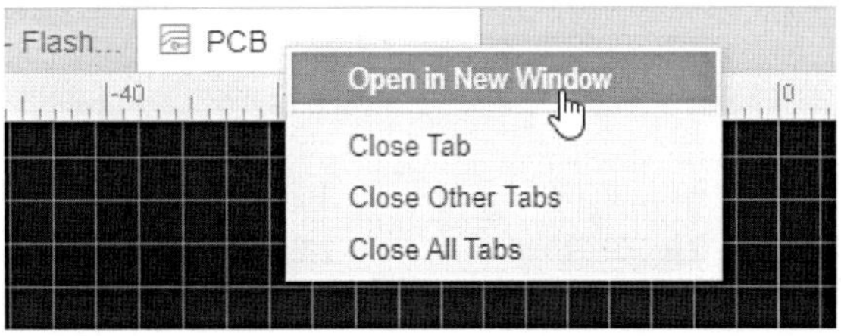

3. 새 창에서 문서가 열리면 '교차 프로브(cross probe)'를 수행 할 수 있습니다. 부품, 패드, 디자인 관리자 목록을 클릭하면 '교차 프로브 및 배치(Cross Probe and Place)'도 동작합니다.

1.13.19 문서 탭 전환

문서 탭 위치에 쉽게 맞출 수 있습니다. 탭 위치를 클릭하여 선택해서 끌거나,

단축키 Shift+1, Shift+2를 눌러서 전환할 수 있습니다.

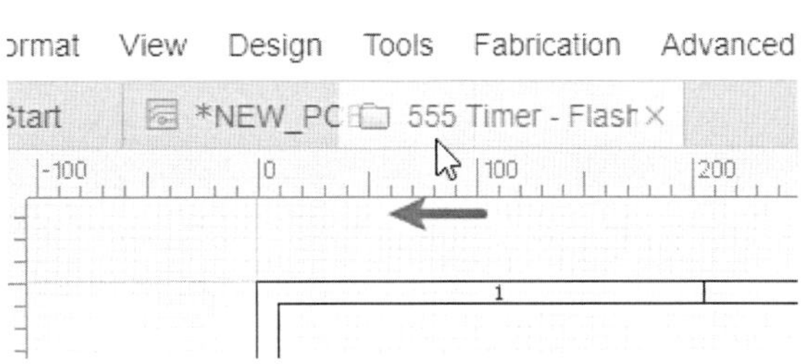

02

회로도 작성(Schematic Capture)

이 튜토리얼에서는 EasyEDA 회로도 작성 방법을 안내하는 간단한 Schematic 디자인을 만들 것입니다.

2.1 캔버스 설정

캔버스의 빈 공간을 클릭하여 캔버스 속성 설정을 찾을 수 있습니다.

앞에서 설명한대로 배경 및 그리드 색상과 그리드의 스타일, 크기, 가시성 및 스냅 특성을 모두 구성 할 수 있습니다. 캔버스 영역은 너비 및 높이로 직접 설정하거나 사용 가능한 사전 설정 프레임 크기를 사용하여 설정할 수 있습니다.

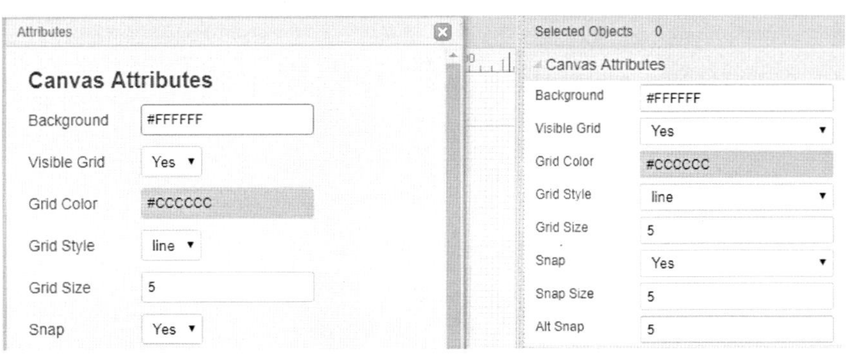

2.1.1 그리드(Grid)

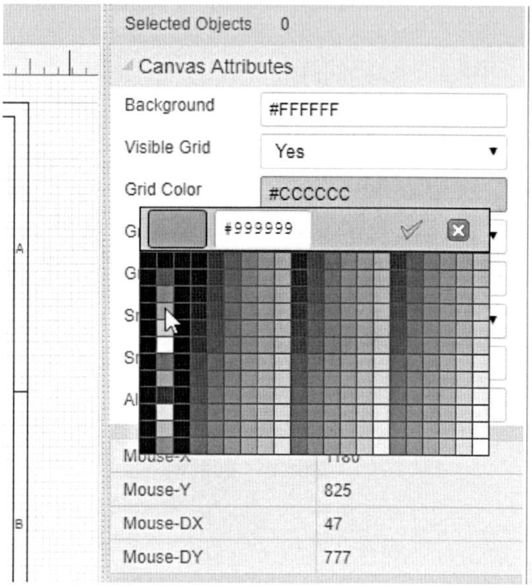

- Visible Grid : 화면에 그리도 표시 여부 (Yes 또는 No)
- Grid Color: 임의의 유효한 색상(#으로 시작되는 32비트 16진수)
- Grid Style: 직선(Line) 또는 점(Dot)으로 표시
- Grid Size: 모든 EasyEDA 부품의 적절한 정렬을 보장하려면 10, 20, 100으로 설정하는 것이 좋습니다. 단위는 픽셀입니다.
- 그리드 (및 배경) 색상: 원하는 색상의 16진수 값을 입력하거나 색상 값 상자를 클릭하면 열리는 팔레트에서 색상을 클릭하여 직접 설정할 수 있습니다.

2.1.2 스냅(Snap)

- Snap: Yes 또는 No. 이 키를 누르면 그리드로 스냅 전환을 켜고 끕니다.
- Snap Size: 모든 EasyEDA 부품의 올바른 정렬을 보장하려면 10, 20, 100으로 설정하는 것이 좋지만 1, 5, 10과 같은 유효한 숫자는 작동 할 수 있습니다.

항상 “Snap = Yes” 를 유지하는 것이 좋습니다. 항목이 그리드를 벗어난 곳에 배치되면 다시 그리드로 재설정하기가 매우 어려울 수 있으며, 그리드를 벗어난 배치는 실제로는 연결되지 않은 와이어가 연결되어있는 것처럼 보이게 하여 추적하기 어려운 ‘네트 리스팅(netlisting)’ 오류를 유발할 수 있습니다.

그리드 점 사이를 이동해야하는 새로운 부품 심볼이나 footprint의 세부 부분을 그려야하는 경우, 그리드 간격을 줄여 이러한 요소들을 그린 다음 그리드를 선택한 기본값으로 다시 재설정하기 바랍니다. “Snap = No” 설정은 마지막 수단으로서만 사용해야 하며, 가급적 사용을 권하지 않습니다.

- ALT Snap: ALT키를 누를 때의 스냅 크기를 의미합니다.

2.2 배선 도구(Wiring Tools)

배선 도구가 숨어서 보이지 않는 경우, 다음의 위치에서 열수 있습니다.

상단 도구 모음 Top Meun > View > Wiring Tools…

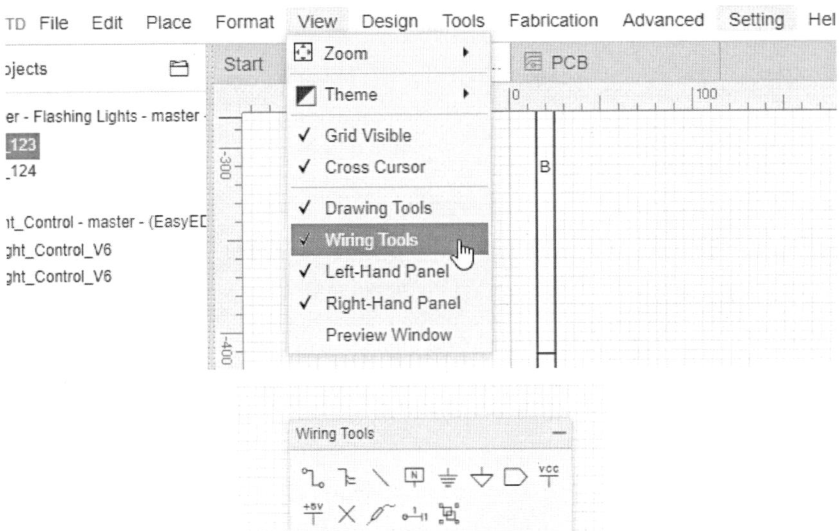

> **참고**
>
> 배선 도구의 모든 명령은 전자회로 이론과 관련이 있습니다. 선, 모양 또는 화살표만 그려야 할 때는 배선(wire)를 사용하지 말고 대신 드로잉 도구를 사용하기 바랍니다.

2.2.1 배선(Wire)

EasyEDA에서 배선 모드로 들어가는 방법은 세 가지가 있습니다.

1. **배선도구 팔레트에서 배선(Wire)** 버튼을 클릭하거나,
2. 키보드에서 Ⓦ**핫키**를 누르거나,
3. 부품 핀의 끝부분을 클릭하면

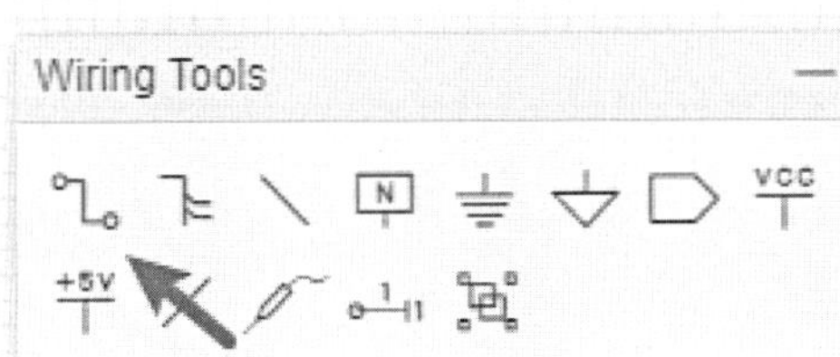

된니다. (부품을 선택하면 회색 핀 점이 표시됨).

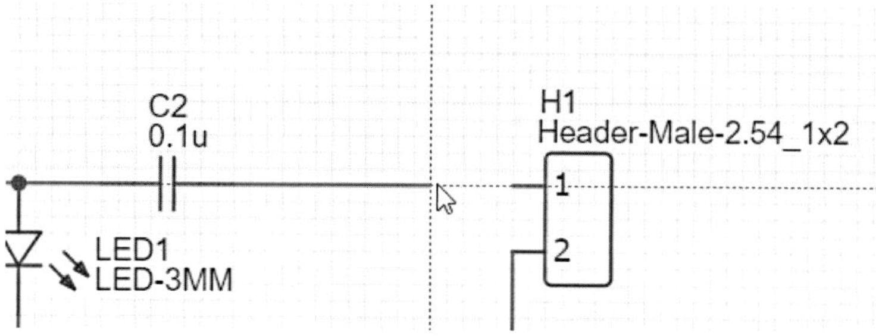

EasyEDA는 자동으로 배선 모드로 들어갑니다.

다음 예제 회로도는 배선후 비안정 멀티 바이브레이터(Astable Multivibrator) LED 프로젝트 회로도의 스크린 샷입니다.

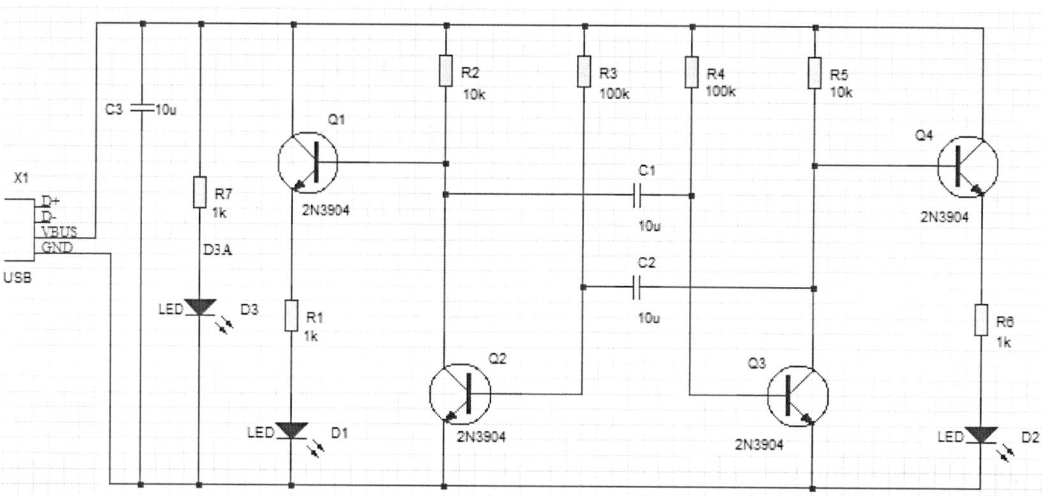

2.2.1.1 부품 및 배선의 이동

저항과 같은 부품을 배선 바로 위에 배치하면 배선이 끊어지고 부품의 끝부분에 다시 연결됩니다.

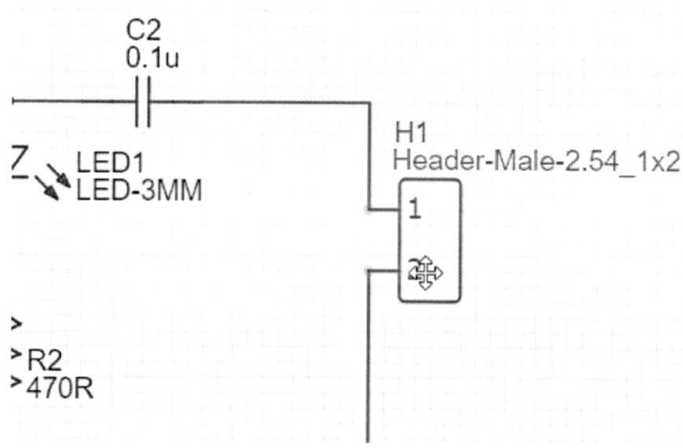

마우스를 사용하여 선택한 부품을 이동할 때, 연결된 배선을 어느 정도 드래그하여 이동할 수는 있지만, 고무 밴드와 같이 늘어나

는 기능에는 몇 가지 제한 사항이 있습니다.

선택한 부품을 이동할 때, 대부분의 배선은 수직 및 수평으로 이동합니다. 화살표 키를 사용하면 고무 밴딩과 같이 자유롭게 늘어나는 기능은 없습니다.

선택한 배선은 마우스 또는 화살표 키를 사용하여 클릭하여 직접 이동할 수 있습니다. 마우스를 사용하여 배선을 클릭하여 선택하면 끝부분과 정점에 녹색 grab 핸들이 나타납니다.

2.2.1.2 자동 조정 연결

배선 위에 저항이나 커패시터를 배치하면 배선이 아래와 그림과 같이 부품의 핀을 자동으로 연결합니다.

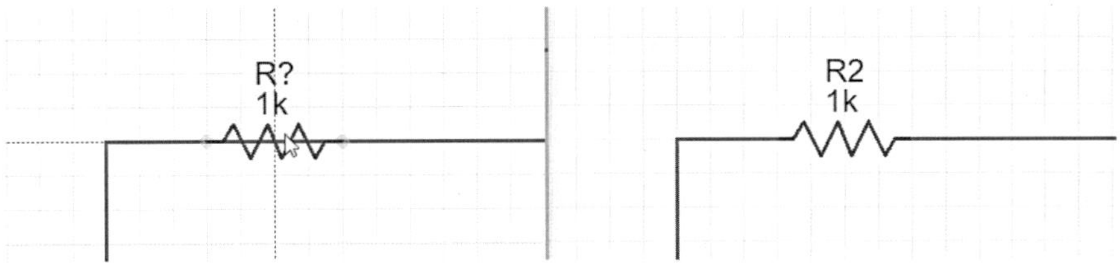

연속된 일련의 저항을 배선위에 배치하고 싶을 때는, 부품을 관통하여 배선하면 모두 연결되어 있음을 볼 수 있습니다.

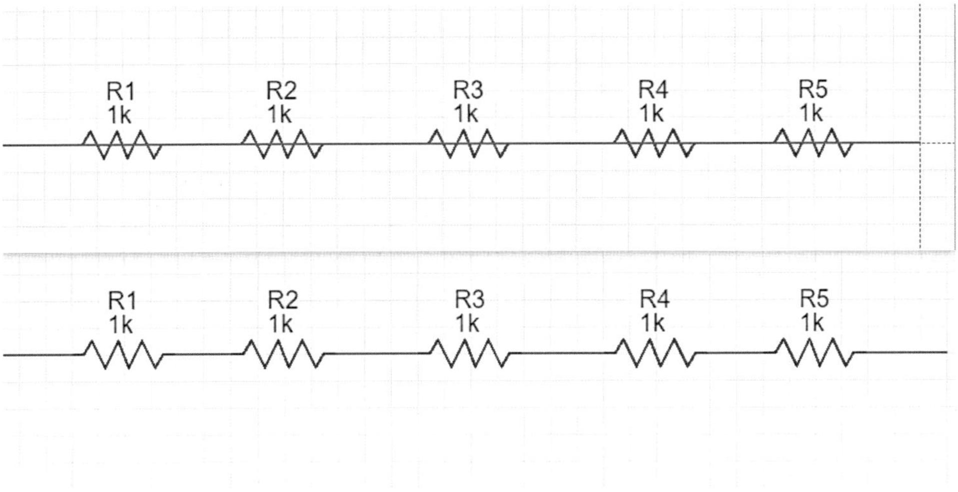

2.2.1.3 배선의 노드

배선을 클릭하면 배선의 노드를 확인할 수 있습니다. 여기서 흰색은 가상 노드를, 빨간색은 실제 노드를 의미합니다. 가상 노드를 드래그하여 실제 노드를 생성할 수 있으며, 선택된 배선에서 마우스의 오른쪽 버튼을 클릭하여 실제 노드 사이의 선분을 삭제할 수 있습니다.

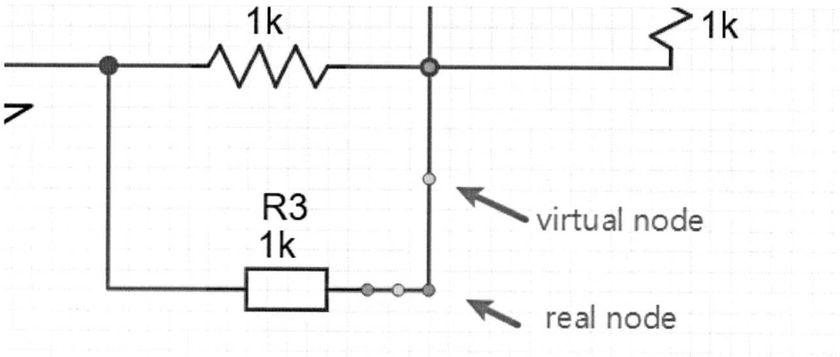

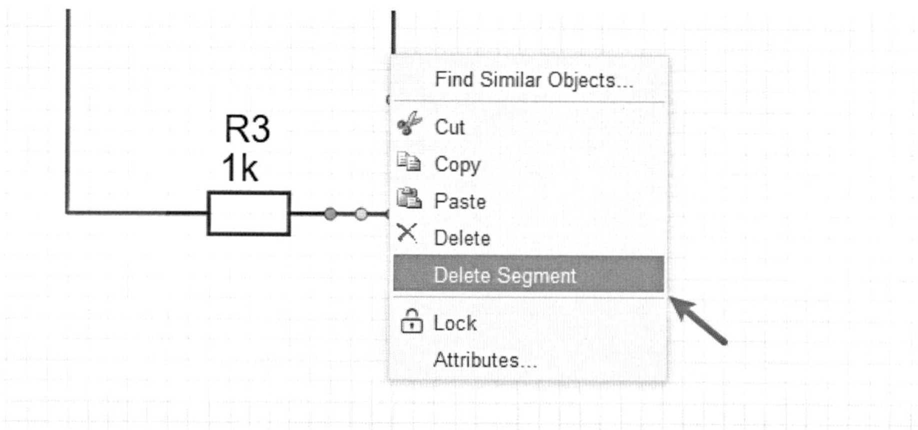

2.2.2 Bus

전문적인 회로도를 설계할 때, 아마도 많은 배선을 사용할 것입니다. 하나씩 배선을 하면 많은 시간이 필요하게 되는데, 이때는 의미있는 배선들의 집합인 버스배선을 사용해야합니다.

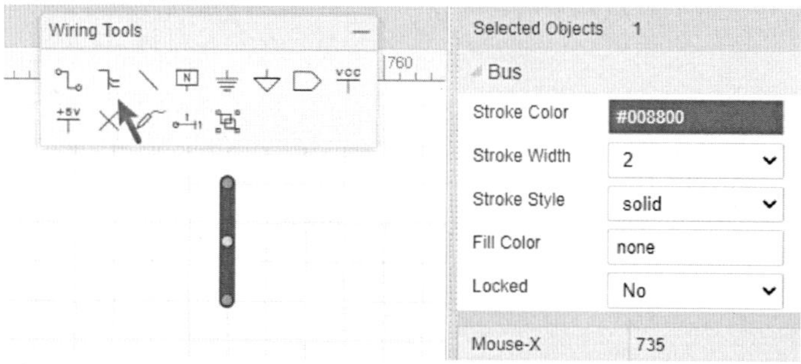

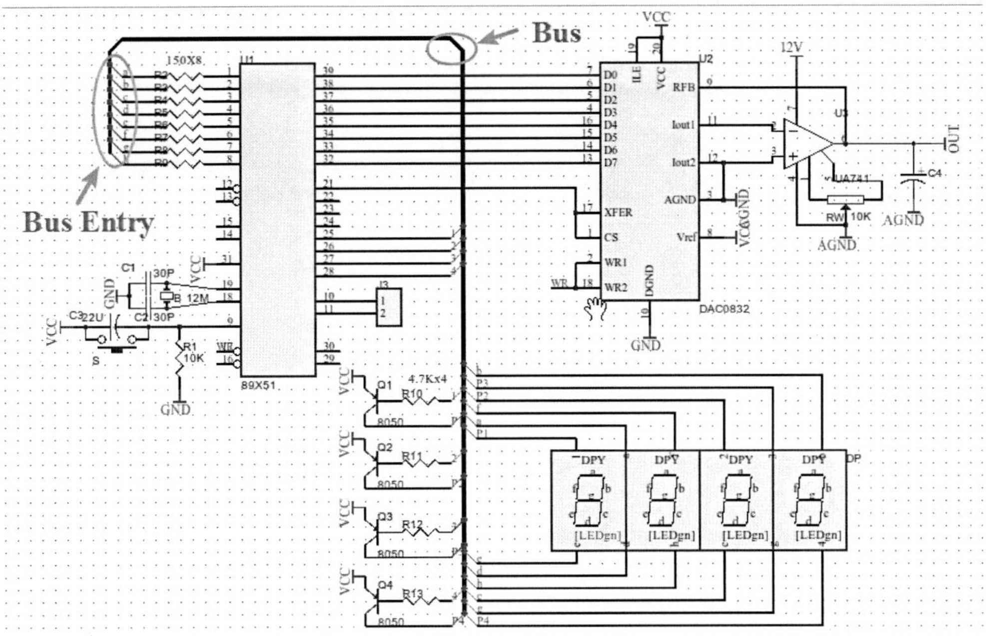

2.2.3 Bus Entry

Bus배선으로 연결하기로 결정한 경우, Bus Entry는 앞의 그림과 같이 배선으로 Bus 및 다른 net에 연결해야합니다.

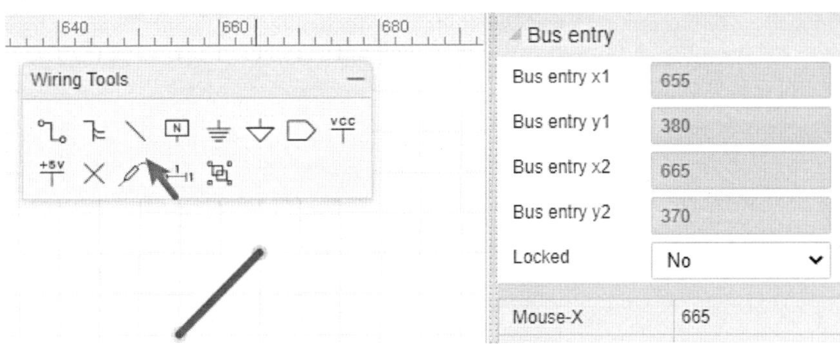

표시만을 위한 "Bus"및 "Bus Entry"는 Bus Entry dot 포인트에 net label을 배치해야 합니다.

2.2.5 Net Label

Net Label을 사용하여 특정한 배선을 찾고 잘못된 연결을 식별할 수 있도록 배선에 이름을 지정할 수 있으며, 배선도구 팔레트 또는 N핫키를 사용하여 Net Label을 찾을 수 있습니다. Net Label을 선택하면 오른쪽 속성 패널에서 해당 속성을 찾을 수 있습니다.

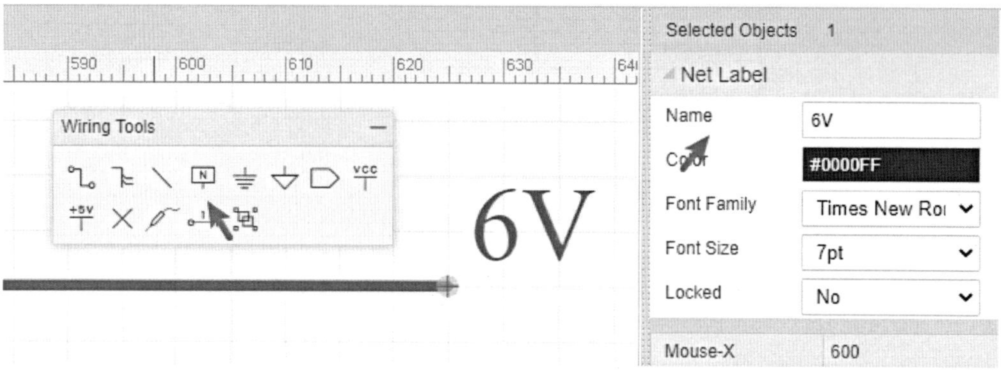

Net Label의 이름과 색상을 변경할 수 있으며, 이름만 변경하려면 Net Label을 두 번 클릭하는 것이 더 쉬울 수 있습니다.

2.2.5.1 단일 배선의 다중 Net Label

EasyEDA는 하나의 배선에 여러 개의 Net Label을 지원합니다. 회로도를 PCB로 변환할 때 편집기는 배선에 부여된 여러 Net Label 중에서 첫번째 Net Label을 선택합니다. 다음의 그림에서, NETLABEL1 이 선택되는 것을 확인할 수 있습니다.

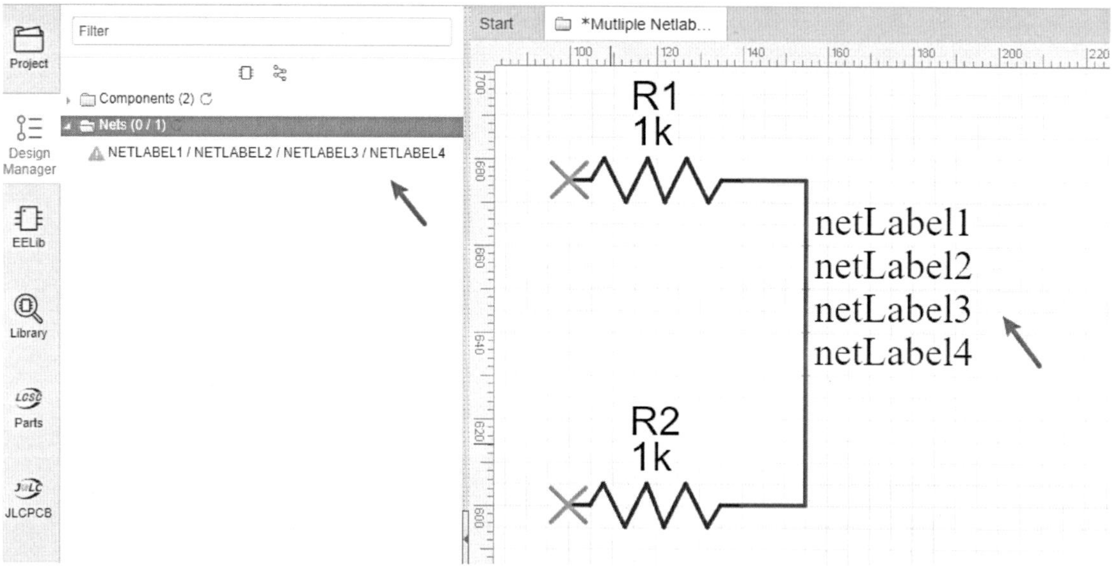

PCB로 변환하면 다음과 같이 설정됩니다.

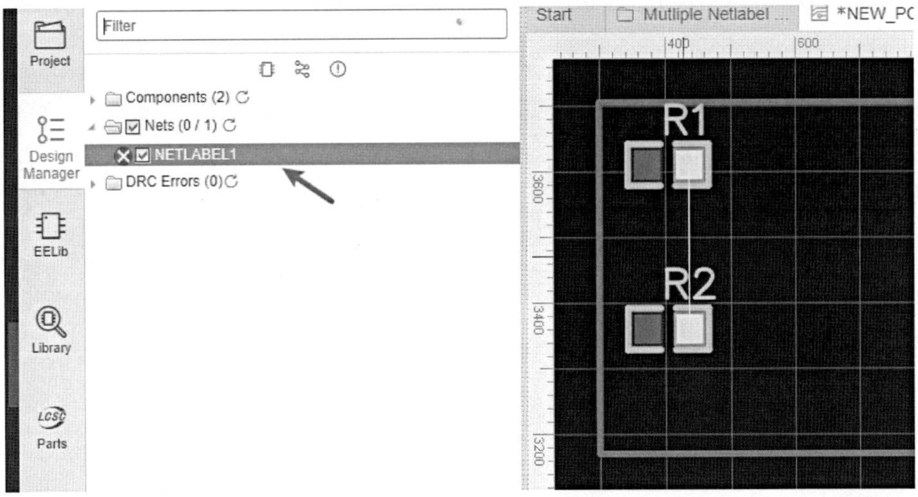

위의 그림과 같이, 디자인 매니저에서 Net Label을 클릭하면 해당 배선이 강조 표시됩니다.

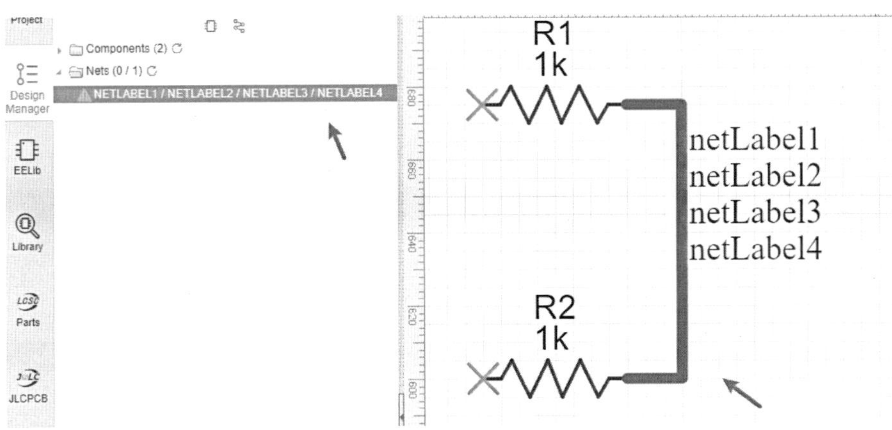

그리고 왼쪽 하단 모서리를 확인하면 경고 내용이 표시됩니다.

주의

- 1번 배선에 3개의 Net Label A B 및 C가 있고, 2번 배선에 Net Label A가 있는 경우에는 1번 배선과 2번 배선은 동일한 Net입니다.
- Netlabel / Netflag / Netport / VolProbe는 영문자, 아라비아 숫자만 지원합니다.
- 두 개의 핀이 있는 부품의 접두사(prefix)가 P1인 경우, 기본적으로 부품은 두 개의 Net "P1_1"과 "P1_2"가 있는 것으로 인식되며, P1의 핀1과 연결되지 않은 다른 배선에 P1_1이라는 Net Labe을 배치하면 기본 "P1_1"는 Net Label "P1_1"과의 잘못된 연결을 방지하기 위하여 "P1_1 (1)"로 변경됩니다.

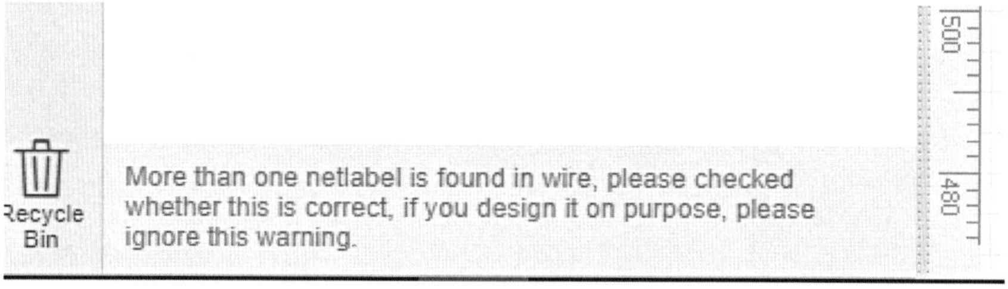

2.2.6 Net Flag

NetFlag는 NetLabel과 동일합니다. 배선 도구 팔레트에서 NetFlag를 찾을 수 있습니다. 또는 GND에 대해 Ctrl+G 핫키를 사용하거나 VCC에 대해 Ctrl+Q 핫키를 사용할 수 있습니다. 예를 들어 +5V에서 VDD로 이름을 변경할 수도 있습니다.

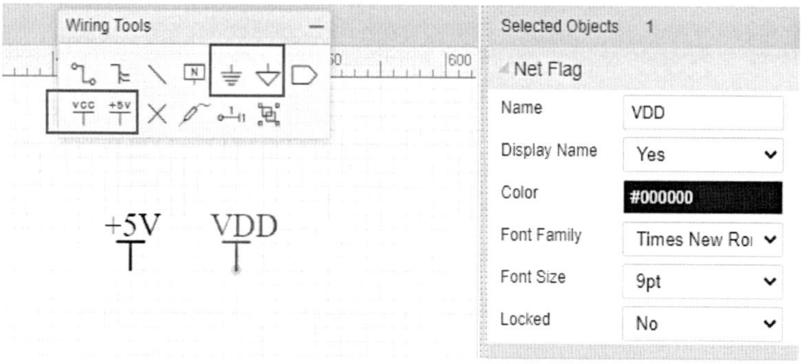

이름이 같은 두 개 이상의 Netflag 또는 Netlabel이 나타나면 서로 연결됩니다.

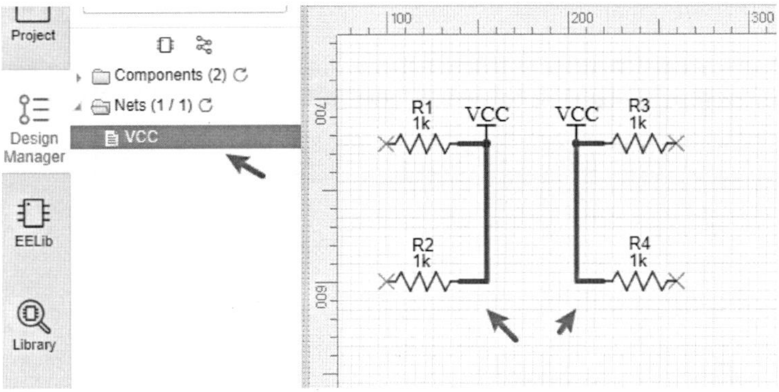

배선도구 팔레트는 사용자의 편의를 위해 NetFlag: 디지털 GND, 아날로그 GND, VCC 및 + 5V를 제공합니다.

2.2.7 Net Port

Net Port는 Net Label과 같이 작동하며 입출력 Net Port를 구분하지 않습니다. 너무 많은 배선을 라우팅하지 않으려면 Net Port를 사용하기를 권장합니다.

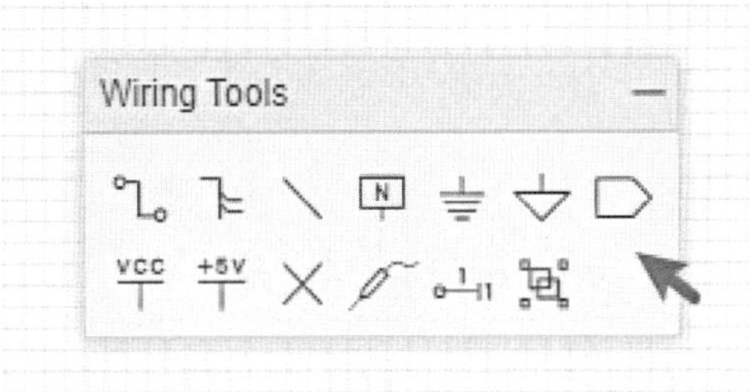

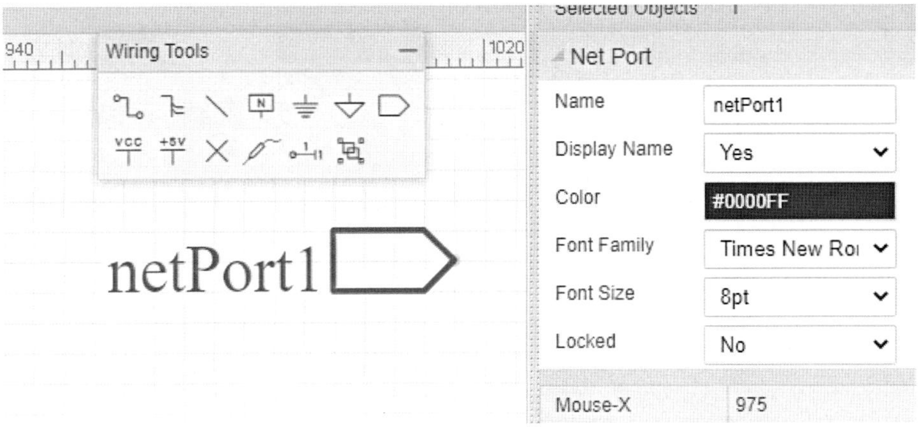

회로도를 더 깔끔하게 만들고 각각의 Net Port에 Net 이름을 설정하기만 하면 됩니다.

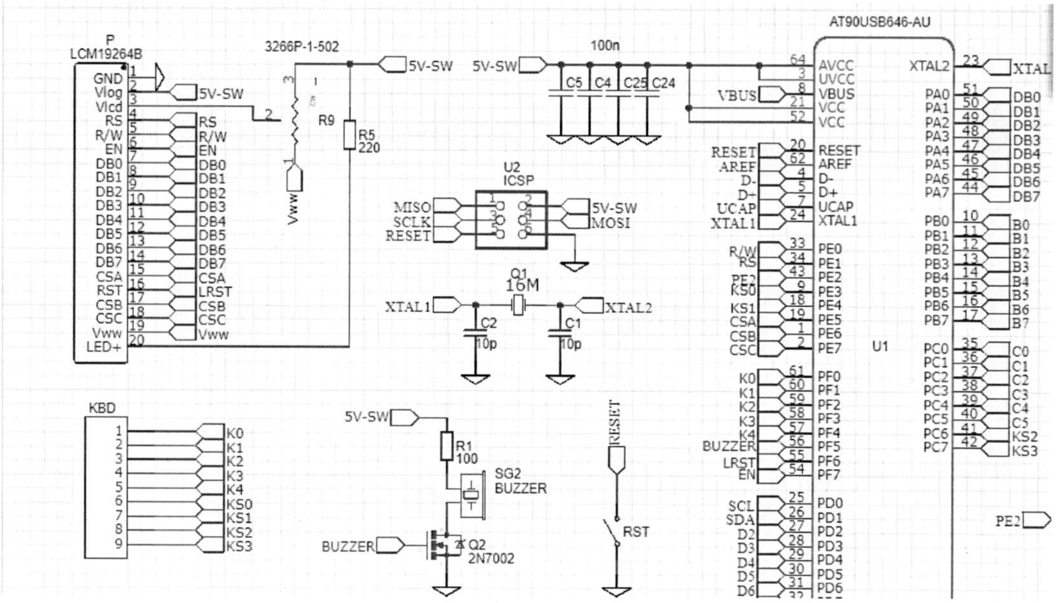

– Net port를 사용하여, 많은 입출력을 가지고 있는 MCU의 회로를 간결하게 표현할 수 있다 –

2.2.8 No Connect Flag

배선도구를 통해 NO Connect Flag를 찾을 수 있습니다.

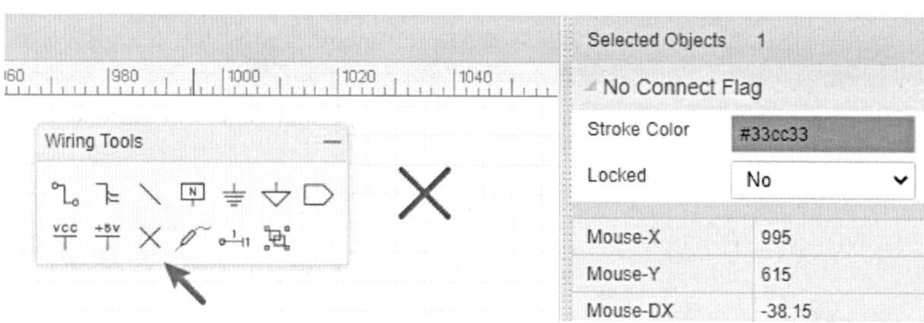

아래 샘플 회로도에서 NO Connect Flag를 추가하지 않으면, 디자인 관리자의 Nets 컬렉션에 오류 플래그가 발생합니다.

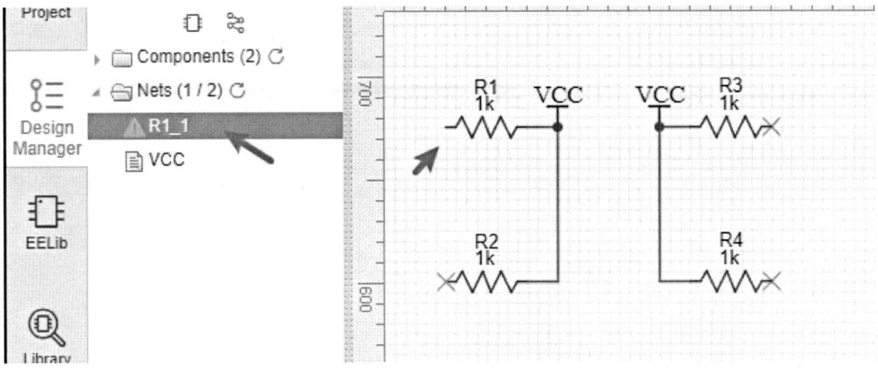

그리고 왼쪽 하단부에 경고를 표시합니다.

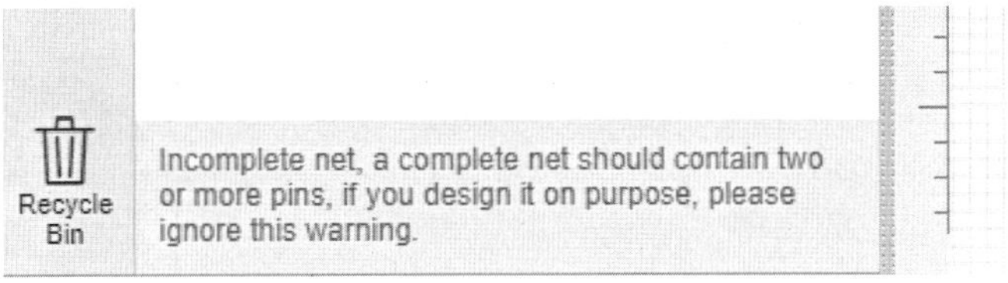

NO Connect Flag를 추가하면, 디자인 관리자의 Nets 폴더를 새로 고치면 오류가 사라집니다.

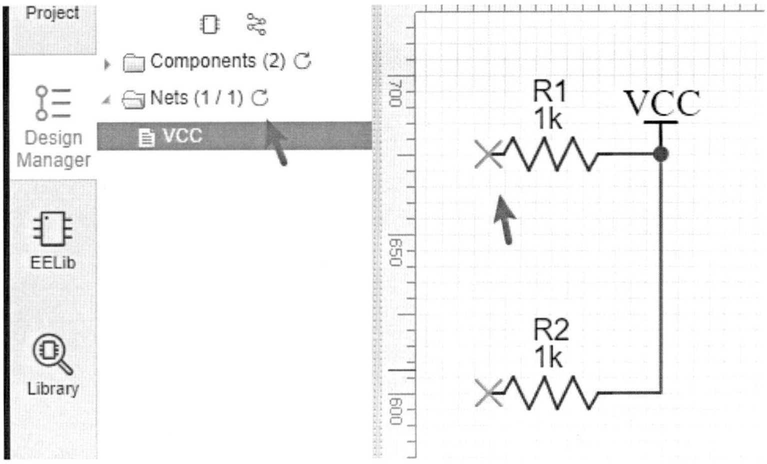

참고

NO Connect Flag는 부품 심볼의 핀에서만 직접 작동합니다.

2.2.9 Voltage Probe

EasyEDA는 회로도에 대한 시뮬레이션(NgSpice) 기능을 제공합니다. 시뮬레이션이 실행된 후, 회로에서 전압 프로브(voltage probe)를 배치한 Net의 파형을 볼 수 있습니다.

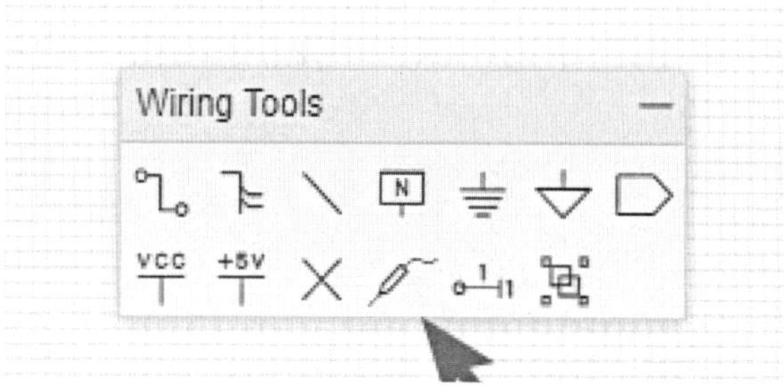

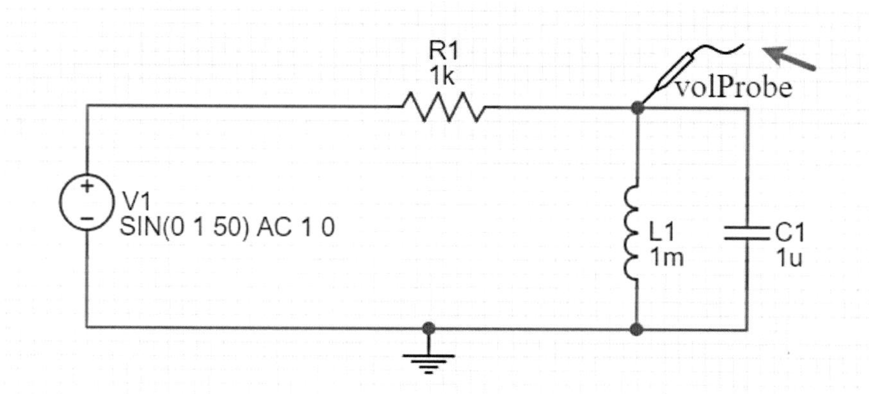

그러나, 본 책에서는 시뮬레이션에 대한 자세한 내용은 다루지 않을 예정입니다.

2.2.10 Pin

회로도 및 회로도 라이브러리에서 새로운 부품의 심볼을 만들 때에는 Pin을 사용하여 새 심볼에 대한 핀을 만들어야 합니다. 그렇지 않으면 심볼을 배선으로 연결할 수 없습니다.

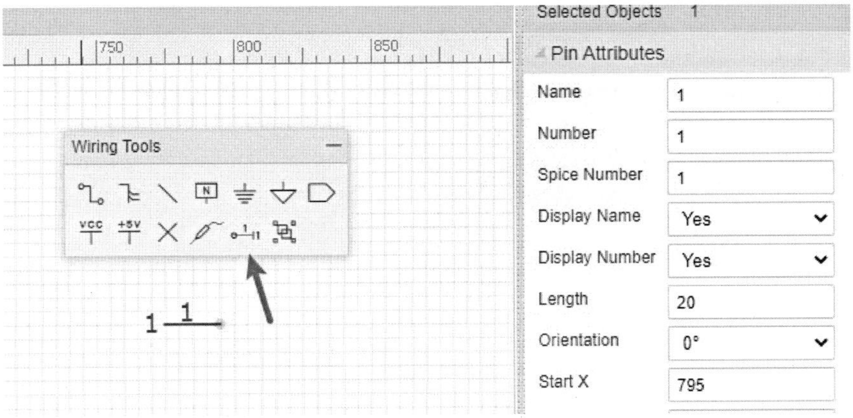

자세한 내용은 [Symbol Library-Create Symbol] 섹션에서 자세히 설명하기로 하겠습니다.

2.2.11 Group/Ungroup Symbol

배선도구 팔레트에는 Group / Ungroup Symbol 버튼이 있습니다.

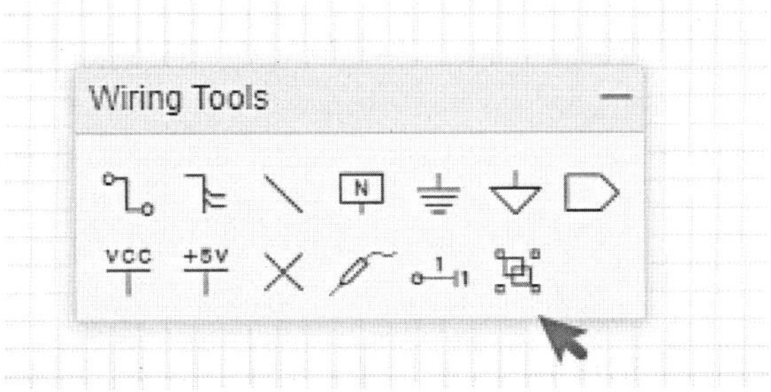

심볼 마법사(Symbol Wizard)와 마찬가지로, 이 도구를 사용하면 회로도 라이브러리 심볼을 빠르게 만들 수도 있습니다. 방법은 다음과 같습니다.

1. 핀(들)과 직사각형과 같은 개체를 배치

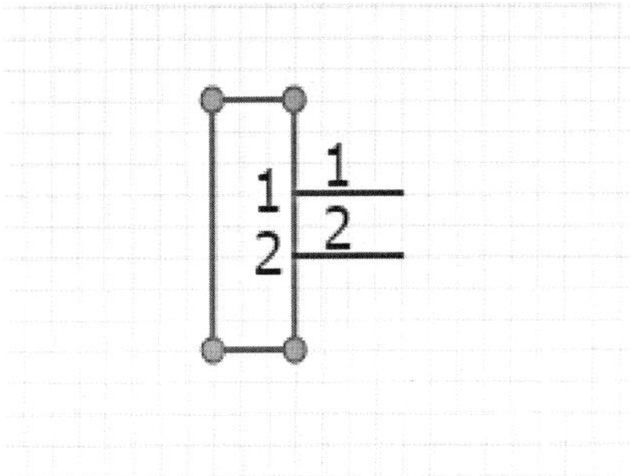

2. 모든 개체를 선택하고“Group/Ungroup Symbol” 아이콘을 클릭합니다 .

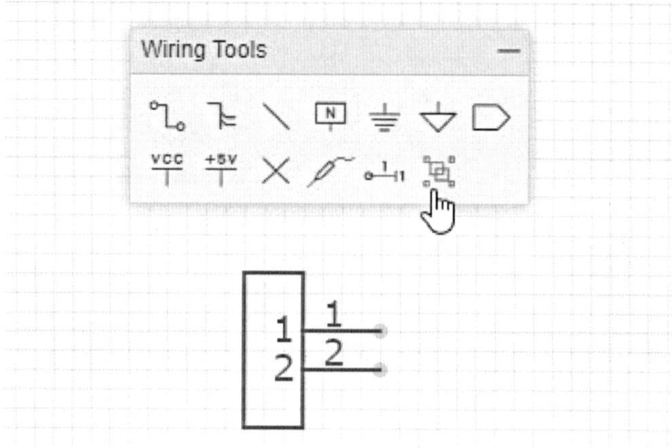

3. 접두사와 이름을 입력하고 확인을 누르면 새로운 부품이 생성됩니다.

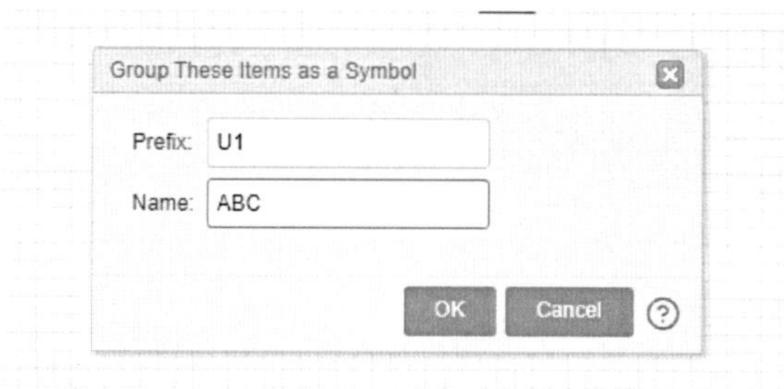

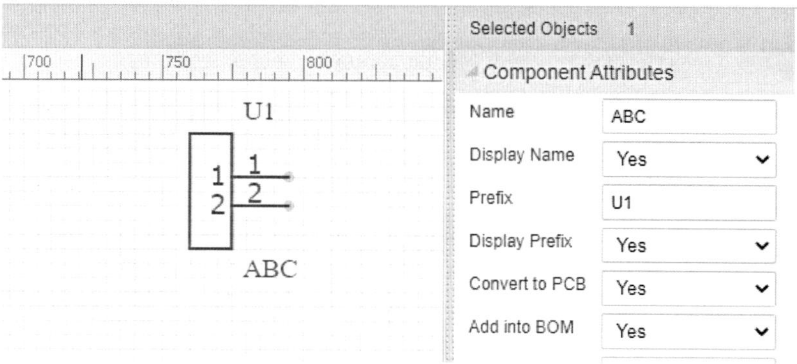

그렇다면 Ungroup은 어떤 결과를 만들까요? 임의의 부품 심볼을 선택한 다음 Group/ungroup 명령을 클릭하여 어떤 결과가 발생하는지 확인해 보기 바랍니다!.

참고

회로도에서 생성한 심볼은 개인 라이브러리에 저장되지 않습니다. 반복적으로 사용하려면 Top Menu-File-New-Symbol을 통해 심볼을 생성하는 것을 추천합니다.

2.3 드로잉 도구(Drawing Tools)

2.3.1 도면 설정

프레임 및 프레임 선택에 디자인 메모를 추가 할 수 있으며(예 : A4), 인쇄된 회로도와 PCB 디자인의 모양을 정렬하고 개선하는 데 도움이 될 수 있습니다.

아래 이미지와 같이 frame/drawing/documen 버튼을 클릭합니다.

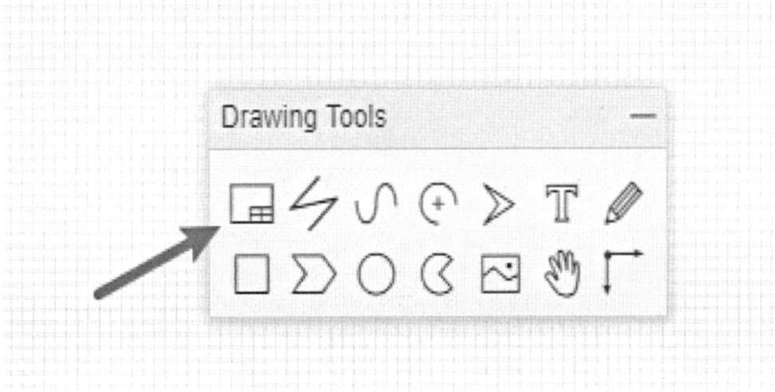

텍스트 속성을 선택하거나 두 번 클릭하면 파란색 텍스트를 편집 할 수 있습니다.

오른쪽 하단 영역을 선택하여 끌거나 프레임을 끌어서 삭제할 수 있으며, 오른쪽 하단 영역을 선택한 경우 시트 속성을 편집 할 수 있습니다.

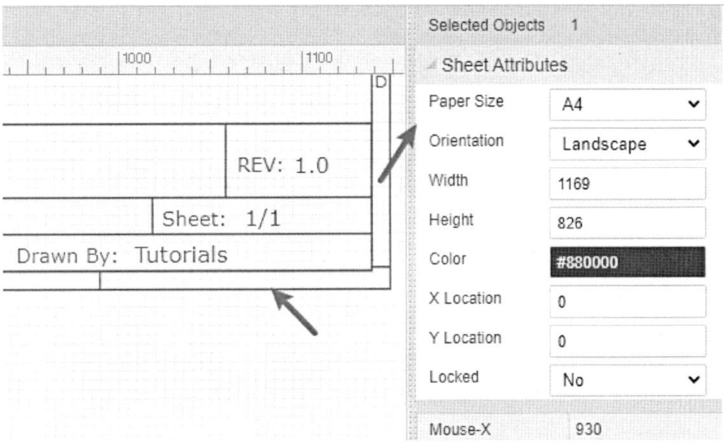

2.3.1.1 사용자 정의 도면(Custom Sheet)

EasyEDA는 사용자 정의에 필요한 회로도 드로잉 프레임을 지원합니다. 현재 사용자 정의 도면은 수동으로 배치해야 하며, 새 회로도를 만들때에는 사용자 정의 도면의 자동 참조는 지원되지 않습니다.

사용자정의 도면을 만드는 방법은 다음과 같습니다 :

1. "드로잉 도구"에서 "도면설정" 버튼을 클릭합니다.

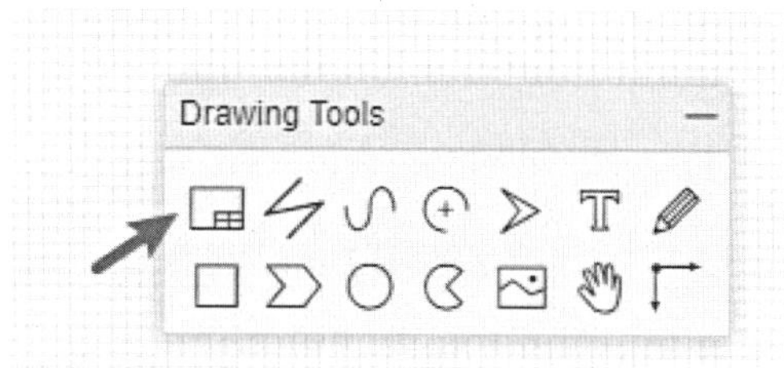

2. "사용자지정 추가(Add custom)"버튼을 클릭합니다.

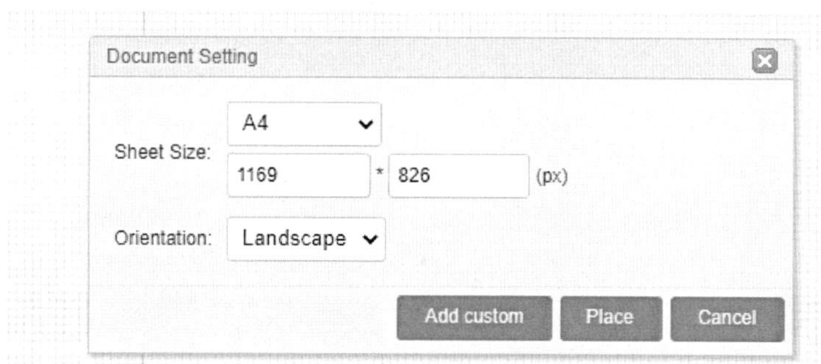

3. 새 심볼 편집기가 생성되며, 아래와 같이 원하는대로 테이블을 편집 할 수 있습니다.

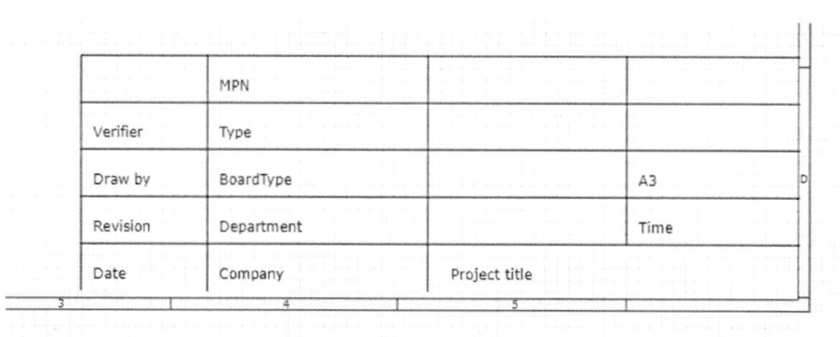

4. 윤곽선(outline)을 선택하면 크기를 편집 할 수 있습니다.

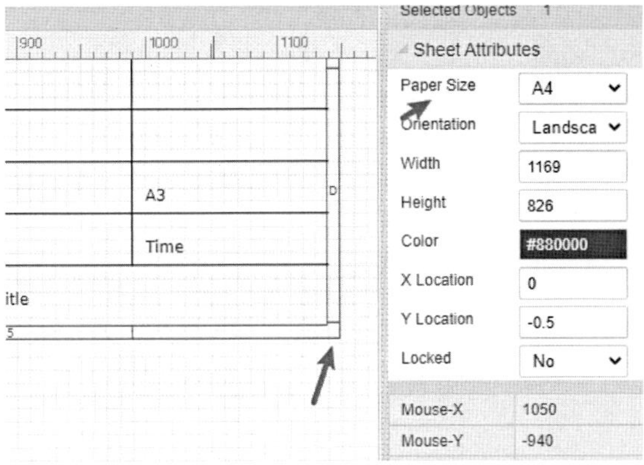

5. 이제 저장하십시요. "라이브러리"의 부품과 같은 회로도에 배치 할 수 있습니다.

2.3.2 선(Line)

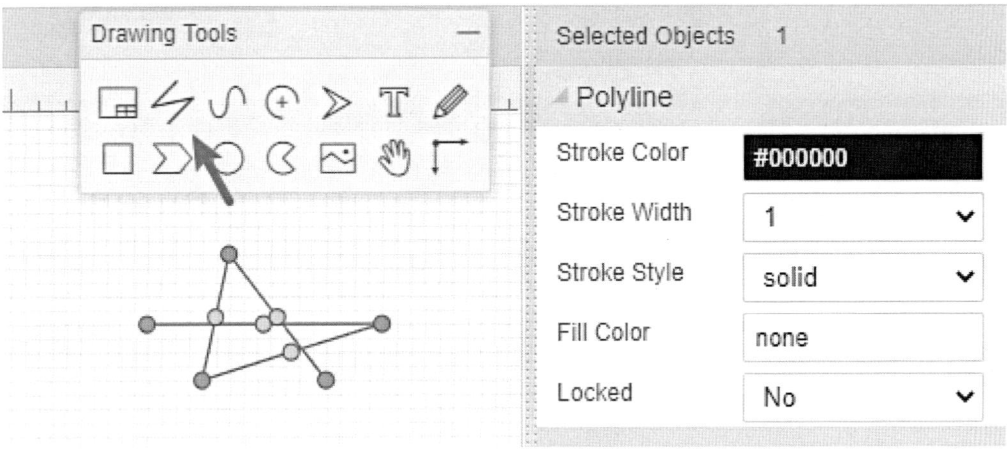

회로도 편집기에서는 모든 방향으로 선을 그릴 수 있습니다. 또한 다음의 이미지와 같이 속성을 변경할 수 있습니다.

2.3.3 베지어 곡선(Bezier)

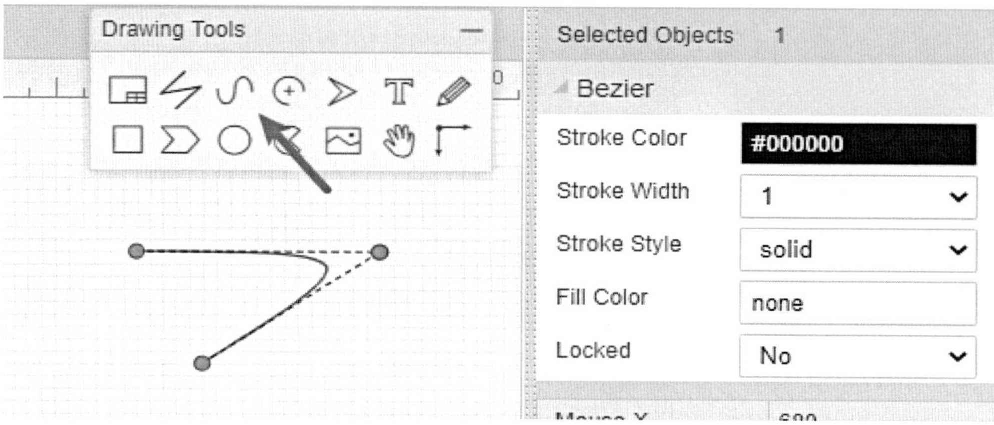

이 기능을 사용하면 제법 보기좋은 패턴을 그릴 수 있습니다.

2.3.4 호(Arc)

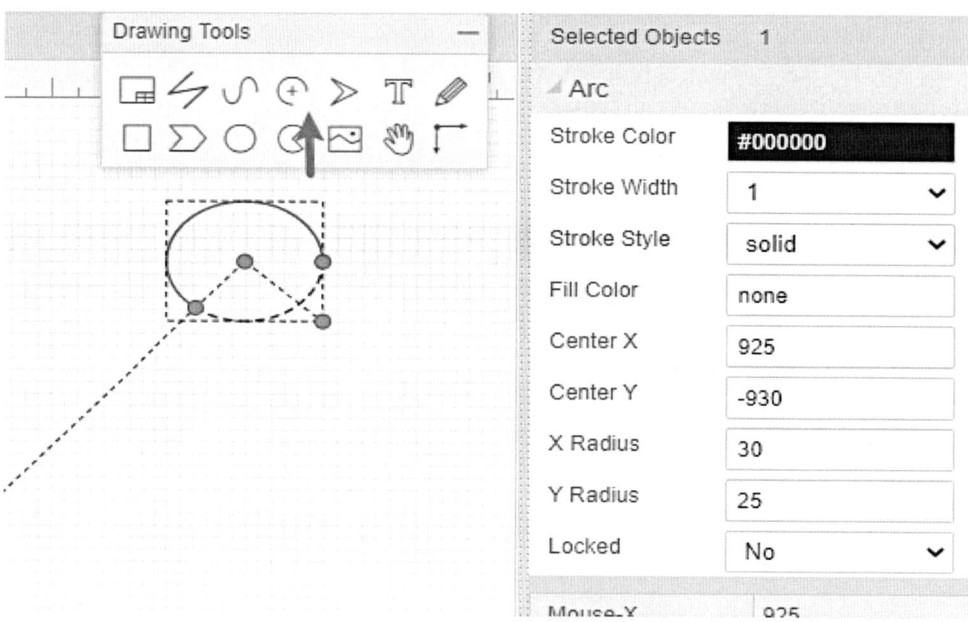

이 기능을 사용하면 원하는 모양의 호를 그릴 수 있습니다.

2.3.5 Arrow Head

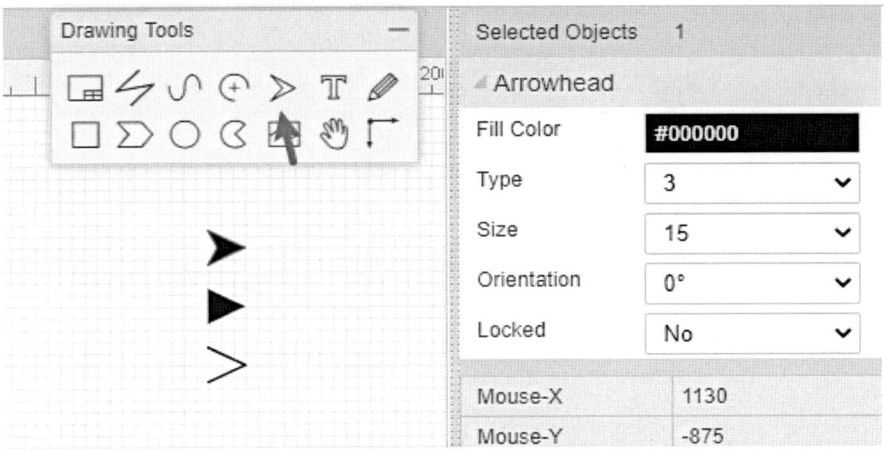

텍스트 또는 중요한 부분을 지시하기 위하여 arrow head를 추가 할 수 있습니다.

2.3.6 텍스트(Text)

텍스트 속성은 설정을 위한 여러 매개 변수를 제공합니다.

- Text: 내부 상자의 텍스트를 변경하거나 텍스트를 두 번 클릭 할 수 있습니다. 모든 새 텍스트의 기본 텍스트는 Text'입니다.

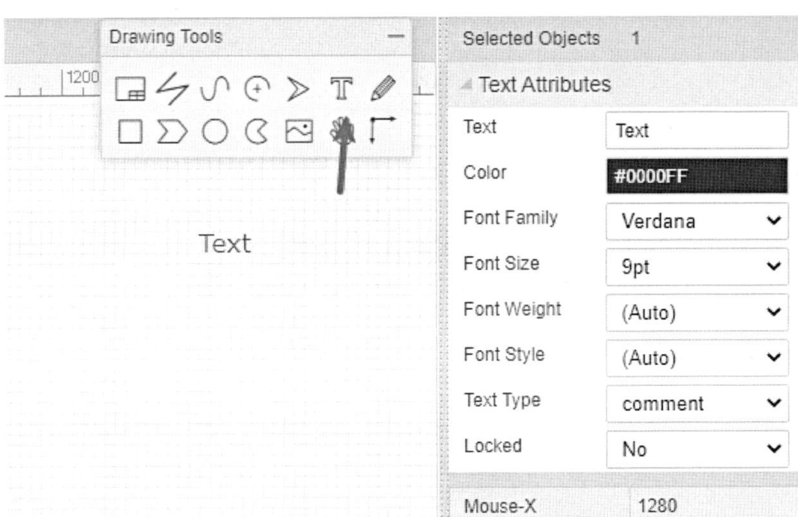

편집기는 마지막 텍스트 매개 변수를 기억합니다.

- Color: 텍스트 색상을 정의합니다.
- Font-family: 선택할 수있는 12가지 글꼴을 제공합니다
- Font-Size: 텍스트 크기를 정의합니다.
- Font-weight: 텍스트 가중치를 정의합니다.
- Font-Style: (자동), 보통, 기울임 꼴을 포함합니다.
- Text type: 유형에는 주석과 spice가 포함됩니다.

2.3.7 Image

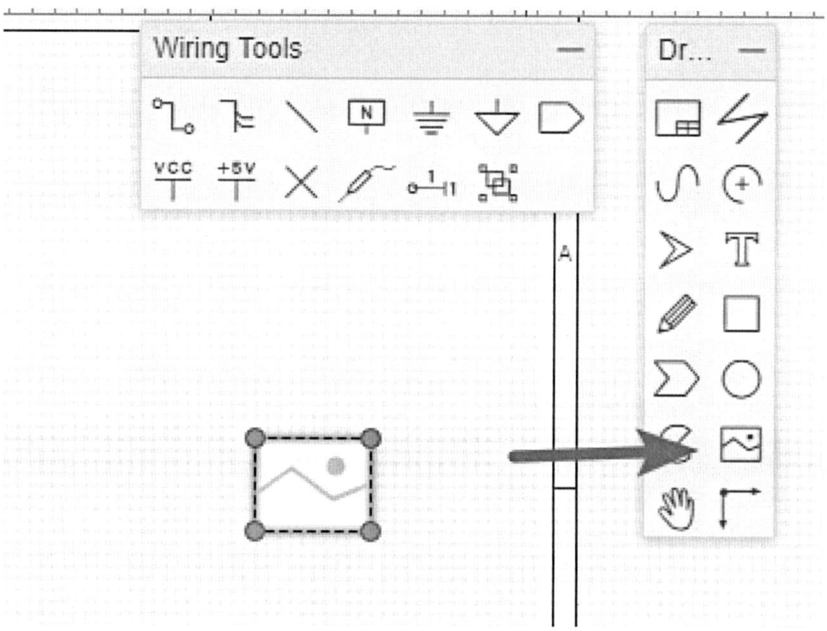

드로잉 도구 팔레트에서 이미지를 선택하면 이미지 자리 표시자가 캔버스에 삽입됩니다.

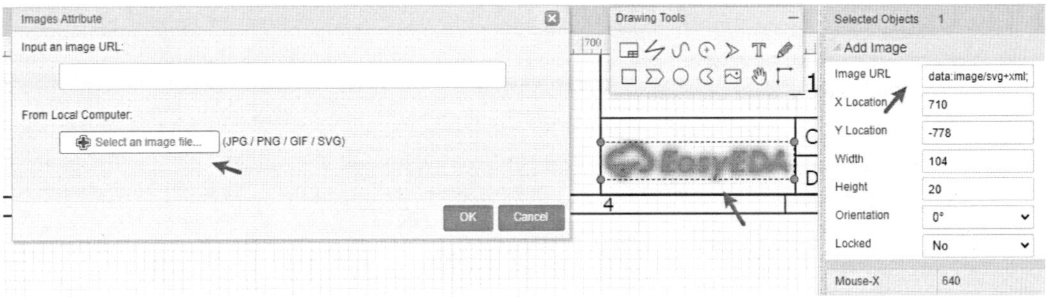

자리 표시자를 선택하면 오른쪽 속성 패널에서 이미지의 속성을 볼 수 있습니다.
이미지의 URL을 설정하십시오. 예를 들어 URL을 다음과 같이 설정합니다.

http://upload.wikimedia.org/wikipedia/commons/thumb/c/c7/555_Pinout.svg/220px-555_Pinout.svg.png

그러면, 다음과 같은 이미지가 보일 것입니다.

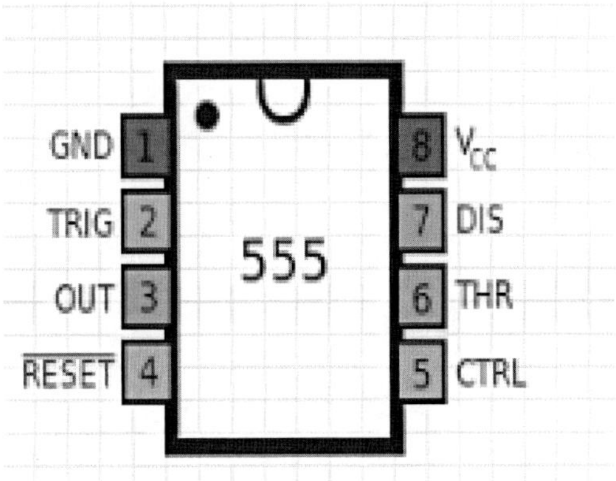

참고 : 현재 EasyEDA는 이미지를 호스팅 할 수 없으므로 이미지 공유 사이트에 이미지를 업로드해야합니다.

2.3.8 Drag

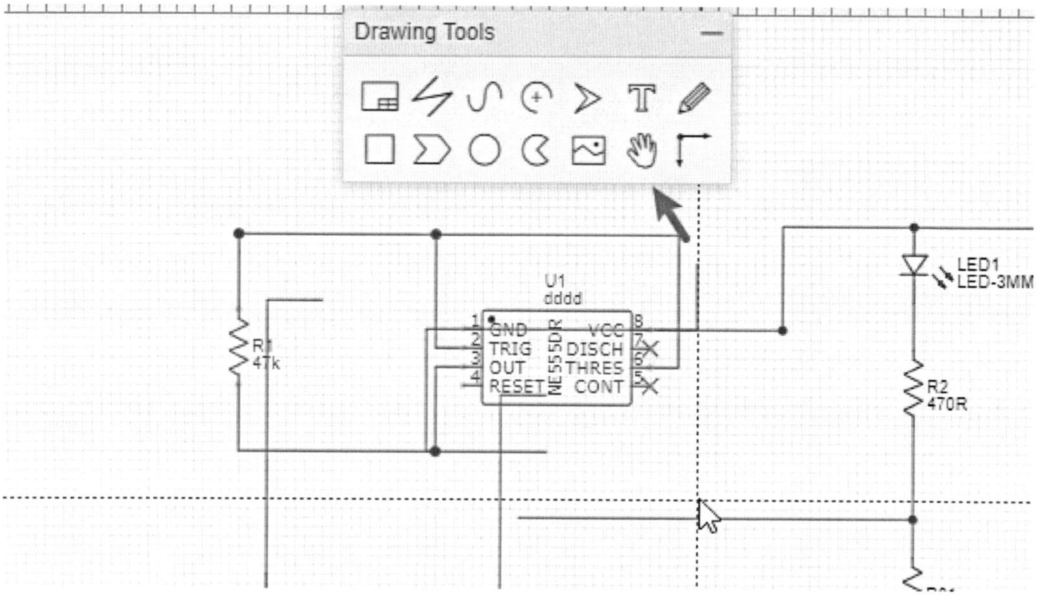

어떤 종류의 부품과 배선을 이동하려면 드래그, 핫키 D를 사용할 수 있습니다. 또는 먼저 부품 및 배선 영역을 선택하고 이동할 수 있습니다.

2.3.9 캔버스 원점(Canvas Origin)

캔버스 원점의 기본값은 회로도 시트의 왼쪽 상단 모서리에 설정되어 있지만 캔버스 원점을 통해 원하는 위치에 재설정할 수 있습니다.

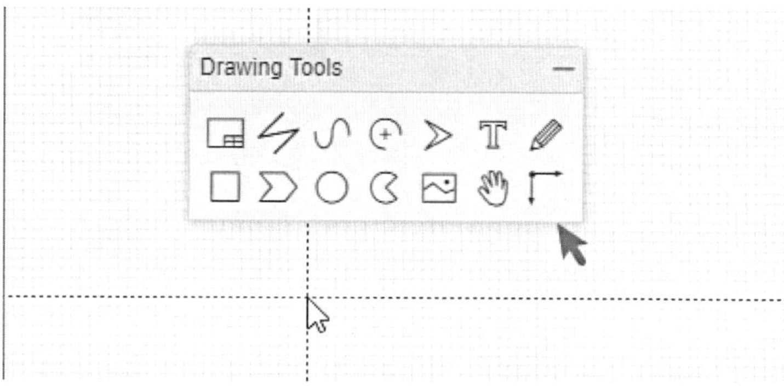

캔버스 원점을 설정하는 또 다른 방법은 Top Menu 〉 Place 〉 Canvas Origin 을 사용할 수 있습니다.

2.4 라이브러리(Library)

2.4.1 EELib(EasyEDA Library) : v6.x이후에는 Commonly Library로 변경되었음.

여기에는 다양한 구성 부품에 대한 상용부품 심볼이 포함되어 있으며 시뮬레이션에서도 사용할 수 있습니다.

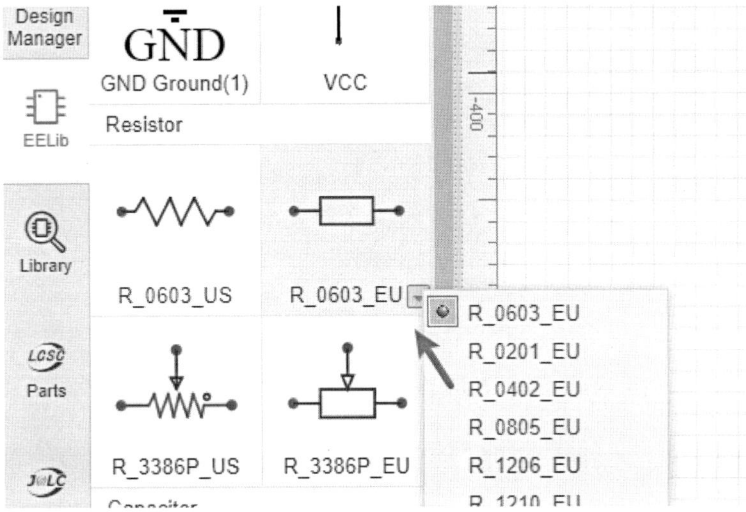

이러한 부품 요소중 상당수는 US 및 EU 스타일 기호가 선택적으로 포함되어 있으므로 원하는 형식을 선택할 수 있습니다. 드롭다운 목록을 클릭하거나 마우스 오른쪽 버튼을 클릭하여 상황에 맞는 메뉴를 표시할 수 있으며, 여기에는 많은 footprint 또는 매개 변수가 포함되어 있습니다.

필요한 부품을 빠르게 찾으려면 검색 필터를 사용하는 것을 잊지 마십시오. 예를 들어, 모든 저항을 찾으려면 0603을 입력하면 됩니다.

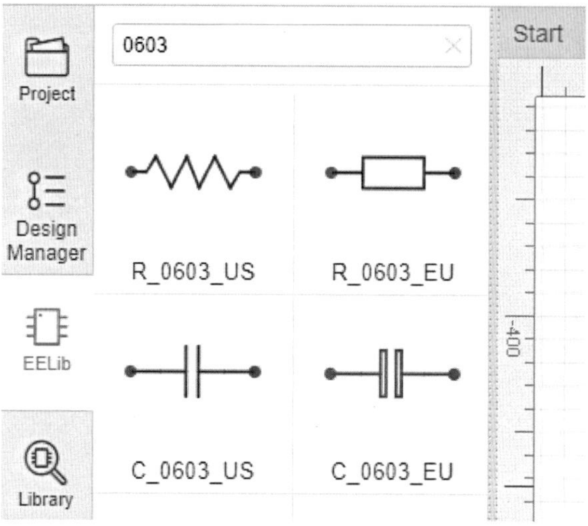

2.4.2 Library

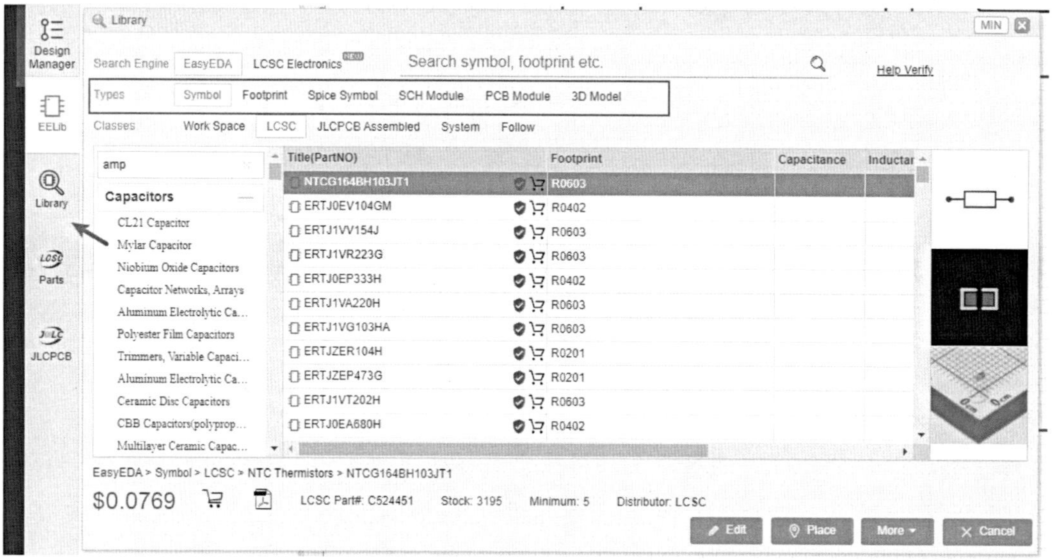

EasyEDA는 많은 라이브러리를 제공합니다. "Left-hand Panel-Library", 또는 핫키 Shift+F에서 찾을 수 있습니다. 여기에서 *LCSC, 시스템, 사용자 제공* 등에서 라이브러리를 검색 할 수 있습니다.

2.4.2.1 Type

- Symbol: Schematic symbols
- Spice Symbol: Symbols for spice simlation
- Footprint: PCB footprints, PCB pattern.
- SCH Modules: 회로 설계의 일부인 회로도 모듈.
- PCB Modules: 회로도 모듈과 같은 PCB모듈을 의미 합니다.
- 3D Model: “3D Model Manager”를 통해 footprint와 결합됩니다.

2.4.2.2 Classes

- Work Space: 여기에는 개인 부품과 팀 부품이 포함됩니다.
- LCSC: EasyEDA의 온라인 부품 스토어인 LCSC사의 부품(Official Parts). 매일 새로운 라이브러리가 추가됩니다.
- LCSC Assembled: JLCPCB업체의 조립 부품. 모든 JLCPCB 어셈블리 부품에는 SMT 아이콘이 포함됩니다. 즉, 이 부품은 JLCPCB 제조업체에서 실장될 수 있다는 것을 의미합니다.
- System: EasyEDA 시스템 부품은 Kicad 라이브러리, 회사 공용 라이브러리, 오픈 소스 라이브러리에서 제공됩니다.
- Follow: EasyEDA에서 사용자를 팔로우하면(사용자 페이지에서 사용자를 팔로우 할 수 있습니다.) 자신의 라이브러리를 보고 사용할 수 있습니다.
- User Contributed: 부품을 검색 할 때, 이 클래스에서 찾을 수 있습니다. EasyEDA에서는 모든 라이브러리가 공개됩니다.

부품의 "JLCPCB 조립"구성 요소 옵션이 추가되었습니다. JLCPCB에서 조립할 수 있는 부품들을 쉽게 선택할 수 있습니다. JLCPCB는 PCB부품 실장 서비스를 제공하고 있으며, 보다 자세한 내용은 "SMT 주문 주문 방법" https://jlcpcb.com/smt-assembly을 참조하기 바랍니다.

2.4.2.3 검색 엔진–EasyEDA

검색에 부품 번호 또는 이름을 입력하기만 하면 됩니다. 검색하기 전에 먼저 "유형(Type)"을 선택해야 합니다. 그런 다음 "목차(Table of Contents)"를 클릭하여 필요로하는 부품을 선택할 수 있는 범주 목록을 오픈합니다. 여기에서 위아래로 스크롤하여 각 범주의 부품을 찾아 볼 수 있습니다.

• 부품의 이름을 아는 경우에는...

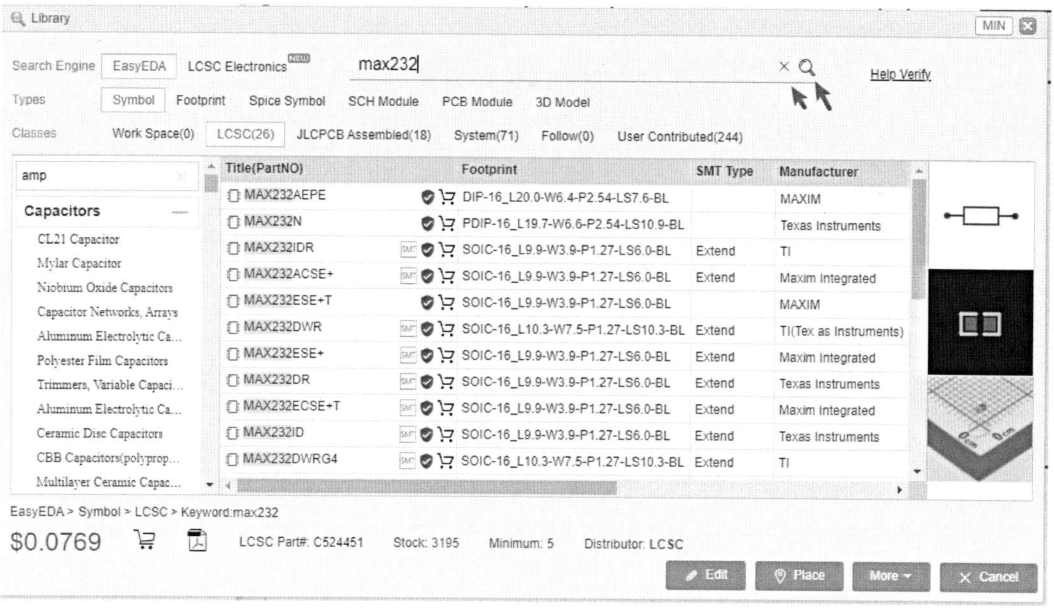

MAX232(RS-232 직렬 포트의 신호를 TTL 호환 디지털 논리 회로에 사용하기에 적합한 신호로 변환)를 찾고 싶다고 가정한다면, 검색필터에 Max232를 입력하고 Enter 키를 누르기만 하면 됩니다.

• 부품의 이름을 모르는 경우에는...

예를 들어 값이 1k이고 footprint가 0603인 저항을 찾으려면 라이브러리에서 다음과 같은 단계를 수행할 수 있습니다.

1. 라이브러리 유형 선택
2. 1k 0603과 같은 키워드 입력
3. 검색 버튼을 클릭
4. 검색 결과에서 원하는 클래스를 선택하십시오
5. 검색이 필요하지 않은 경우, 모든 검색 키워드를 제거해야 합니다.

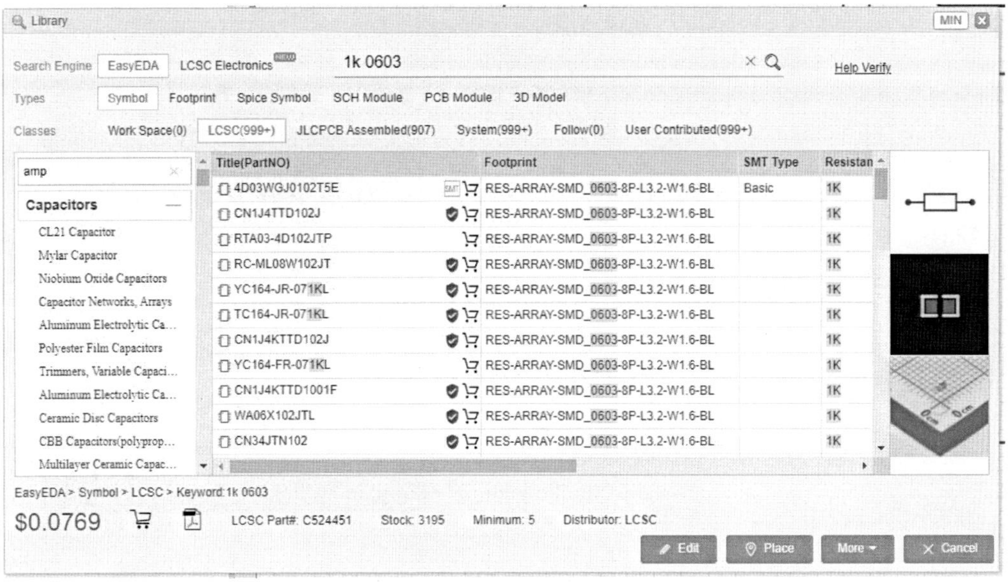

2.4.2.4 검색 엔진-LCSC Electronics

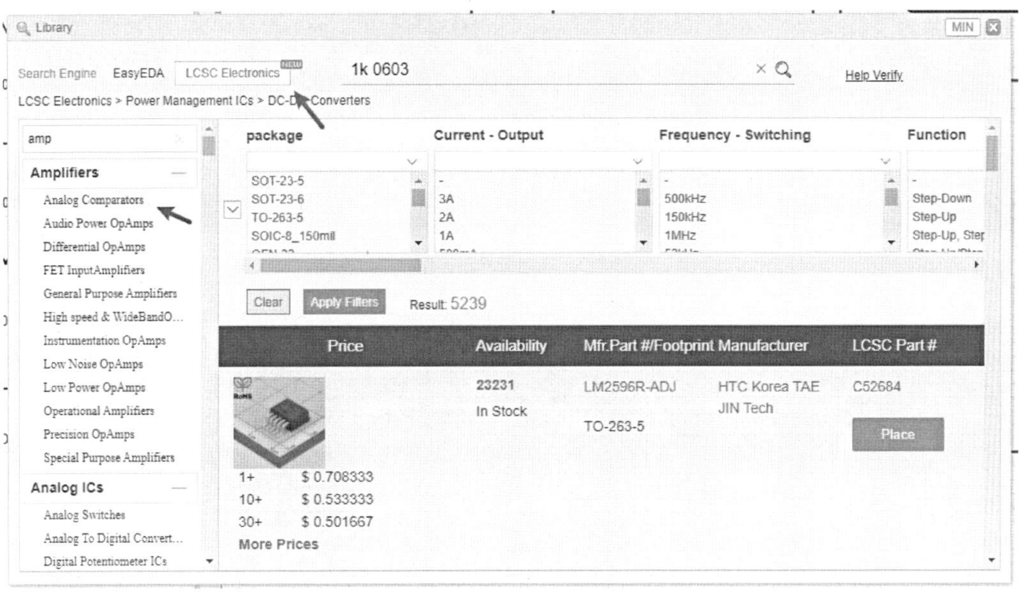

명확한 매개 변수로 일부 부품을 찾으려면 LCSC.com과 가장 유사한 "검색 엔진-LCSC Electronics"를 사용할 수 있습니다.

부품을 찾고 회로도에 배치 할 수 있습니다.

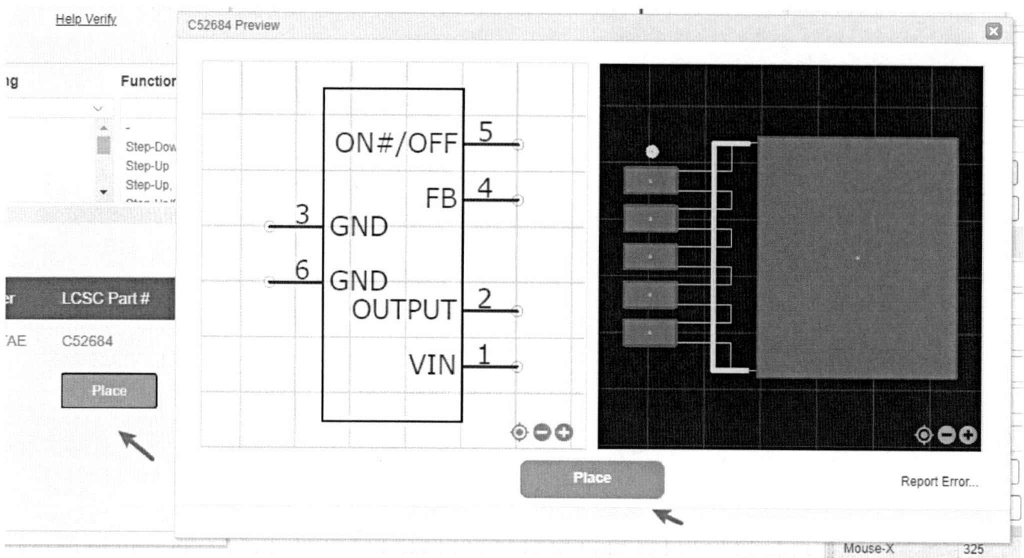

> **참고**
>
> 미리보기 대화창에서 서브 파트를 미리 볼 수 없습니다. 미리 보기를 원한다면 검색 엔진을 "EasyEDA"로 변경하여 배치해야 합니다.

2.4.2.5 Max와 Min 모드

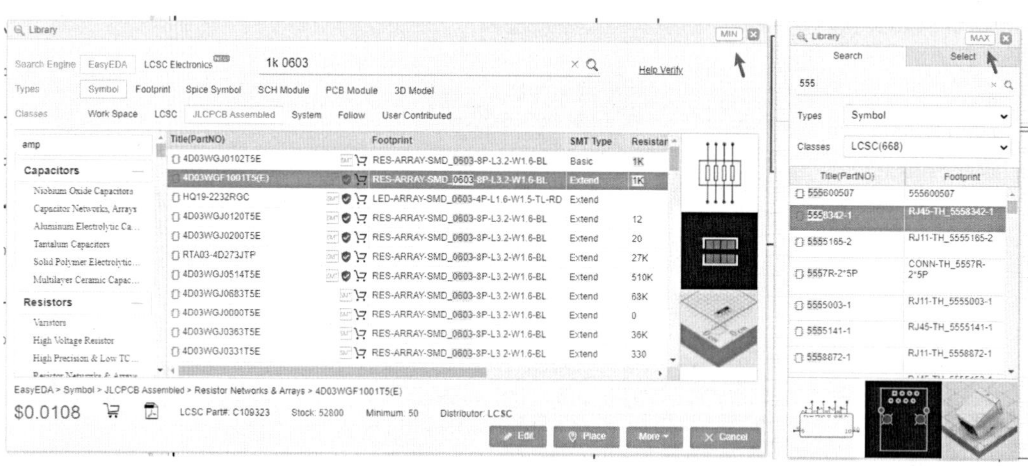

"라이브러리"대화 상자를 닫지 않고 배치하려면 대화 상자 모드를 최소 모드(오른쪽 상단 모서리에있는 최소 버튼)로 변경하면 됩니다.

2.4.2.6 Operations

회로도(Schematic) 심볼 또는 PCB footprint 위로 마우스를 움직이면, "Place", "Edit", "More" 버튼이 있는 도구 모음을 찾을 수 있습니다.

Place : 자주 사용하지 않는 부품의 경우에는 즐겨 찾기를 할 필요가 없습니다. 캔버스에 직접 배치하십시오. 또는 배치할 라이브러리를 두 번 클릭 할 수 있습니다.

참고

- EasyEDA는 다중 문서를 지원하므로 부품을 올바른(활성화된) 문서에 배치하고 있는지 확인하십시오. 활성화된 문서는 강조 표시된 탭이 있는 문서입니다.
- 회로도 기호를 PCB 파일에 배치하거나 PCB footprint를 회로도에 배치 할 수 없습니다.

Edit: 고유한 버전의 부품 기호 또는 footprint를 생성하려는 경우에는, 라이브러리에서 기존 부품을 열어 템플릿으로 사용하고, 편집한 다음 탐색 패널의 Library의 로컬 Work Space 라이브러리에 저장할 수 있습니다.

More: 라이브러리의 모든 부품 기호에 오류가 없다고 할 수는 없으므로 PCB 주문을 하기 전에 모든 기호와footprint를 주의 깊게 확인하기 바랍니다.
부품 기호에서 오류를 발견 한 경우 "Report Error"를 사용하여 수정할 수 있습니다.

Components with sub parts(multi-device footprints). : 하위 부품이 있는 부품을 찾으면 배치하거나 편집 할 수 없지만, 즐겨찾기 및 복제로 자신의 부품으로 전환하면 편집 할 수 있습니다.

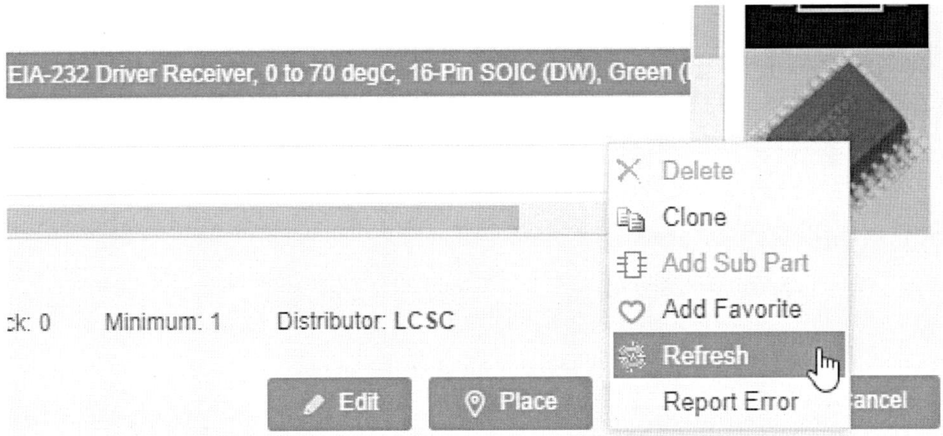

마우스 Right-Click : 부품 목록을 마우스 오른쪽 버튼으로 클릭하면 태그 편집, 즐겨찾기 추가 등이 가능합니다.

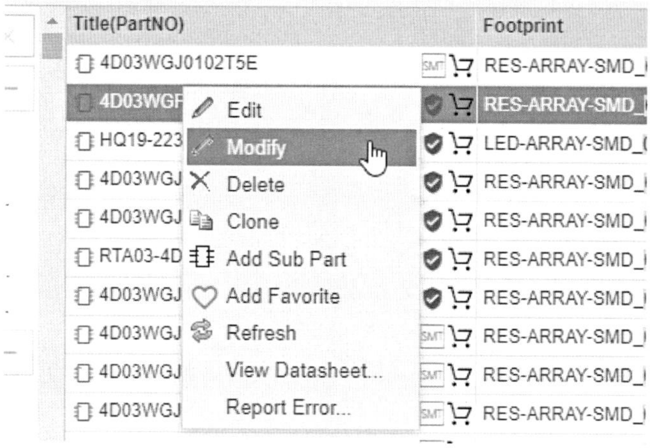

Preview Image

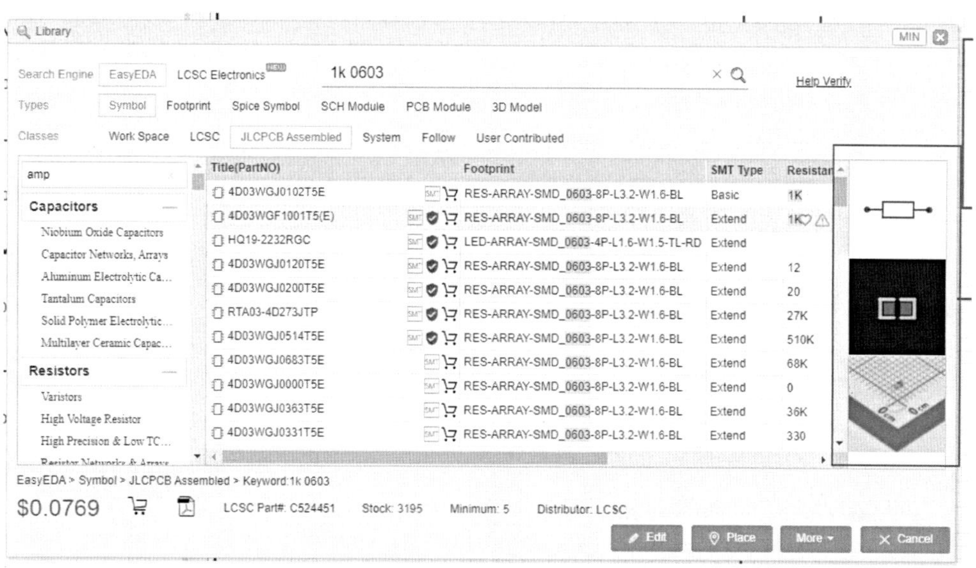

모든 라이브러리를 클릭하면 심볼, footprint, 사진과 같은 미리보기 이미지를 확인할 수 있습니다. 이미지를 클릭하면 빠르게 열 수 있습니다.

2.4.3 부품 배치

"Library"에서 회로도에 배치할 부품을 찾은 다음, 마우스를 캔버스로 이동하고 왼쪽버튼을 클릭합니다. 더 추가하려면 다시 왼쪽버튼을 클릭하십시오.

현재의 배치 위치 순서를 종료하려면 마우스 오른쪽 버튼을 한 번 클릭하거나 'ESC'를 누릅니다.

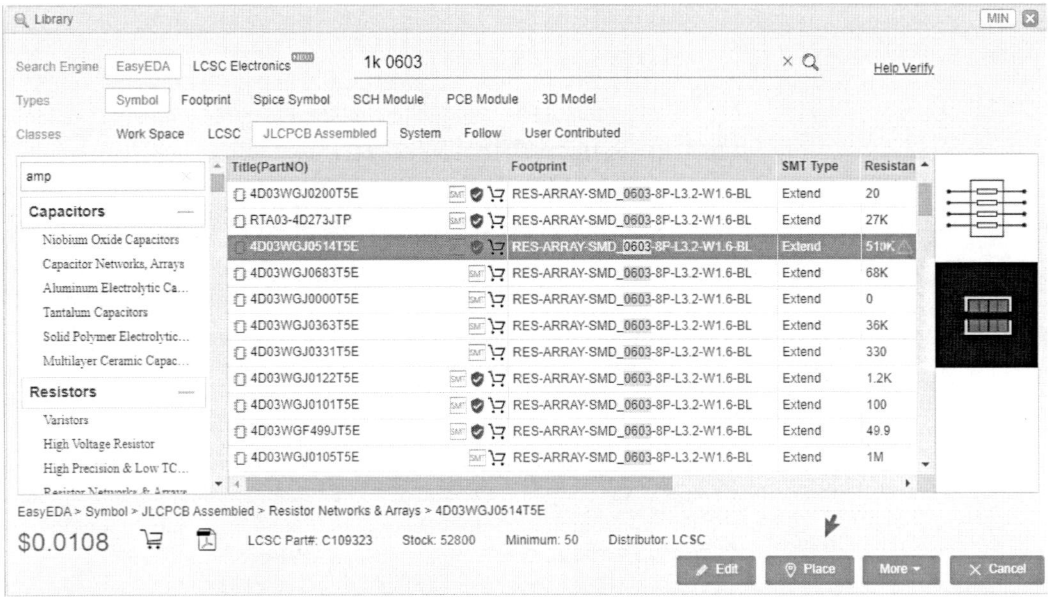

부품을 캔버스에 끌어다 놓으려고 하지 마십시오. EasyEDA 팀은 "**클릭–클릭**"으로 부품을 배치하는 것이 "**클릭–드래그**" 모드보다 사용하기 더 쉬울 것이라고 생각합니다.

2.4.4 Multi-part Components

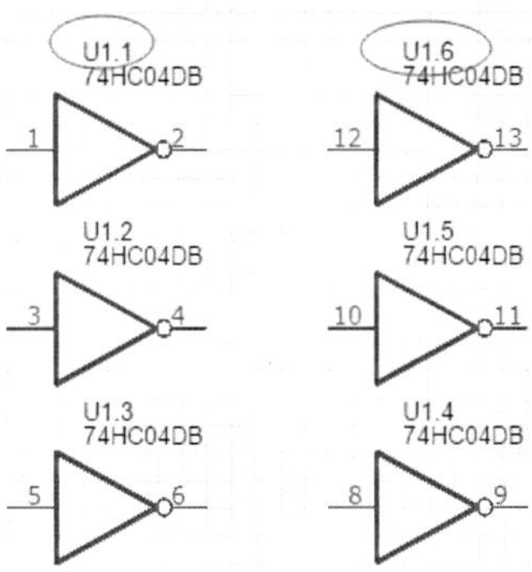

일부 부품의 핀수는 상당히 많을 수 있습니다. 그렇기 때문에 이러한 부품을 여러 부분 또는 기능 블록으로 나누는 것이 더 회로도를 작성하는게 편리합니다.

간단한 예로, 74HC04 Hex Inverter IC부품에는 6개의 게이트가 있습니다. 회로도의 혼란을 피하기 위해 이러한 IC 부품의 GND 및 VCC 핀은 일반적으로 IC부품의 별도 부분에서 제공됩니다. 논리부분으로 작업 프로세스를 방해하지 않기 때문에 정말 편리합니다. VCC 및 GND 핀의 NetLabel 이름은 일반적으로 숨겨져 있습니다.

74HC04의 모든 6개의 게이트를 회로도에 배치하면 다음의 그림과 같습니다.

참고

구성 요소 접두사는 U? .1, U? .2 등의 형식으로 표시됩니다.
멀티파트(서브파트) 부품의 생성 방법은 심볼 생성(Create Symbol)을 참조하십시오.

2.4.5 회로 심볼 마법사(Schematic Symbol Wizard)

EasyEDA에서는 일반 회로도의 라이브러리 심볼을 빠르고 쉽게 생설할 수 있는 회로도 Symbol Wizard를 제공하고 있습니다.

방법 : 새 회로도 심볼 또는 시트 문서에서 Top Menu 〉 Tools 〉 Symbol Wizard.

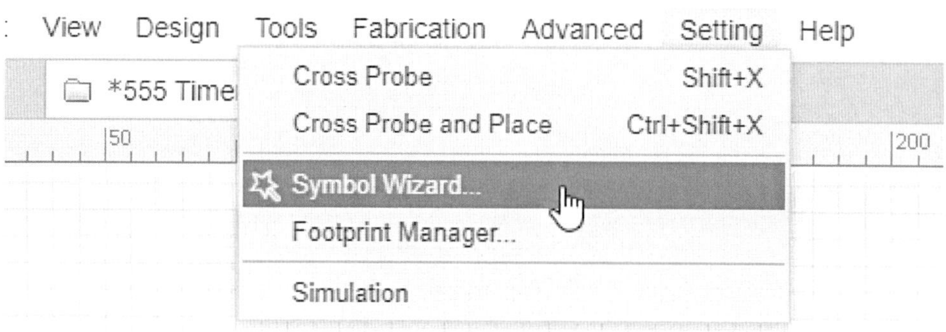

2.5 부품 속성

부품을 선택한 후, 오른쪽 속성 패널에서 선택한 부품의 속성을 찾을 수 있습니다.

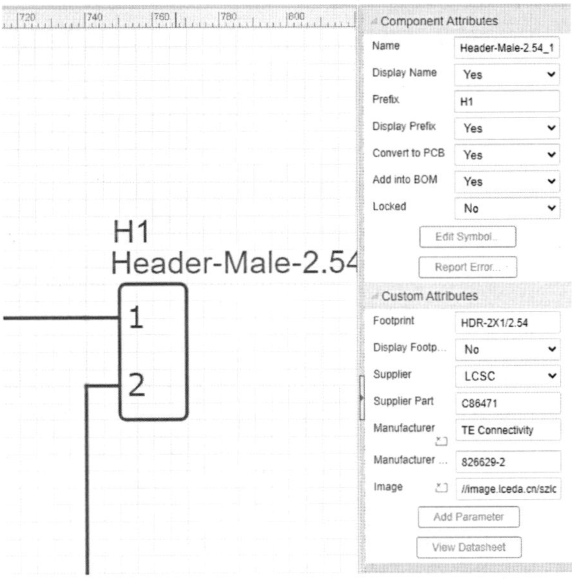

1) 부품 속성:

접두사(Prefix) 및 이름을 변경할 수 있으며, 표시(Visible) 또는 보이지 않음(INvisible) 의 속성을 변경할 수 있습니다. 이 부품을 편집하려면 Edit Symbol을 클릭하여 편집할 수 있습니다.

2) 사용자 정의 속성:

"부품의 공급 업체"(component's supplier), footprint를 변경할 수 있으며, 새 매개 변수를 추가할 수 있습니다.

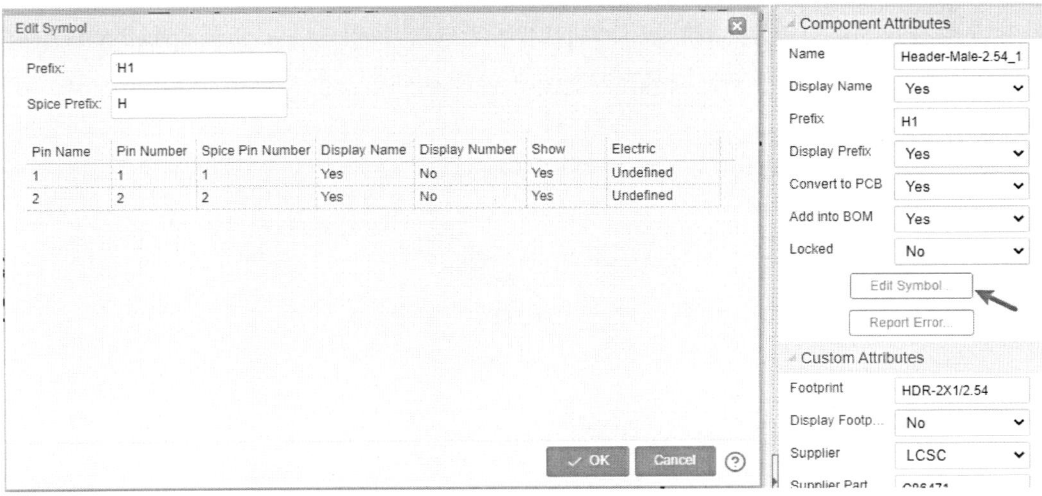

부품의 속성중, "Converto to PCB(PCB로 변환)"이 "No"로 설정되어 있는 경우, footprint 관리자에서 표시되지 않습니다.

2.5.1 BOM 매개변수 정의

회로도 심볼을 선택한 후, 매개변수를 추가 할 수 있으며, In BOM으로 설정하면 BOM 파일을 내보낼 때 지정한 매개변수를 CSV 파일에서 찾을 수 있습니다.

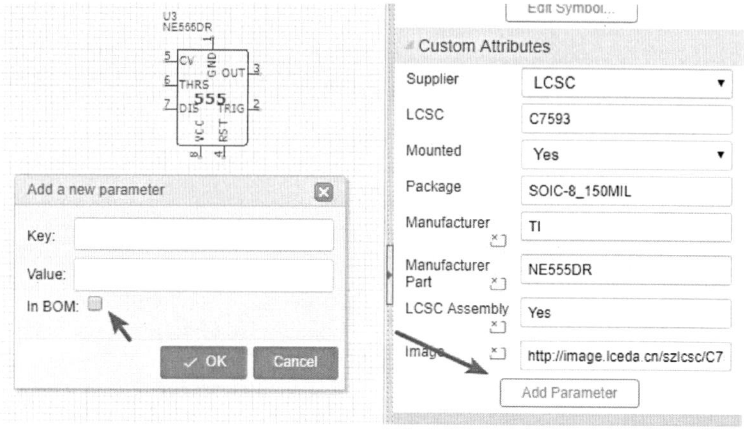

2.5.2 심볼 핀맵 정보 수정

"심볼 정보 수정" 대화 상자를 열기 위해 부품을 선택한다면 다음과 같이 수행 할 수 있습니다.

- [I] 핫키를 누릅니다.
- 또는 왼쪽 패널의 "부품 속성(Parts Attributes)"에서 "기호 편집(Edit Symbol)"을 클릭합니다.
- 또는 "Symbol"을 클릭하고 마우스 오른쪽 버튼을 클릭 한 다음, "기호 편집(Edit Symbol)" 메뉴를 선택합니다.

이 대화 상자를 사용하여 핀의 "이름"과 "번호""를 편집할 수 있습니다. 또한 Spice Prefix를 입력하고 Spice Pin 순서를 바꾸어 시뮬레이션에서 심볼을 사용할 수 있도록 할 수 있습니다.

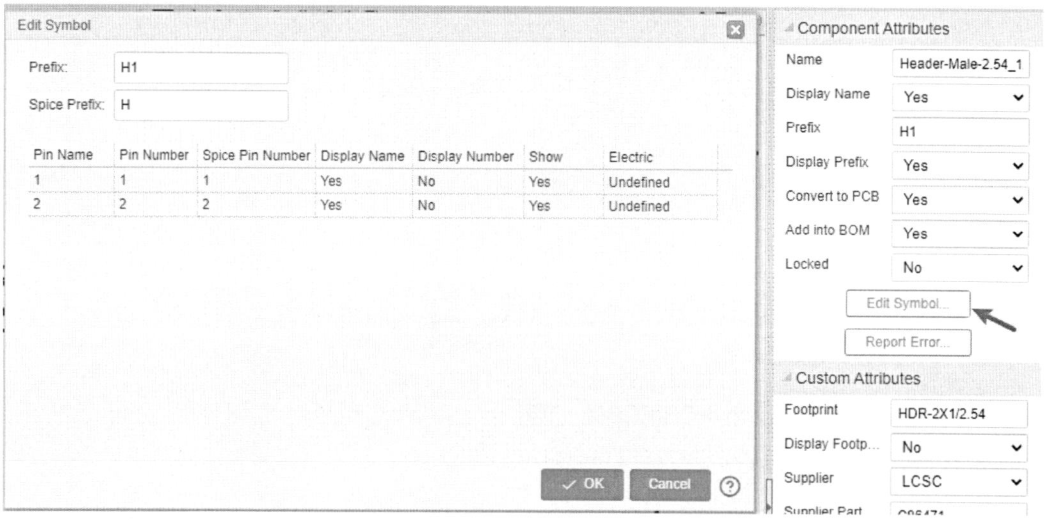

PCB 및 Spice 접두사 및 핀 번호에 대해서는 다음 섹션에서 자세히 설명합니다.

2.5.3 접두사(Prefixes) 및 핀 번호

회로도에서 "참조 지정자(reference designator)"에 사용되는 PCB 접두사를 갖는 것 외에도, spice 시뮬레이션을 위한 회로도에서 사용하기 위해 생성된 장치 및 하위 회로(또는 계층적 블록) 기호에는 **Spice 접두사**가 있습니다. 또한 PCB 핀과 Spice 핀의 두 가지 핀 번호 세트를 가지고 있습니다.

2.6 부품 조정

2.6.1 부품 조정

부품 조정에 대해서는 다음을 수행 할 수 있습니다.

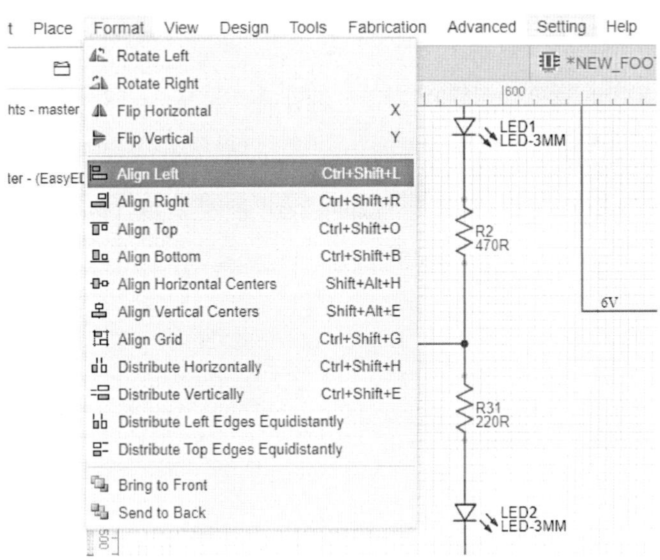

1. 마우스를 이용한 부품의 이동
2. 화살표 키를 이용한 부품의 이동.
3. CTRL + D핫키를 통해 "디자인 관리자"로 부품을 찾을 수 있습니다. "디자인 관리자"에서 부품을 선택하여 캔버스 중앙으로 이동 한 다음 마우스로 이동합니다.
4. 부품들의 정렬:

2.6.2 부품의 접두사 및 값(Name)의 회전

부품들의 기본 "접두사" 및 "값(또는 Name)은 가로방향 입니다. 세로로 변경하려면 접두사 또는 값 위에서 마우스의 왼쪽버튼을 클릭하고 **빨간색** 색상으로 강조 표시되면 **회전**(rotation) 단축키인 **스페이스**(Space Bar)키를 누르면 완료됩니다.

2.7 부품 접두사

2.7.1 접두사 시작형식

첫 번째 새 회로도에서 접두사는 U1 / R1..등으로 시작되며, 다중 시트에서 전역의 고유 접두사를 지원합니다.

2.7.2 접두사 충돌 오류

때때로, 프로젝트를 PCB로 변환할때 회로도 시트를 다른 프로젝트에 저장하여, "설계 관리자" 또는 시뮬레이션을 실행하는 경우에 "접두어 충돌" 오류 메시지가 표시됩니다.

이 회로도에서, "참조 지정자" R4"를 가지는 두 개의 부품을 찾을 수 있습니다. 이런 경우, 전체 회로도안에서 고유한 번호 x를 가지도록 둘 중 하나를 Rx로 변경해야 합니다.

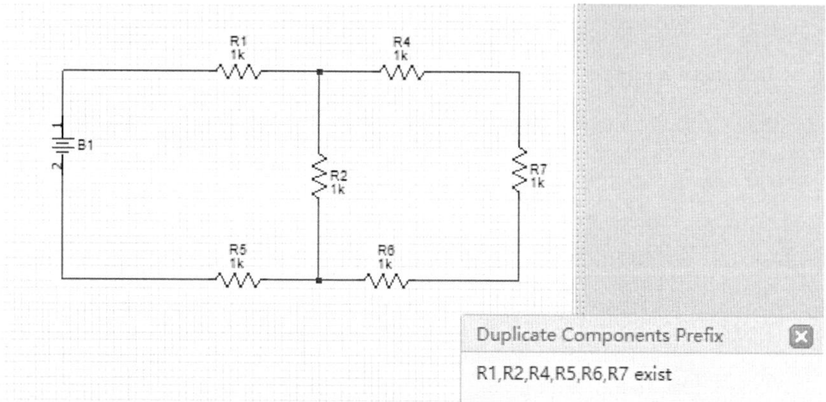

회로도를 원본과 동일한 프로젝트로 백업하는 것을 원할 수 있지만, 프로젝트를 PCB로 변환하려고 시도하면 모든 부품에 대해 "접두사 충돌 오류"가 발생합니다.

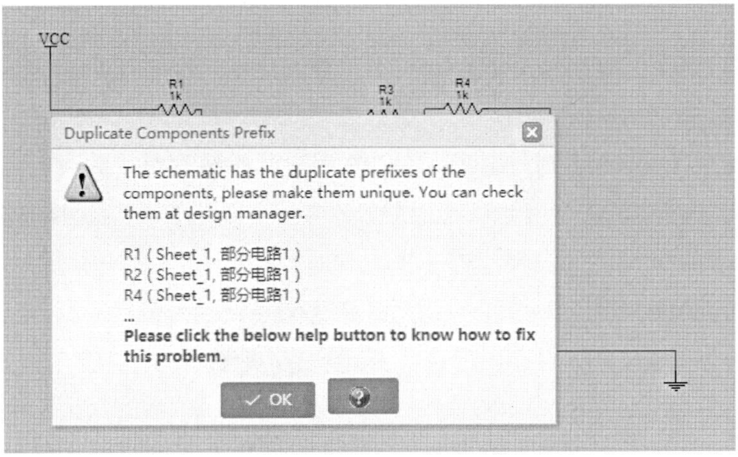

옆의 그림에서, 동일한 회로도의 두 개의 동일한 사본을 찾을 수 있습니다. 프로젝트를 PCB로 변환하려고 하면, 모든 부품 및 구성항목들을 하나의 단일 회로도에 병합을 시도하므로, 모든 항목에 대하여 2개의 사본이 생기게 됩니다. 이 문제를 해결하려면 백업 프로젝트를 만들고 해당 프로젝트에 대한 회로도의 백업 사본을 제거하거나 저장하면 됩니다.

2.7.3 주석 달기

회로도를 처음 작성 후, 캔버스에는 특정 순서가 없는 부품 접두사(참조 지정자-reference designators)가 있거나 중복된 부품 접두사가 있을 수도 있습니다. **주석 달기** 기능을 사용하면 모든 부품의 접두어 번호를 자동으로 다시 매기거나 재설정 할 수 있습니다.

방법 : Top Menu 〉 Edit 〉 Annotate

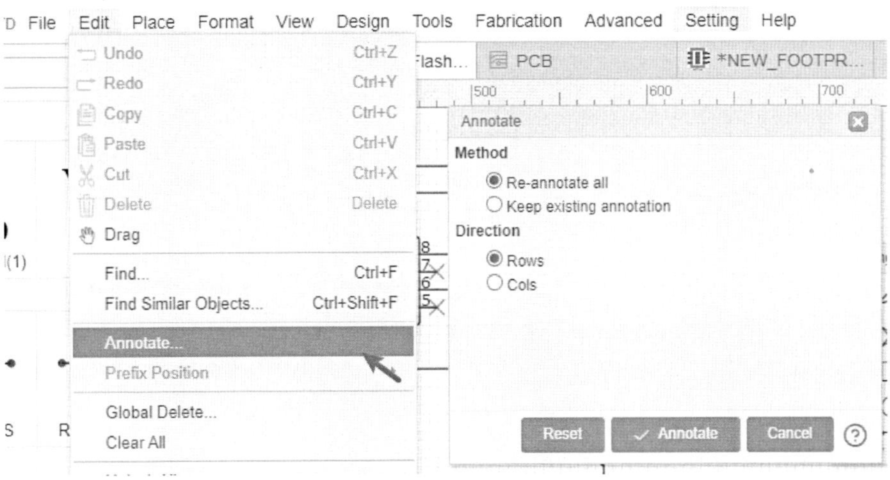

다양한 주석 기능을 사용할 수 있습니다.

- Re–annotate all: 기존 주석을 모두 재설정 한 다음, 처음부터 모든 부품에 주석을 추가합니다.
- Keep existing annotation: 새 부품에만 주석을 추가합니다 (즉, 참조 지정자가 R? 또는 U?로 끝나는 부품).
- Direction: 행방향(Rows)은 왼쪽 위에서 오른쪽 아래로 래스터 패턴으로 회로도를 가로 질러 주석을 부여하고, 열방향(Cols)은 왼쪽 위에서 오른쪽 아래로 래스터 패턴으로 회로도 아래에 주석을 부여합니다.
- Annotate: 선택한 주석 작업을 적용합니다.
- Reset: 모든 참조 지정자를 ?로 끝나도록 재설정하려면, "재설정(Reset)" 버튼을 클릭합니다. 그 후 'R1'은 'R?', 'U1'은 'U?' 등으로 변경됩니다.

참고

- 재설정(Reset)은 주석 버튼을 누르기 전의 주석을 원래 위치로 재설정하지 않습니다.
- 한번 변경된 주석은 취소 할 수 없습니다!. 결과가 만족스럽지 않는 경우, 영향을 받은 회로도를 저장하지 않고 모두 닫습니다. 결과가 만족스러운 경우에는: 영향을 받은 회로도를 모두 저장해야 합니다.

2.8 다중 시트

EasyEDA는 진정한 '계층적(hierarchical) 디자인'을 지원하지 않지만, **다중 시트 디자인**을 지원합니다.

NetLabels / netPorts에서 만든 연결을 사용하여 하나의 프로젝트에 여러 회로도를 넣을 수 있습니다. EasyEDA의 모든 네트는 광역적으로 사용할 수 있으므로, 어떤 시트 A에 netlabel DATA0을 생성한 다음, 다른 시트 B에 netlabel DATA0을 생성하면 시트 A와 시트 B가 동일한 프로젝트에 있는 경우에는 서로 연결됩니다.

다중 시트 디자인(여러 종이에 펼쳐진 회로와 동일), 동일한 프로젝트 안에서의 모든 회로도가 같은 이름의 **Netlabel, Netflag, Netport**들을 가지고 있으면, PCB로 변환 될 때 하나로 병합됩니다.

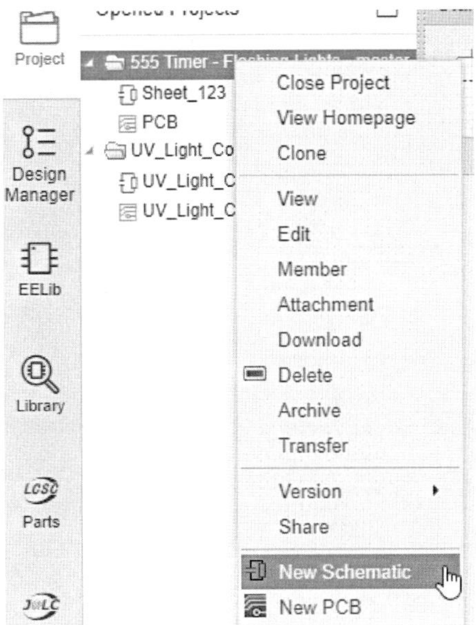

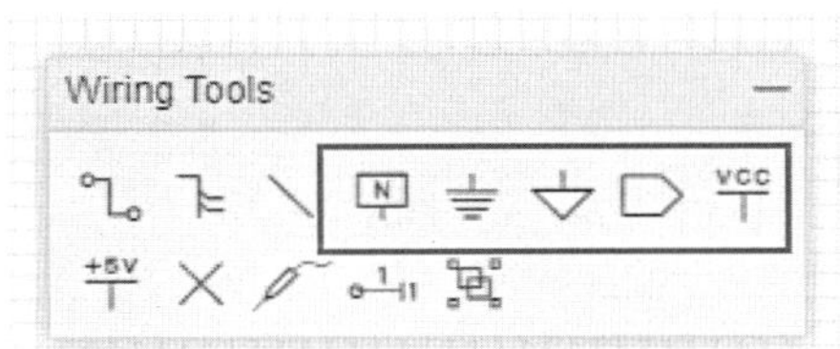

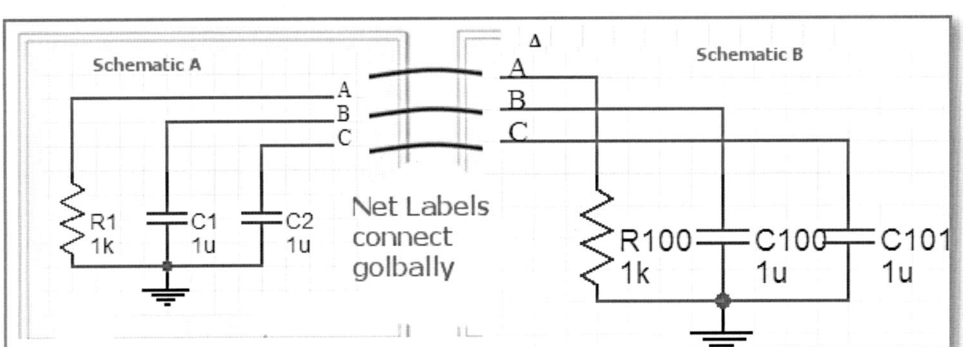

캔버스 왼쪽 아래 모서리에 있는 sheet 탭을 클릭하여 시트를 전환할 수 있으며, sheet 탭을 마우스 오른쪽 버튼으로 클릭하여 시트를 "다른 이름으로 저장(Save as)", "이력 기록(Histories record)", "앞으로 / 뒤로 이동(Move Forward/Backward)", "이름 바꾸기(Rename)"및 "삭제(Delete)"를 할 수 있습니다.

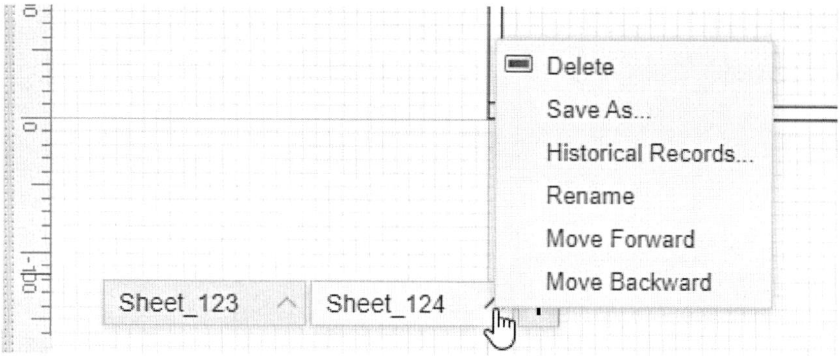

시트의 순서를 정렬하려면, 시트 아이콘 메뉴(앞으로 이동 / 뒤로 이동:Move Forward/Move Backward)를 클릭합니다.

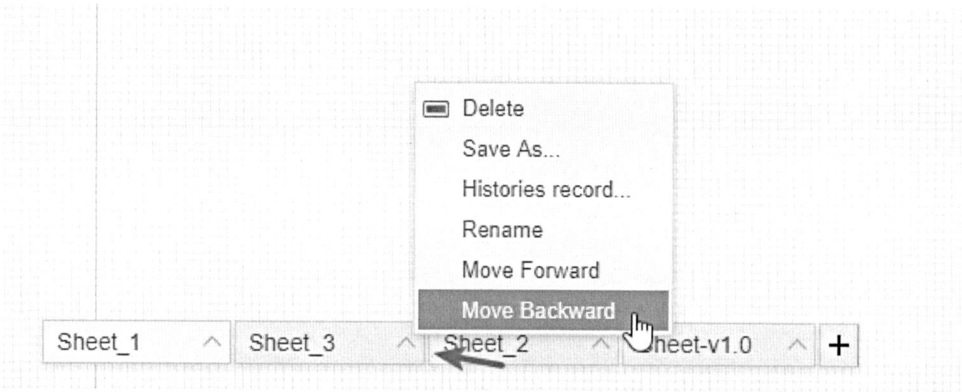

참고

EasyEDA는 전역의 고유한 접두사(prefixes)를 지원합니다. 부품을 다른 시트에 배치하면 편집기는 접두사에 자동으로 주석을 부여할 것입니다. 다른 프로젝트안에 시트로 저장하는 경우, 모든 접두사를 가능한 고유하게 만드십시오. 예를 들어, 시트 A에 R1이 있고, 시트 B에도 R1이 있으면 "접두사 충돌 오류(Prefix Conflict Error)"가 발생합니다.

2.9 디자인 관리자

큰 회로도를 사용하는 경우에는 부품을 빨리 찾기가 어려울 수 있습니다. 때로는 잘못된 부품 핀에 배선하는 것과 같은 실수를 할 수도 있습니다. 그래서 **디자인 관리자(Design Manager)** 도구를 사용하면 도움이 됩니다.

Ctrl+D 핫키를 눌러 디자인 관리자를 열거나 왼쪽 탐색 패널에서 클릭하면 됩니다.

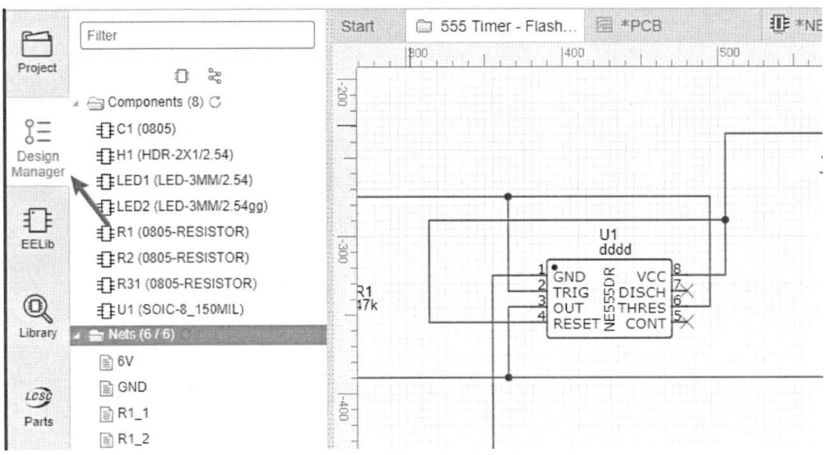

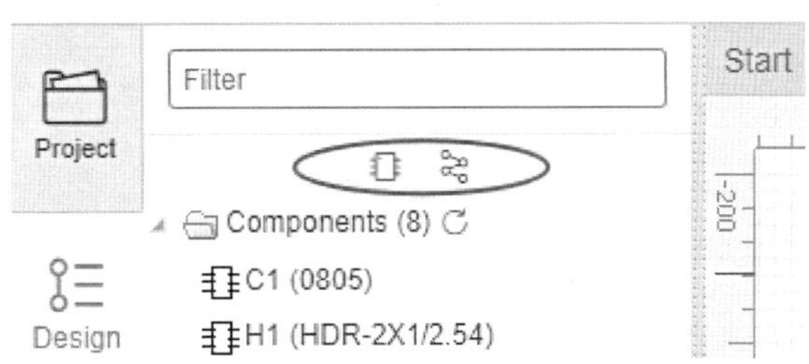

"점프 아이콘"을 클릭하면 폴더로 빠르게 이동할 수 있습니다.

- Filter: 부품 또는 네트(net)의 이름을 쉽게 찾을 수 있습니다. 예를 들어 모든 커패시턴스를 찾으려면 C를 입력하면 됩니다.
- Components: 회로도의 모든 부품을 나열합니다. 부품 항목을 클릭하면, 해당 부품이 강조 표시되고 캠버스 창의 중앙으로 이동합니다.

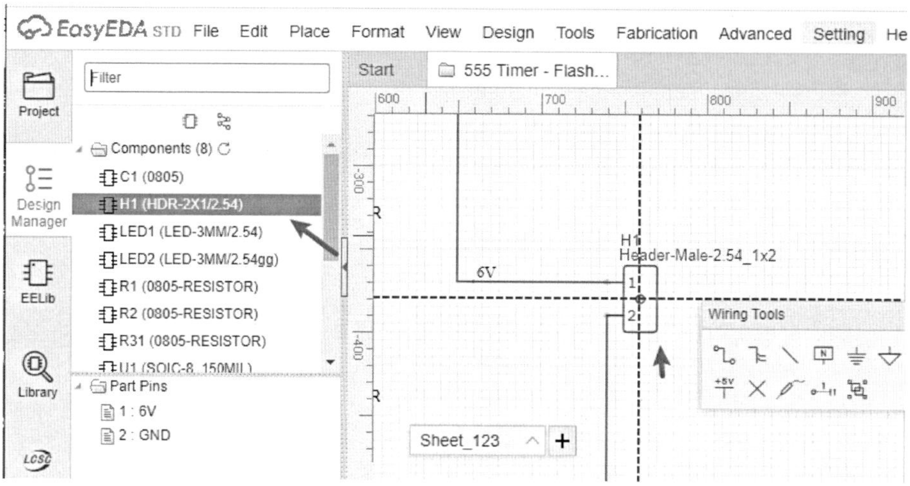

• Nets: 회로도의 모든 네트(net)를 나열합니다. 네트는 최소한 두 개의 핀을 연결해야 합니다. 그렇지 않으면 네트 이름이 붉은색으로 오류 표시가 됩니다. 네트 이름을 클릭하면 캔버스의 해당 배선이 강조되어 두꺼워 지며, 캔버스의 임의의 빈 공간을 클릭하면 강조 표시가 해제 됩니다.

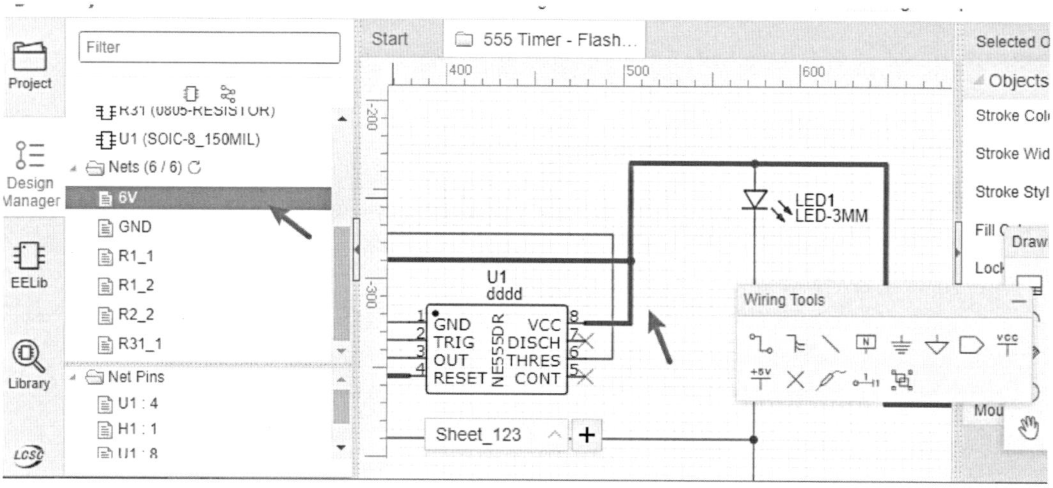

네트 이름을 클릭하면, 왼쪽 하단에 '힌트(tip)'이 표시됩니다.

- Net warning: 프롬프트 느낌표(!) 아이콘이 표시됩니다.
  하나의 배선에 여러 개의 netlabel이 있는 경우, 올바르게 연결 된것인지 또는 실수로 연결 되었는지를 확인하십시오. 이 net를 클릭하여 찾아 해결해야 합니다.

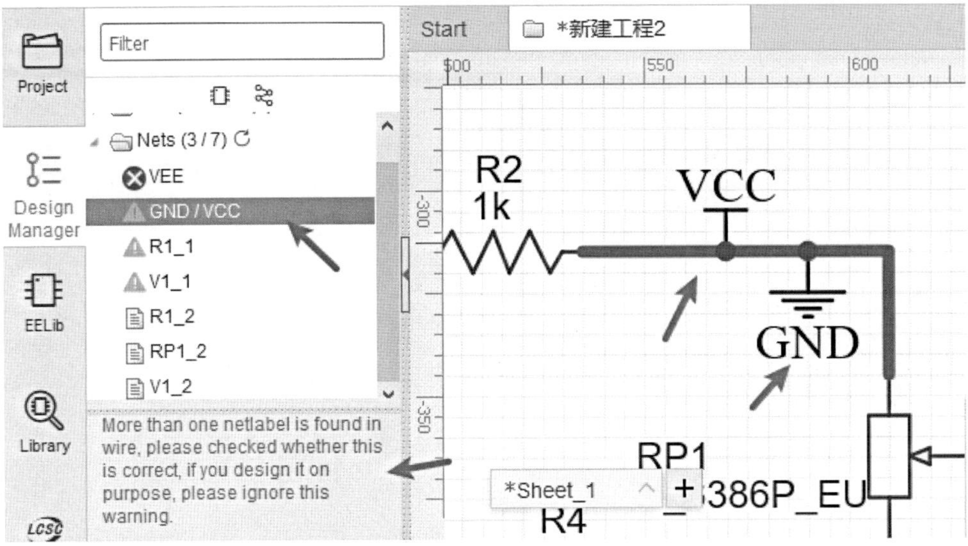

부품의 핀에는 netlabel을 배치하지 않거나, 다른 핀을 연결하지 말고, No Connect Flag를 배치하지 않습니다. 완성된 네트는 두 개 이상의 핀을 연결해야 하므로 네트 연결을 수정해야 합니다. 이 핀을 사용할 필요가 없는 경우에는 핀에 No Connect Flag를 배치하십시오.

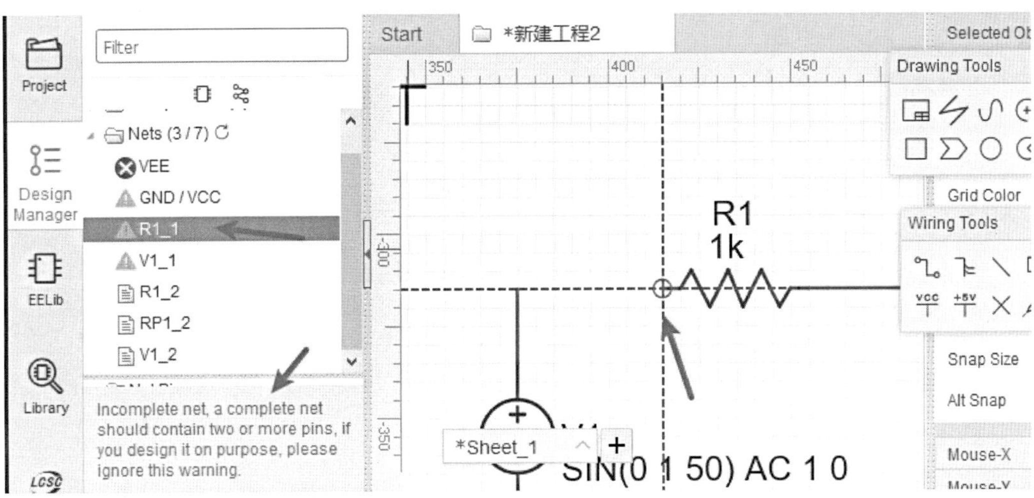

- Net error: Netlabel이 어떤 핀에도 연결되지 않았을 때에는 빨간색 오류 아이콘(X)을 표시합니다.

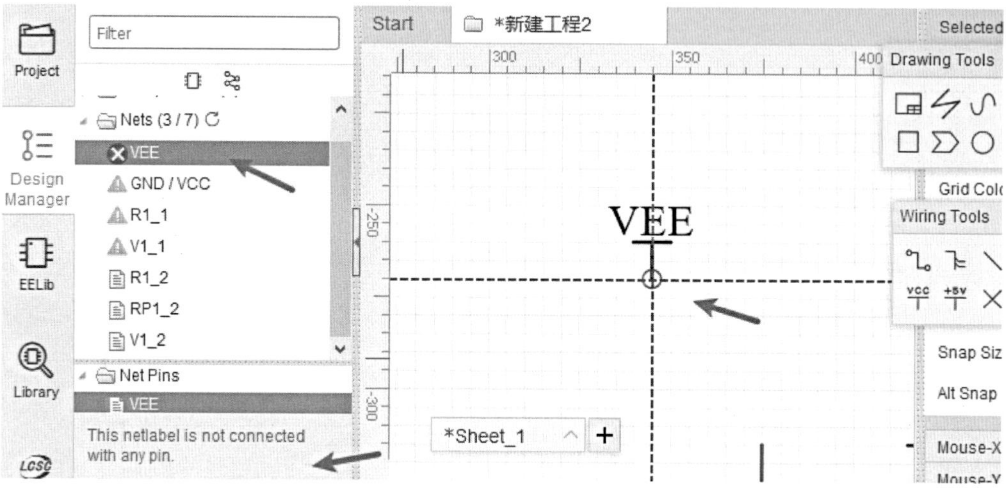

– Net good: Net이 완성되었을 경우 작은 text 아이콘을 표시합니다.

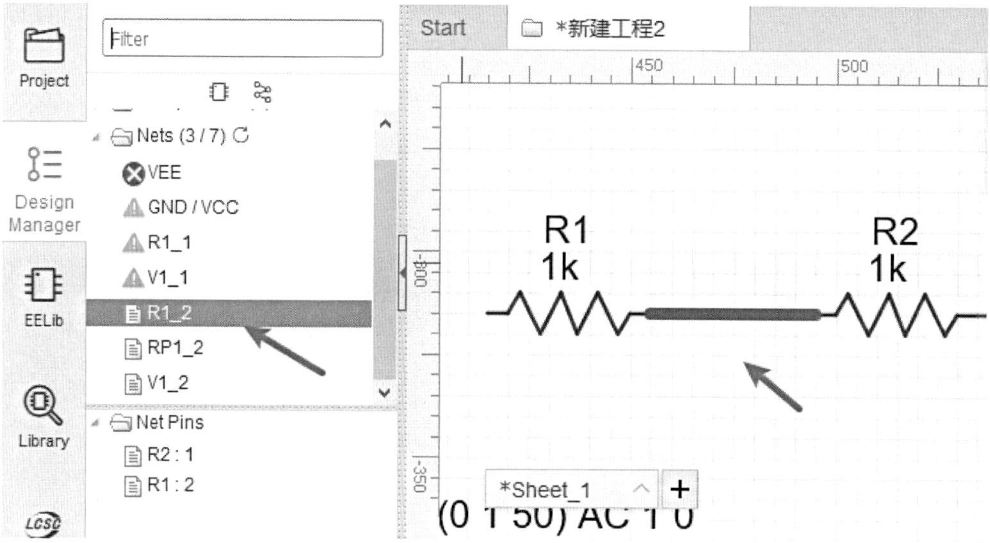

- Net Pins/Parts Pins: 선택한 Net 이름 또는 부품의 모든 핀을 나열합니다.

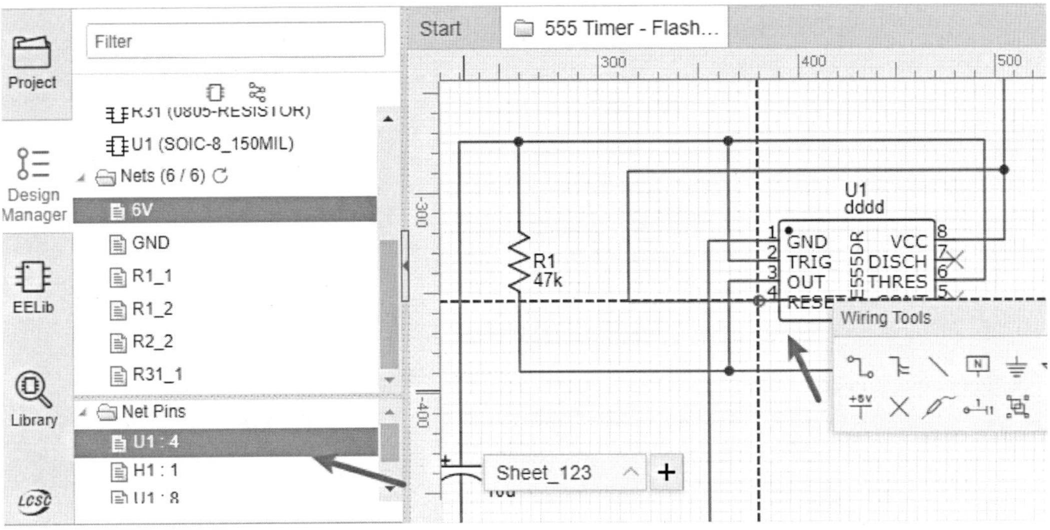

2.10 Footprint 관리자

부품을 일괄적으로 수정하고 싶은 경우거나, 부품 핀과 footprint 핀 간의 해당 관계를 확인할 필요가 있을 때,footprint관리자를 사용할 수 있습니다. footprint 관리자를 실행시키는 방법에는 다음의 두 가지 방법이 있습니다.

- Top Menu – Tools – Footprint Manager

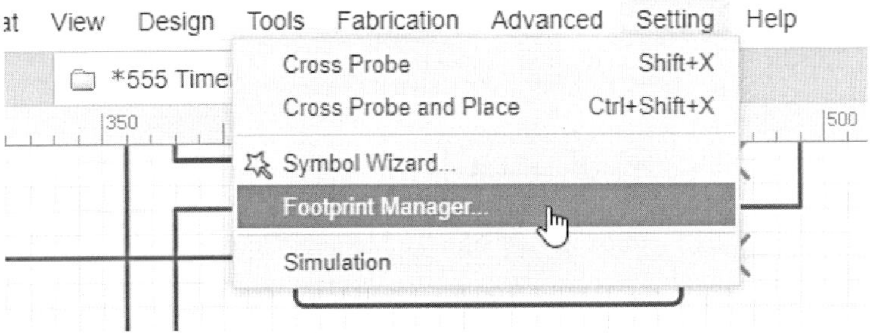

- 부품을 선택한 경우, "사용자 정의 속성"의 footprint 입력 상자를 클릭합니다.

1. Footprint 관리자는 부품의 footprint를 열 때, 올바른지 자동으로 확인합니다.

footprint가 없는 부품인지, 또는 footprint가 라이브러리에 없는지, 부품의 핀이 footprint의 패드와 올바르게 일치하지 않는 지를 검사하며, 빨간색 배경 경고를 표시합니다.

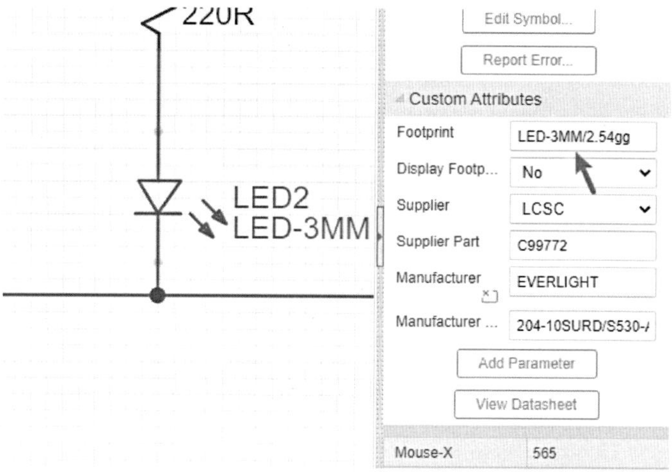

예를 들어, 부품 D1에 다음과 같은 2개의 핀이 있는 경우라고 가정해 보자.

- pin numbers: 1 그리고 2, / pin names : A 그리고 C,

그런데, 부품 D1의 footprint에 2개의 패드(pad number: A 그리고 C,)가 있지만 부품의 핀 번호가 패드 번호와 일치하지 않는다면 footprint 관리자는 빨간색 배경에 경고합니다.

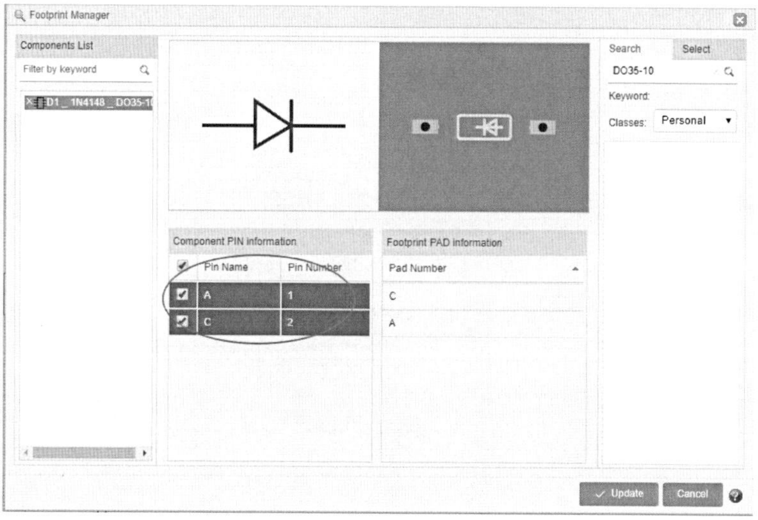

이 오류를 해결하기 위해서는 다음과 같은 방법으로 해결할 수 있습니다.

- 방법 1: 부품의 핀 번호를 1과 2에서 A와 C로 변경합니다.
- 방법 2: footprint의 패드 번호를 1과 2로 변경합니다. footprint가 필요한 것은 사용자가 만든 것입니다. 그리고 footprint 관리자에서는 패드 번호를 변경할 수 없습니다. 따라서, "Library > Footprints > Work Space"에서 footprint를 찾아서 편집해야 합니다.
- 방법 3:다른 footprint를 찾아 업데이트 합니다.

2. 미리보기 영역에서 마우스 스크롤 버튼을 이용하여 확대, 축소 및 이동이 가능합니다.

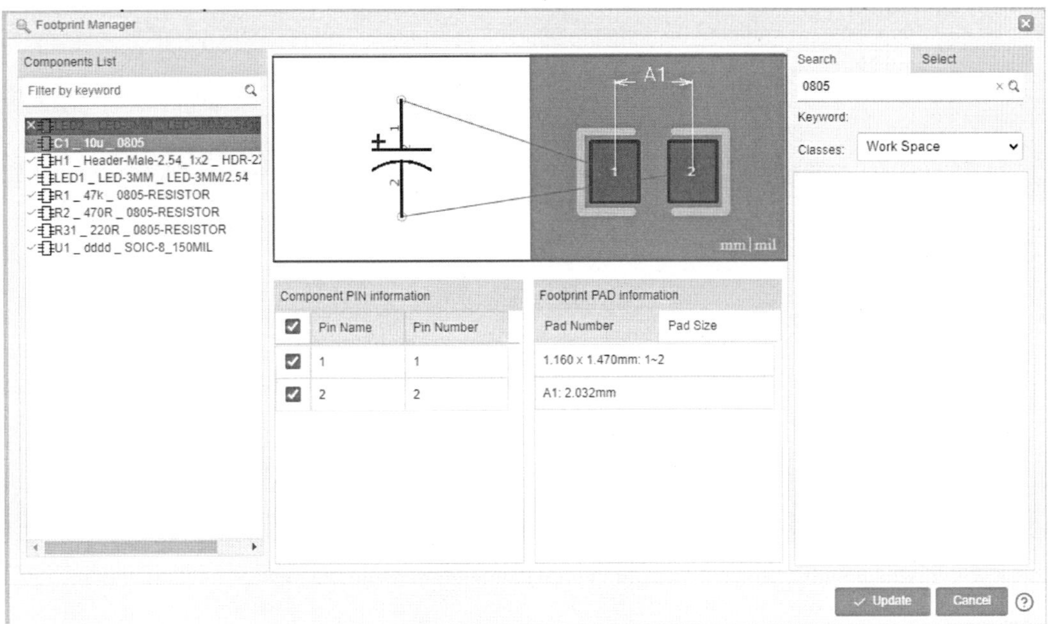

- Component PIN Information: 여기에서 부품의 핀 맵 정보를 수정할 수 있습니다.
- PCB PAD 정보:
  - Pad Number: footprint의 패드 번호를 확인할 수는 있지만 수정할 수는 없습니다. 왼쪽의 부품을 선택하면 부품의 footprint 패드 번호가 표시되고, 클래스에서 검색되거나 선택된 footprint를 선택하면, 선택한 footprint의 패드 번호가 표시됩니다.
  - Pad Size: footprint 편집기의 "치수 확인(Check Dimension)"도구와 동일하게, footprint의 패드 크기와 거리를 확인할 수 있습니다. 크기 단위를 변경하려면 미리보기 영역에서 " 단위(unit)" 텍스트를 클릭합니다.

2.10.1 Footprint 업데이트

예를 들어, TO-92 에서 TO-220로 footprint를 변경하려면, Q1과 같은 부품을 선택하고, footprint 입력 상자를 클릭하기만 하면 됩니다. EasyEDA는 footprint 관리자 대화 상자를 표시합니다.

- 검색 창에 TO-220을 입력하고 검색하거나 '선택(Select)' 탭으로 변경합니다.
- 원하는 클래스를 선택하고 TO-220 footprint를 선택합니다.
- 미리보기 상자에서 확인하고,
- 그런 다음 업데이트(Update) 버튼을 클릭합니다.

그러면, footprint가 TO-220으로 변경 되었음을 알 수 있습니다.

참고

- EasyEDA 라이브러리에 이미있는 footprint 유형을 사용하려면, footprint 텍스트 입력 상자에 footprint 이름을 직접 입력하는 것보다 위에서 설명한 방법을 사용하여 부품의 footprint를 변경하는 것이 좋습니다. 왜냐하면, footprint관리자가 footprint를 업데이트 할 때, footprint의 전역 고유 ID를 회로도에 추가하기 때문입니다.
- 하위 부품(subparts)을 선택하면, 다른 하위 부품도 선택되므로 footprint가 함께 업데이트됩니다.
- 부품의 속성 "PCB 변환(Convert to PCB)"이 "No"로 설정된 경우, footprint 관리자에 표시되지 않습니다.

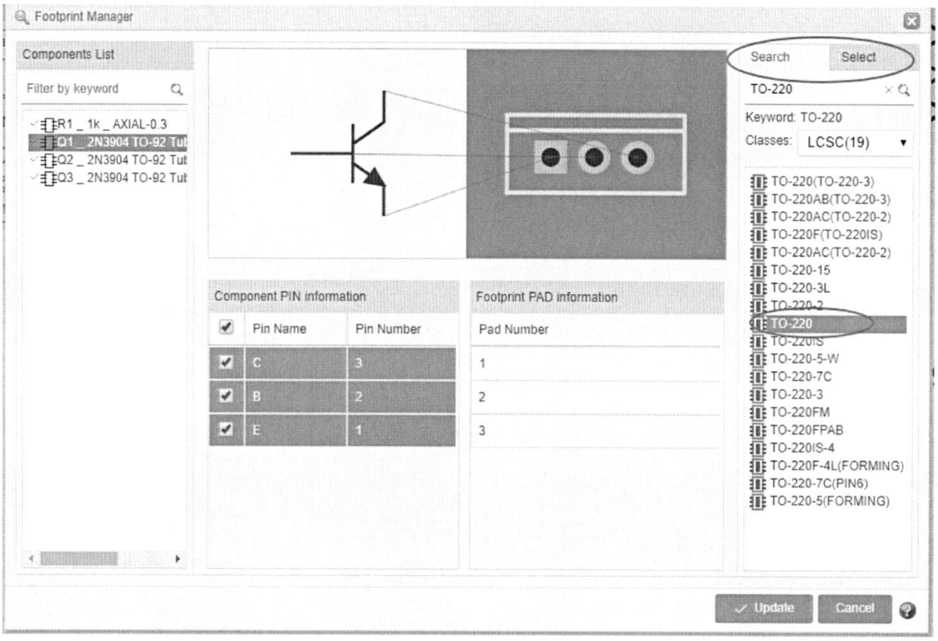

2.10.2 일괄 업데이트(Update in Batch)

부품의 footprint를 일괄적으로 수정하려면,

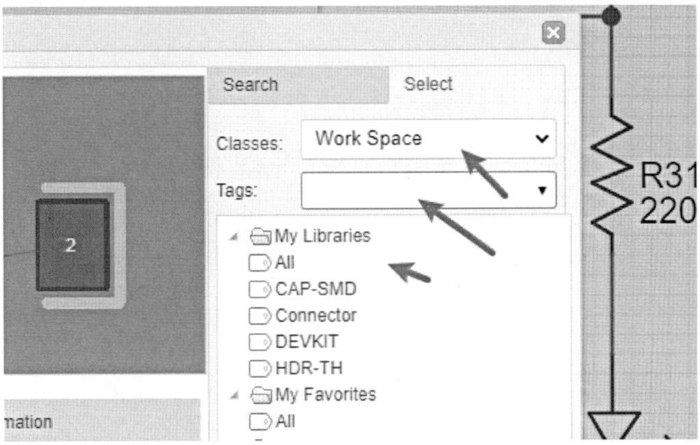

- footprint 관리자 대화 상자에서 Ctrl+클릭 또는 Shift+선택을 눌러 부품을 선택한 다음, 업데이트할 footprint를 선택할 수 있습니다.
- 회로도 캔버스에서 원하는 부품을 선택하고, 오른쪽 속성 패널에서 "footprint" 속성 입력 상자를 클릭 할 수 있습니다.

자신만의 footprint를 사용하려면, Select 탭에서 **작업 공간(Work Space)**을 선택할 수 있습니다.

2.11 유사 개체(Similar Objects) 찾기

2.11.1 회로도에서 부품 찾기

조밀한 회로도에서 개별 **부품**을 찾는 데는 많은 시간이 소요될 수 있습니다. EasyEDA에는 구성 요소를 쉽게 찾고 이동할 수있는 방법이 있습니다.

Top Menu> Edit > Find… (또는 Ctrl+F)

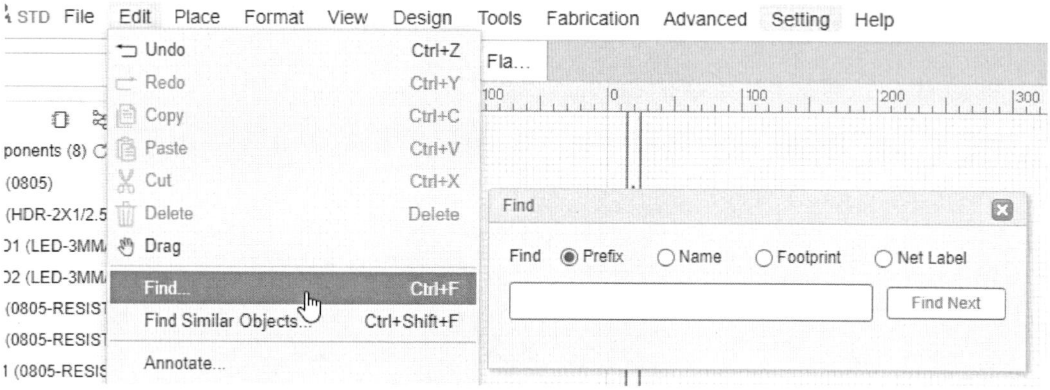

> **참고**
>
> 이 대화 상자에서는 "확인(OK)"을 클릭하거나 Enter키를 사용해야 합니다.

이 기능은 접두사(또는 참조 지정자)에 따라, 부품을 찾아 강조하고 창의 가운데에 배치합니다. 그러나 회로도에서 net이름이나 기타 텍스트를 찾는 데는 사용할 수 없습니다.

이를 위해서 "디자인 관리자(Design Manager)"가 제공됩니다. 자세한 내용은 디자인 관리자에 대한 설명을 참조하십시오.

2.11.2 유사 개체 찾기

EasyEDA는 강력한 유사한 개체 찾기 도구를 제공하고 있어, 사용자가 원하는 것을 매우 쉽게 찾을 수 있습니다.(Top Menu 〉 Edit 〉 Find Similar Objects…)

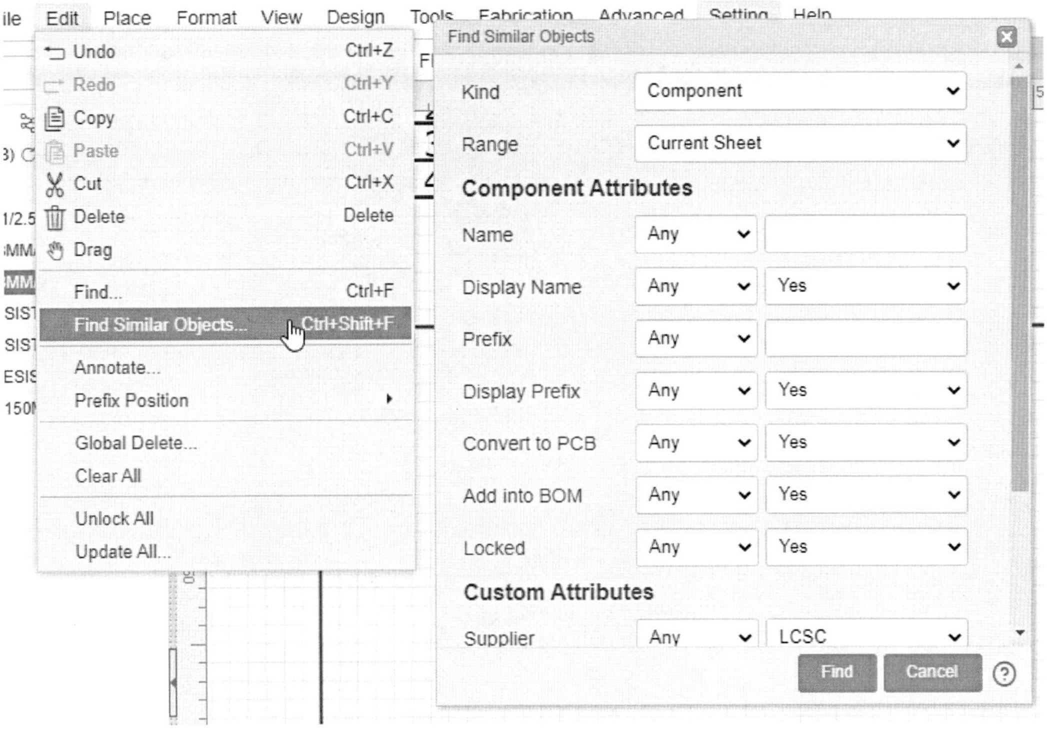

Kind: 찾을 개체를 선택하십시오.

Range: 이 옵션은 회로도에만 해당되며, 현재의 회로도 또는 모든 회로도에 대한 개체를 찾을 수 있습니다.

Find Parameters:

- 모두(Any) : 모든 개체를 찾습니다.
- 동일(Same) :이 속성과 동일한 속성을 가진 개체만 찾습니다.
- 다름(Different) : 현재의 속성과 다른 객체를 찾습니다.

입력 상자는 JavaScript의 정규식(Regular Expression)을 지원합니다. "/ keyword /"를 입력하여 "R"을 포함하는 모든 접두사를 찾는 것과 같이 원하는 것을 찾을 수 있습니다.

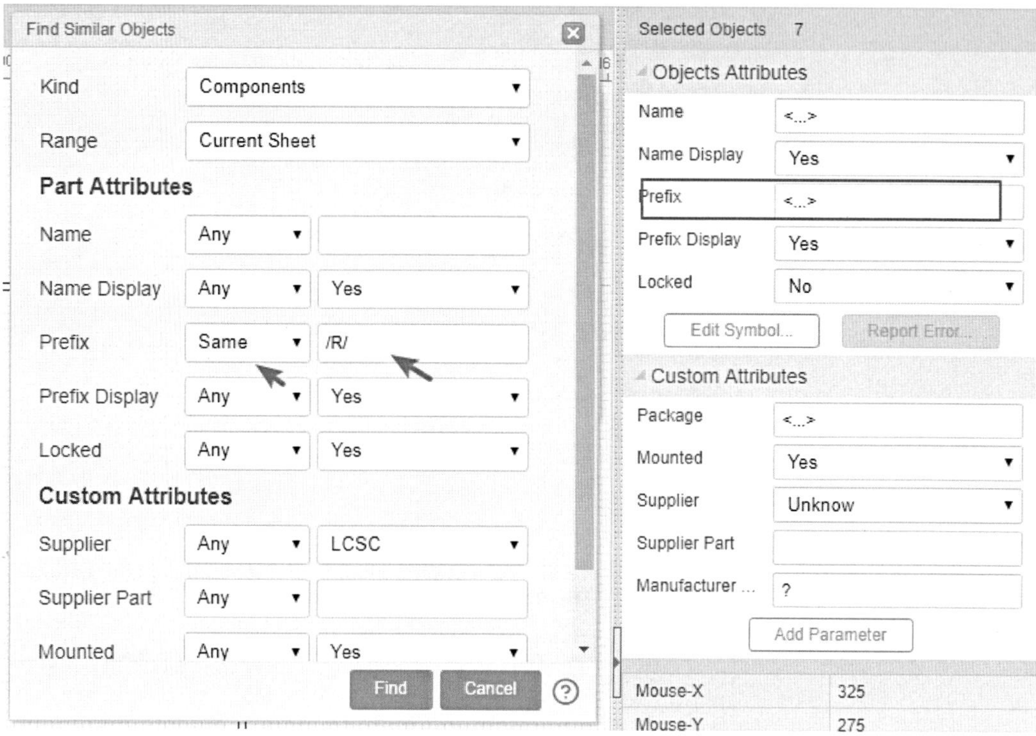

"찾기(Find)"버튼을 클릭하면 모든 객체가 선택되고, 오른쪽 패널에 모든 속성이 표시됩니다. 다른속성은 “〈...〉” 로 표시되며 속성을 직접 변경할 수 있습니다. 선택한 모든 개체에 적용됩니다. 유사한 개체 찾기는 footprint, 공급 업체 등과 같은 사용자 정의 특성의 일부를 찾는 것만 지원합니다.

2.12 PCB로 변환

대부분의 경우에 회로도는 PCB 생산을 목적으로 작성됩니다. 그렇다면 EasyEDA에서 회로도를 PCB로 어떻게 변환합니까?

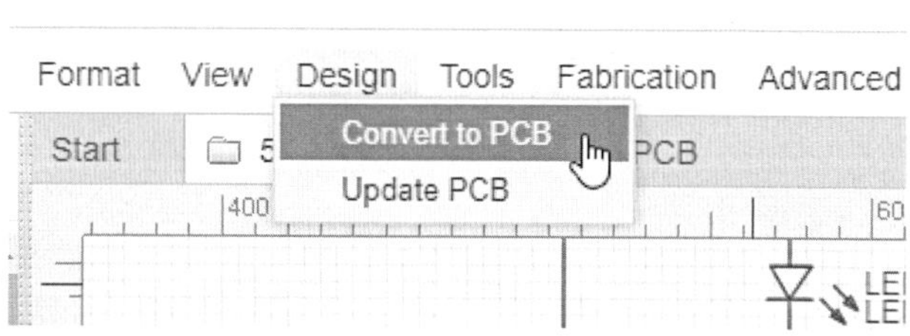

툴바에서 “Convert to PCB”라는 제목의 PCB 아이콘을 클릭하면 됩니다.

참고

변환하기 전에 Design Manager 및 Footprint Manager를 사용하여 모든 부품, 네트(연결) 및 footprint를 확인하여 오류가 없는지 확인해야 합니다.

2.12.1 Footprint 검증

Convert to PCB 버튼을 클릭 한 후, 프로젝트에 오류가 있는 경우에는 다음과 같은 대화 상자가 열립니다.

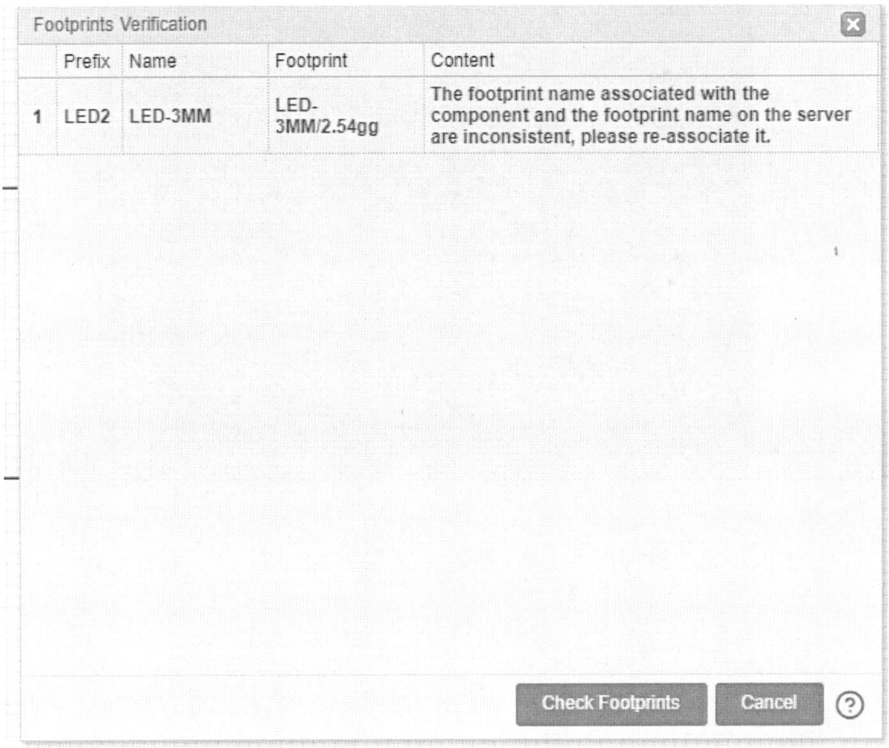

붉은색 행은 EasyEDA가 회로도 기호가 요구하는 footprint와 일치하는 PCB footprint를 찾을 수 없음을 나타냅니다.

이는 기호(symbol)의 속성에 footprint 속성을 입력하는 중에 오류가 있거나, 기호가 호출하는 footprint에 대한 PCB footprint을 아직 만들지 않았기 때문일 수 있습니다.

이 경우, footprint는 AXIAL–0.3이어야 하지만 입력 되어 있지 않습니다. 이를 수정하려면 행을 클릭하고 footprint 관리자에서 footprint AXIAL-0.3을 업데이트 할 수 있습니다.

필요한 수정을 한 후, Convert to PCB 버튼을 클릭하면 EasyEDA가 다음의 그림과 같이 모든 PCB footprint를 PCB 편집기에 자동으로 불러들입니다.

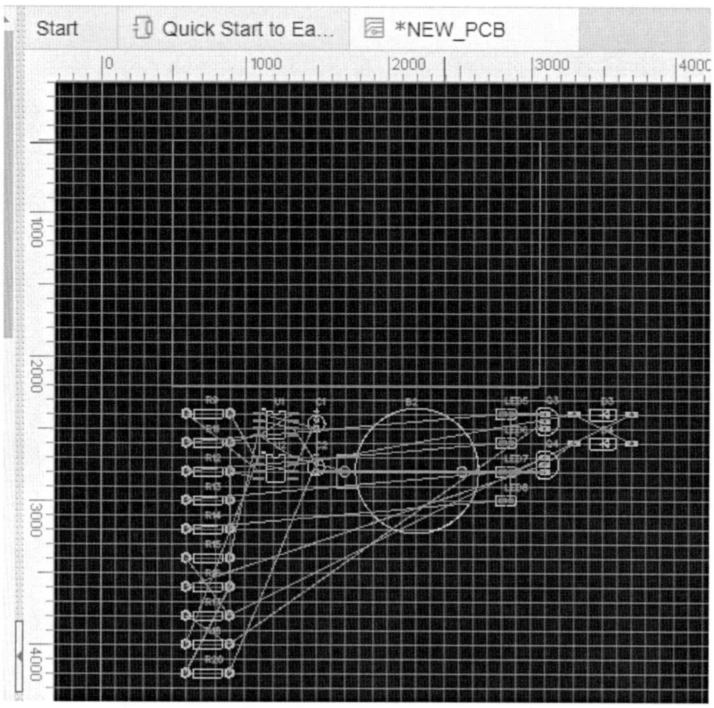

이것은 파란색 선으로 표시된 부품들 사이의 연결과 함께 임의의 위치에 놓인 footprint을 보여 줍니다.

2.12.2 유효하지 않은 footprint

Footprint의 PAD 번호는 기호의 PIN 번호와는 다릅니다. 예를 들어, 다이오드 footprint의 PAD 번호는 A, C 이지만, 회로 심볼 기호의 PIN 번호는 1, 2 입니다. 다른 하나에 맞게 하나만 변경하면 되는데, 이때, 대소 문자를 구분해야 합니다!.

변경 방법은 Schematic-Footprint Manager 섹션을 참조하기 바랍니다.

2.12.3 PCB 업데이트

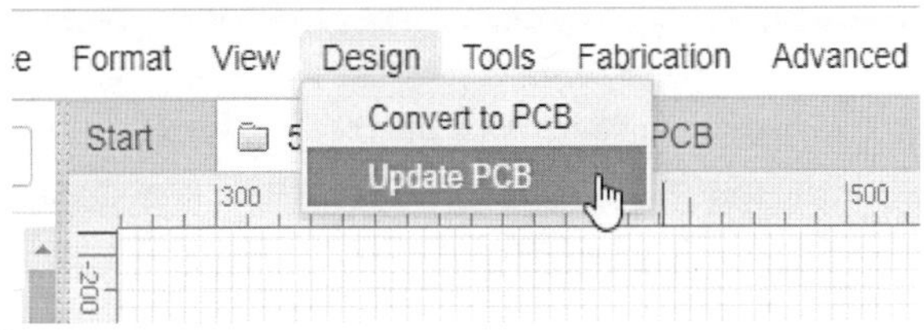

회로도를 PCB로의 변환은 Convert to PCB...를 사용하여 수행할 수 있지만, 회로도 내용을 수정한 경우에는 Update PCB버튼을 사용하여 즉시 선택한 PCB를 업데이트 할 수 있습니다.

또는 PCB 편집기에서 "Top Menu-Design- Import Changes"를 사용할 수 있습니다.

2.13 Cross Probe

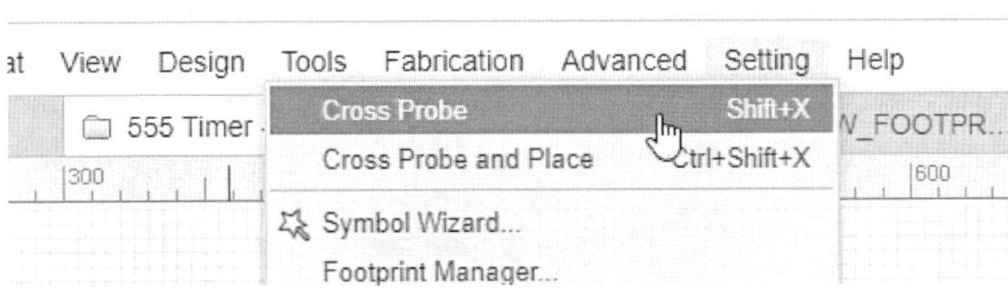

이 도구는 현재 회로도의 선택된 개체에서 PCB의 해당하는 PCB footprint를 상호 교환하는 기능입니다.

버전 v6.4.0부터 EasyEDA
는 교차 프로브에 대한 다중 창 설계를 지원하며, 다음과 같이 사용할 수 있습니다

1. 우선, 회로도 및 PCB를 open합니다.
2. 회로도 또는 PCB 탭에서 마우스 오른쪽 버튼으로 클릭하고 "새 창에서 열기(Open in New Window)"를 클릭합니다.

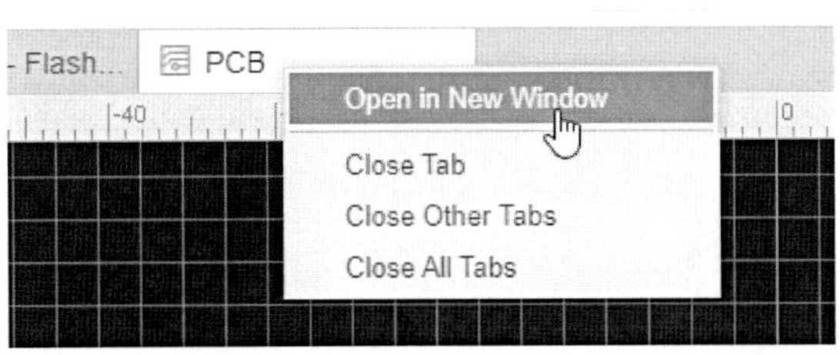

3. 새 창에서 선택된 회로도 또는 PCB가 열리면, "교차 프로브(Cross probe)"를 수행할 수 있습니다. 부품을 클릭하고 디자인 관리자 목록을 클릭하면 "교차 프로브 및 배치(Cross Probe and Place)"도 작동합니다.

참고

- 회로도에서 크로스 프로브를 사용하기 전에 먼저 PCB를 열어야 합니다. 핫키 SHIFT + X를 사용하는 것을 잊지 마십시오.
- 회로도를 PCB로 변환한 후, 이 기능을 사용하려면 먼저 PCB를 저장하시기 바랍니다.
- 프로젝트에 많은 PCB 디자인이 있는 경우에는 크로스 프로브를 사용할 때 필요한 PCB 디자인을 수동으로 여십시오.

2.14 교차 프로브 및 배치(Cross Probe and Place)

회로도에 부품이 많으면, PCB를 레이아웃하기가 어렵기 때문에 EasyEDA는 강력한 "교차 프로브 및 배치" 기능을 제공합니다. (Top Menu〉 Tools 〉 Cross Probe And Place)

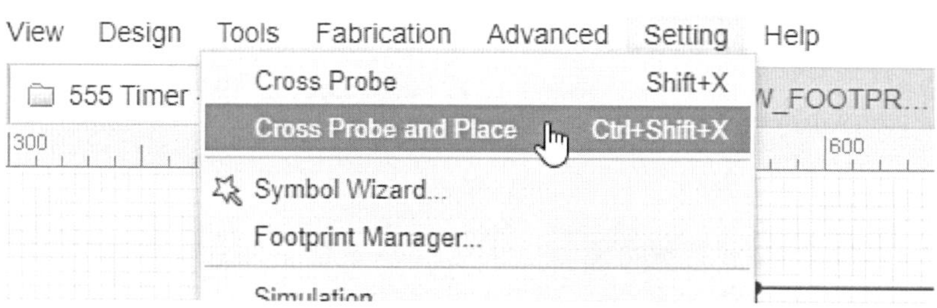

교차 프로브 및 배치는 footprint의 위치를 가능한 한 회로도의 부품 위치와 일치시킵니다.

사용하는 방법:

- 먼저 회로도를 PCB로 변환하고 현재 프로젝트에서 저장하십시오.
- 회로도에서 마우스로 부품 영역을 프레임 선택하고, "교차 프로브 및 배치", 핫키인 Ctrl+Shift+X 를 클릭합니다.
- 편집기는 PCB로 전환하고 배치를 위해 선택한 footprint를 선택합니다.
- 마우스 오른쪽 버튼을 클릭하여 배치하면, 마우스가 끌기 상태를 유지하여 footprint의 위치를 쉽게 조정할 수 있습니다.

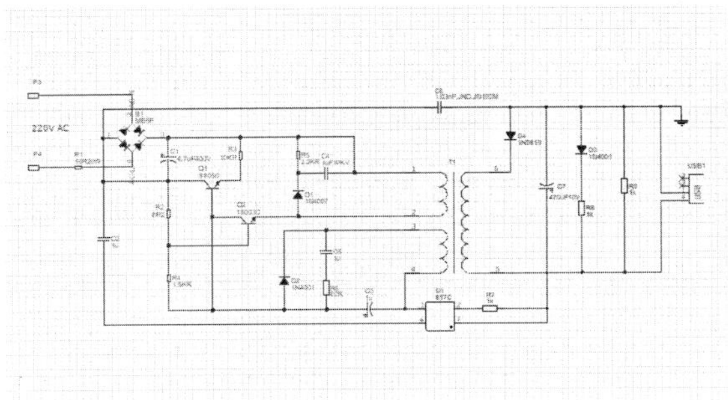

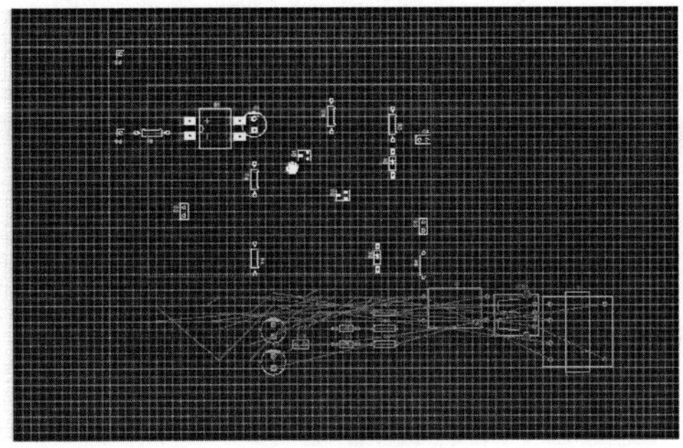

참고

회로도에서 이 기능을 사용하기 전에 먼저 PCB를 열어야 합니다.

2.15 전역 삭제(Global Delete)

회로도 또는 PCB에 문제가 있다고 생각되어 일괄적으로 어떤 개체(들)를 삭제해야 하는 경우에는 다음과 같이 수행할 수 있습니다.

- Top Menu 〉 Edit 〉 Clear All 또는 Ctrl+A (모두 선택)을 한 다음, Del 키를 누릅니다.

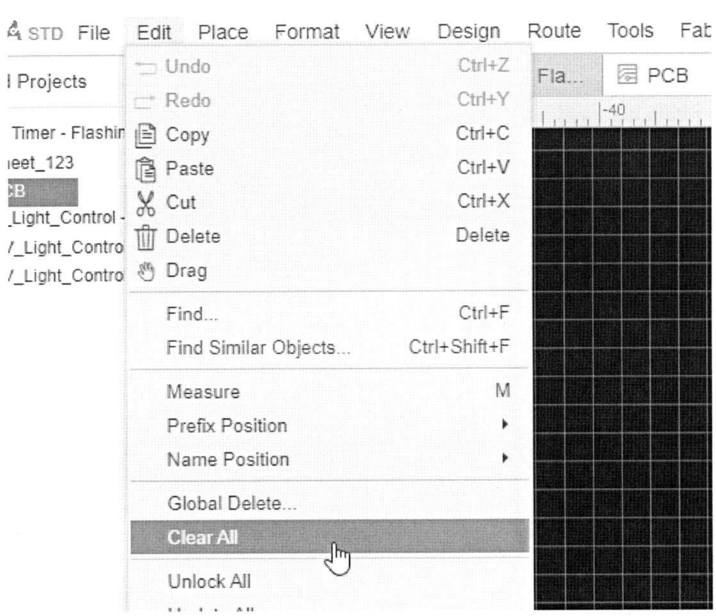

• 문서를 삭제하고 새 문서를 만듭니다.

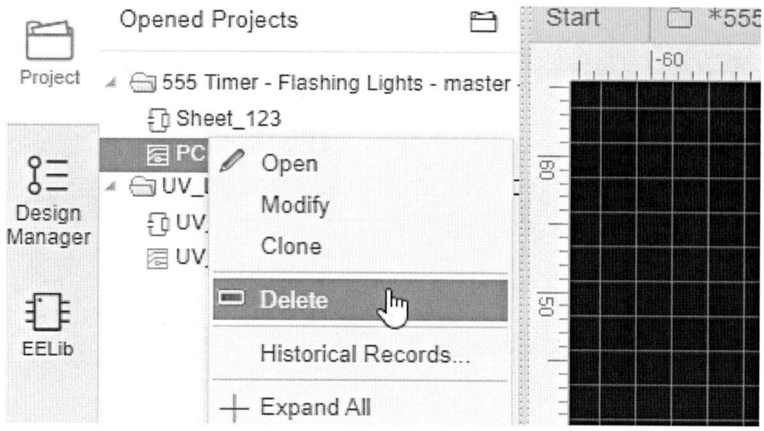

• Top Menu 〉 Edit 〉 Global Delete를 사용하여 원하는 것을 삭제하면 됩니다.

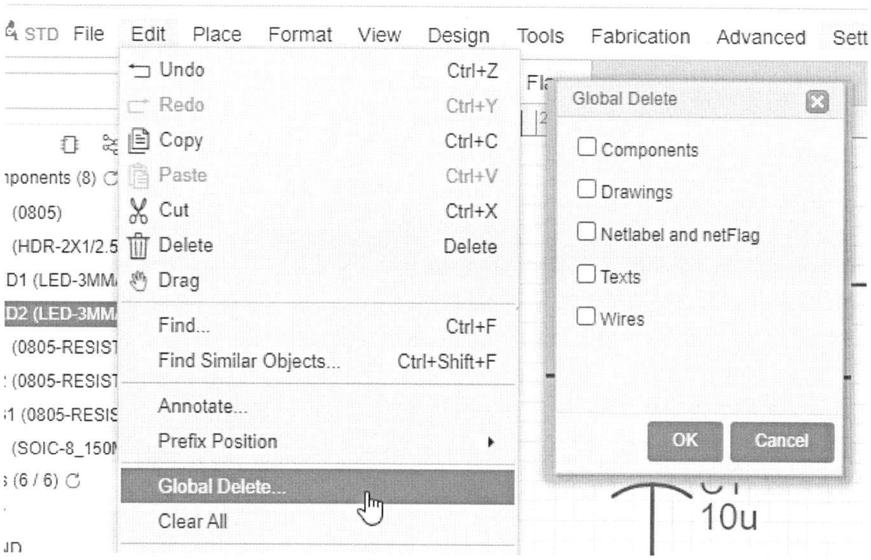

2.16 회로도 모듈(Schematic Module)

일반적인 프로그램 코드의 복사가 프로그래머에게는 쉬운 일인것 처럼, 회로도 또는 PCB를 복사하고 재사용하는 것은 매우 쉽습니다. 예를 들어, 전원 공급 장치를 사용하면, 이 장치를 회로도 모듈로 저장할 수 있습니다.

File 〉 Save as Module을 통해 EasyEDA는 PCB 모듈, 즉 회로도 모듈을 생성하는 것을 지원합니다.

2.16.1 생성 방법

방법 : Save as Module 및 File > New > Schematic/PCB Module°

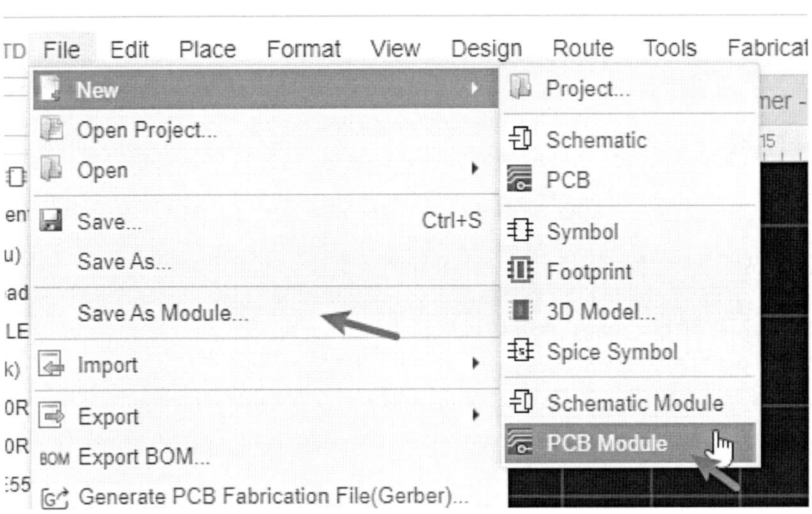

Library〉 Schematic / PCB module〉 Work Space〉 My Librarie에 PCB 모듈을 저장합니다.

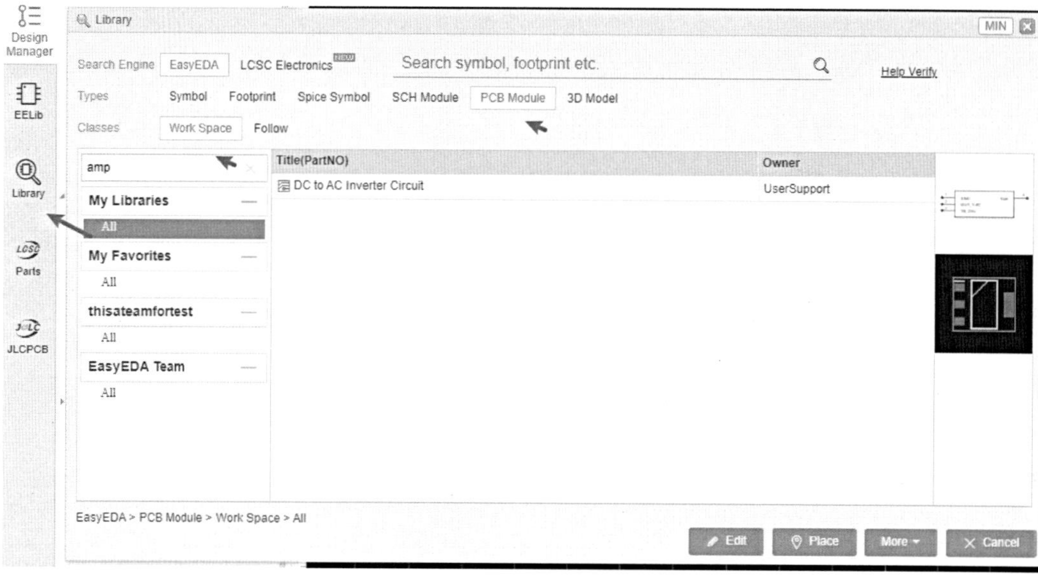

2.16.2 사용 방법

버전 v6.4.3부터는 회로도 모듈과 PCB 모듈을 배치한 후, "변경사항 가져오기(Import Changes")를 실행한 다음에 레이아웃의 위치를 유지하는 것을 지원합니다.

다중 채널 배치를 구현하는 방법은 다음과 같습니다.

1. 회로도 모듈 및 PCB 모듈을 그리고, 해당 부품의 접두사가 footprint와 대응하여 일치하는지 확인합니다. 모듈의 부품 접두사는 물음표와 중복 접두사 (예 : U? 또는 두 개의 R1)를 포함 할 수 없습니다.
2. 동일한 프로젝트에서 회로도와 PCB를 엽니다.
3. "라이브러리(Library)"를 열고 원하는 모듈을 선택합니다.
4. 이전에 저장된 회로도 모듈과 PCB 모듈을 배치하려면 "배치(Place)"버튼을 클릭합니다.
5. 영문자를 입력하는 창이 나타납니다. 회로도 모듈의 문자는 PCB 모듈과 일치해야 합니다.

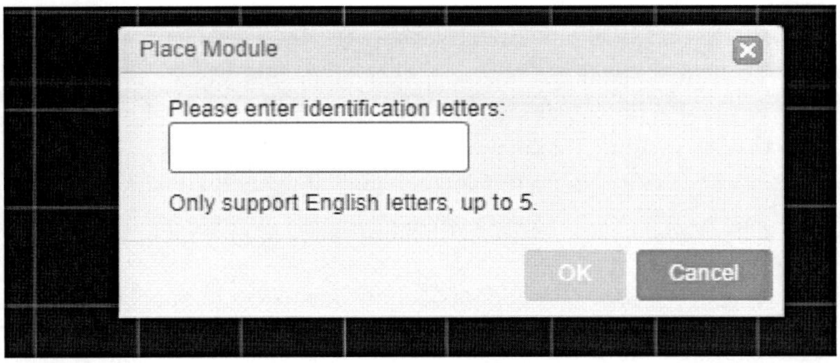

예를 들어, 회로도 모듈의 부품은 U2이고, 문자 K를 입력하고 확인을 눌러 캔버스에 배치하면, KU2가 되고 PCB 모듈에도 KU2가 있습니다.
"확인"을 클릭하고 배치 모드로 들어갑니다. 각 모듈을 배치한 후, 팝업에 식별 문자를 계속 입력됩니다. 매번 입력한 식별 문자가 고유한지 확인하십시오.

6. 모듈 배치가 완료되면, PCB 부품의 고유 ID가 Schematic 부품의 고유 ID와 동일하며 "Import Changes" 이후에 부품의 위치가 유지됩니다. 또한 회로도 netlabel을 따라서 트랙의 net을 업데이트 할 수 있습니다.

참고

모듈은 트랙 및 부품으로 구성되며, 기호 바인딩 footprint와 동일하지 않으며, 회로도 모듈은 PCB 모듈을 바인딩 할 수 없으며, 배치 후 모듈은 많은 객체로 분리되며 심볼과 footprint만 부품 ID를 통해 대응할 수 있습니다. 그래서 PCB 모듈과 일치하는 회로도 모듈을 확인하기 위해 배치할 때마다 고유한 식별 문자를 만들어야 합니다.

2.17 회로도 테마(Schematic Theme)

EasyEDA는 회로도 설계를 위한 강력한 테마 기능을 지원합니다.(Top Menu – View – Theme).

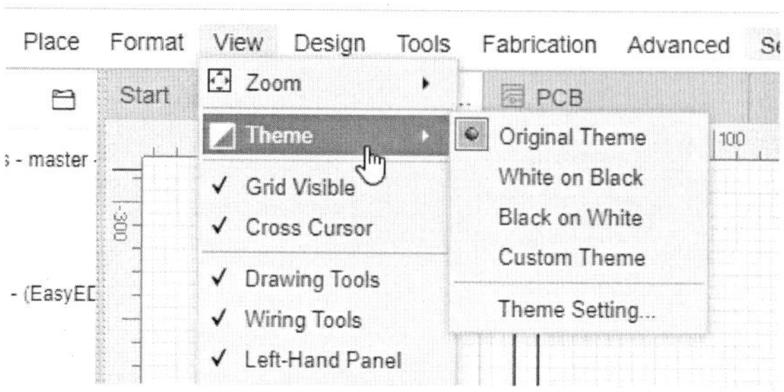

- Original Theme : 기본 테마는 새 부품 배치에만 적용됩니다.
- White on Black : 검정색 바탕에 흰색, 개체는 흰색, 배경은 검정색이 됩니다.
- Black on White : 흰색 바탕에 검정색, 개체는 검정색, 배경은 흰색이 됩니다.
- User Defined : 이 테마 스타일로 변경하면 회로도는 테마 옵션 "나의 테마(My theme)"를 따릅니다.
- My Theme : 브라우저에 로컬로 저장되고 서버에 동기화 되는 사용자 정의 테마입니다. 적용을 클릭하면 이 테마가 현재 회로도에 적용되며, 다음에 회로도를 열면 회로도의 테마가 사용자 지정 테마가 됩니다.
- My theme Settings : 다음에서 "나의 테마"를 적용할 수 있습니다. 1. 새 회로도 만들기, 2. 기존 회로도 열기.

회로도에 테마를 사용한 경우에, 이전 색상 테마로 돌아가기 위해서는 "실행취소(UNDO)"해야 합니다. 회로도 테마는 기본적으로 서버와 동기화 됩니다.

2.18 BOM(Bill of Materials) 내보내기

"Top Menu – File – Export BOM" 또는 "Top Menu – Fabriaction – BOM"을 통해 회로도 (문서) 및 PCB에 대한 BOM 을 내보낼 수 있습니다.

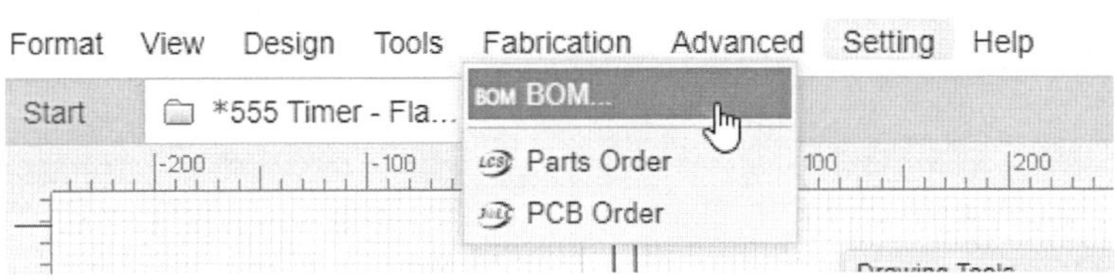

BOM 내보내기 옵션을 클릭하면 다음과 같은 대화 상자가 열립니다. 이 대화 상자에서 버튼을 클릭하여 부품에 대한 LCSC 부품의 주문 코드를 지정할 수 있습니다.

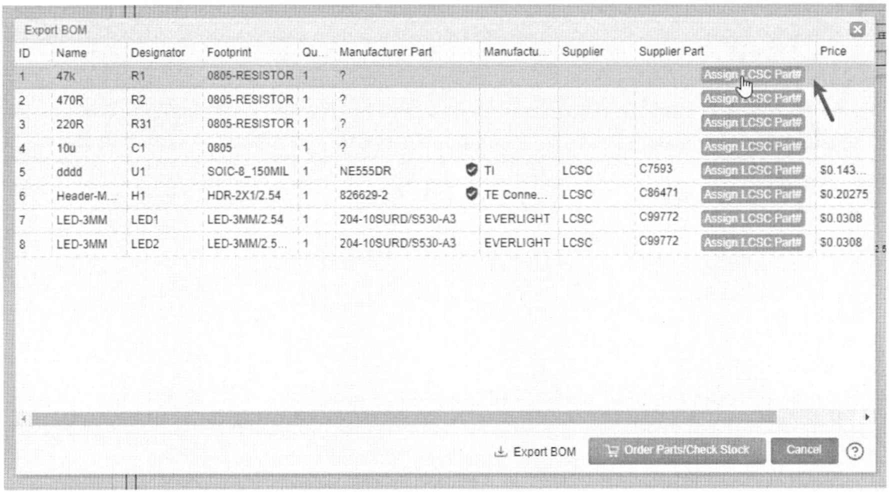

"Assign" 버튼을 클릭하면, 부품 및 footprint 검색 대화 상자가 나타나고 할당할 부품을 선택할 수 있습니다.

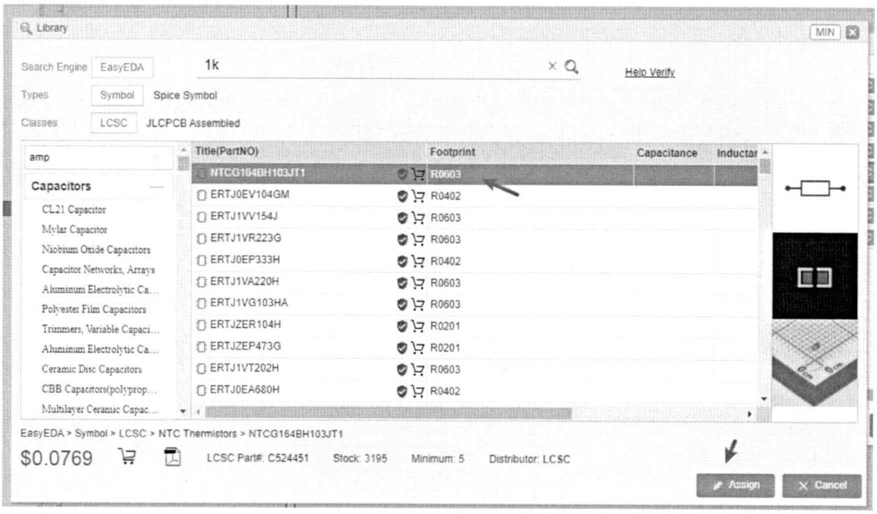

"부품 주문/재고 확인(Order Parts/Check Stock)"버튼을 클릭하면, LCSC.com에서 BOM의 모든 부품을 나열하는데 도움을 드립니다(LCSC에 로그인하지 않은 경우, 먼저 로그인해야 합니다). LCSC에서 부품을 구매하려면 카트에 담아 결제하기만 하면 됩니다.

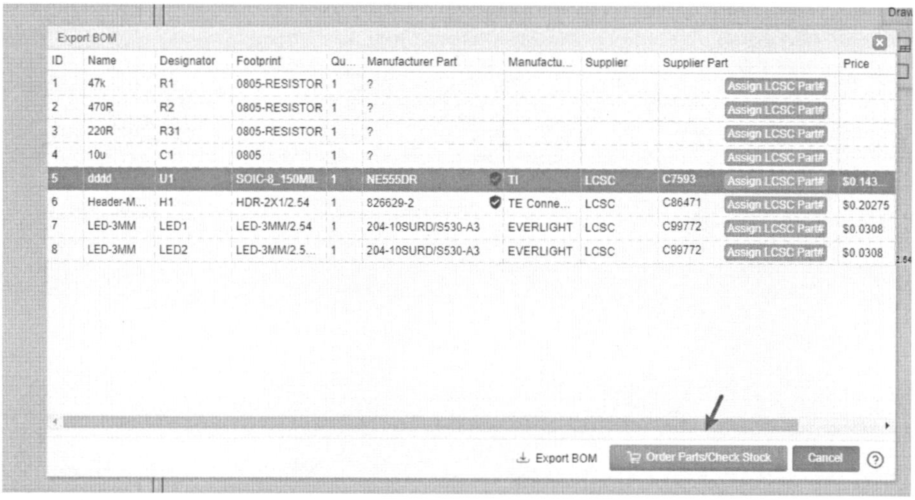

텍스트 편집기나 스프레드시트에서 BOM을 열 수 있습니다.

	A	B	C	D	E	F	G	H	I	J
1	id	value	quantity	package	components	Manufacturer Part	Manufacturer	Supplier	LCSC	price
2	1	150	2	AXIAL-0.3	R1,R4	25121WJ020KT4F	UniOhm	LCSC	C45278	$0.02
3	2	22k	2	AXIAL-0.3	R2,R3	25121WF300LT4F	UniOhm	LCSC	C16074	$0.03
4	3	22u	2	CAP-D3.0XF1.5	C1,C2	1812B225K500NT	FH	LCSC	C28503	$0.28
5	4	204-10UYC/S53	2	LED-3MM/2.54	LED1,LED2	67-21S/KK3C-H2727QAR3LED	EVERLIGHT	LCSC	C73540	$0.04
6	5	2N3904	2	TO-92(TO-92-3)	Q1,Q2	MURA220T3G	ON	LCSC	C37995	$0.17
7										

참고

- 프로젝트에 회로도와 PCB가 있는 경우 BOM 데이터는 회로도에서 가져옵니다. 프로젝트에 PCB만 있는 경우 BOM 데이터는 PCB에서 가져옵니다.
- 여러 언어를 지원하기 위해 BOM 및 좌표 파일(CSV 파일)은 탭 기반의 유니 코드로 인코딩 되어 있습니다. 부품 공급 업체 또는 PCB 제조업체에서 CSV 파일을 읽을 수 없는 경우에는 인코딩을 다른 것으로 변환하고 구분 기호를 변경하십시오.
- 권장하는 방법: Excel 또는 WPS에서 새 CSV 파일로 저장합니다. 예를 들어, Excel에서 CSV 파일을 열고 클릭하거나 선택합니다. Save As - Other Formats - CSV(Comma Separated) (*. csv).텍스트 편집기 (예 : Windows 메모장)로 CSV 파일을 열고 ANSI 또는 UTF-8 인코딩으로 저장할 수도 있습니다. 필요한 경우 모든 탭을 쉼표로 바꿉니다.

2.19 NetList 내보내기

EasyEDA는 전체 활성화된 프로젝트에 대한 netlist를 내보낼 수 있습니다. (File 〉 Export NetList 〉 Spice…)

EasyEDA는 다양한 형식으로 netlist를 내보낼 수 있습니다.

- LTSpice for this Sheet: EasyEDA의 시뮬레이션 엔진에서 생성한 Spice 호환 netlist로, 일반적으로 PCB 레이아웃의 기초로 사용되지 않습니다.
- Protel/Altium for PCB: Altium Designer 및 이전 버전인 Protel로 직접 가져올 수 있는 형식의 PCB netlist입니다.
- PADS for PCB: Pads PCB 레이아웃 도구로 직접 가져올 수 있는 형식의 PCB netlist.
- FreePCB for PCB: Windows 용 무료 오픈 소스 PCB 편집기 인 FreePCB로 직접 가져올 수 있는 형식의 PCB netlist.

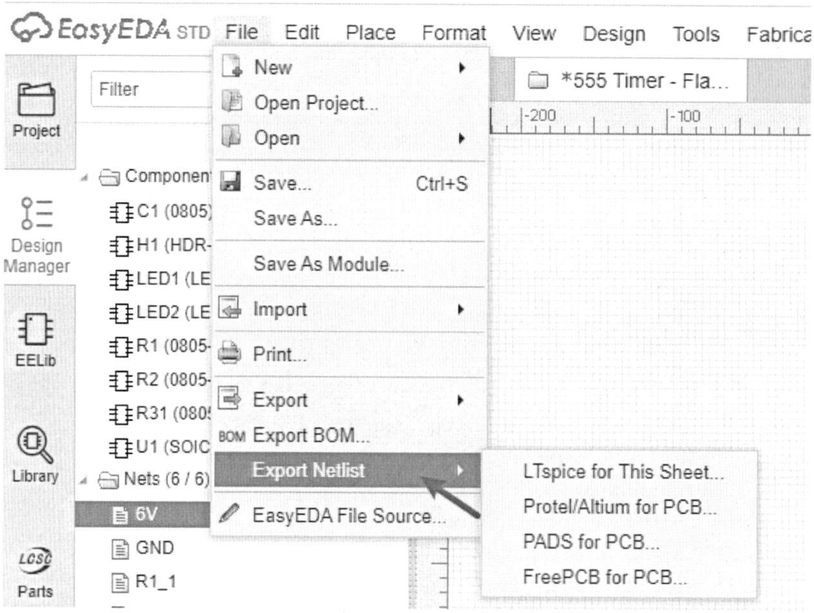

2.20 오류 보고(Report Errors)

EasyEDA 공식 Library의 경우, 도면 및 유지 관리 담당자(LCSC & JLCPCB Assembled 부품)를 보유하고 있으며, 최대한 정확하게 유지하도록 노력하고 있습니다. 그러나 EasyEDA(시스템 부분)에는 Library의 오픈 소스와 공식 도면들이 많이 포함되어 있습니다. 잘못된 상황을 100% 피할 수 없는 라이브러리의 경우, 잘못된 라이브러리를 만났을 때, 제때 알려 주시면 최대한 빨리 수정하겠습니다.

오류를 보고하는 방법에는 3가지가 있습니다.

1. 공식 라이브러리를 마우스 오른쪽 버튼으로 클릭하고 "라이브러리"에서 "오류보고"기능을 사용합니다.

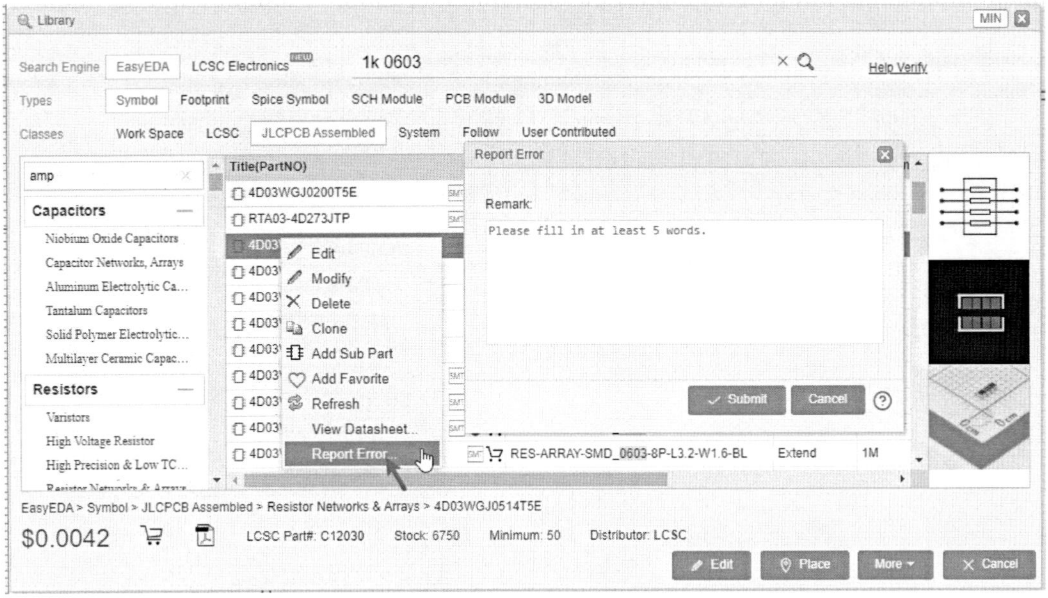

2. 회로도 / 회로도 모듈의 캔버스에서 공식 라이브러리를 선택하고, 오른쪽 패널에서 "오류보고"버튼을 클릭합니다.

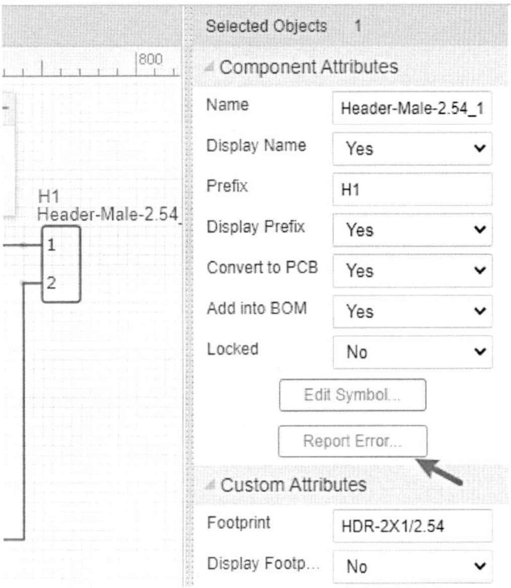

또는 부품을 마우스 오른쪽 버튼으로 클릭합니다.
이메일(support@eayeda.com)을 보내거나 [버그 보고서]에 게시하면 됩니다.

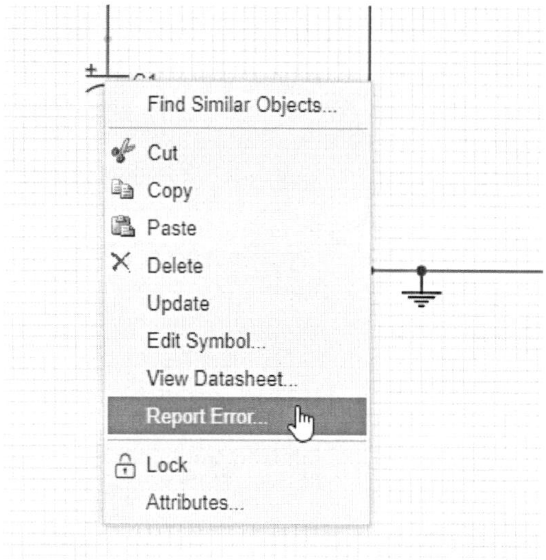

03

심볼 라이브러리 (Symbol Library)

3.1 심볼 생성

EasyEDA가 멀티파트 / 하위파트 컴포넌트를 지원하는 방법에 대해서는 이미 다뤘지만 멀티파트 부품은 어떻게 생성합니까?

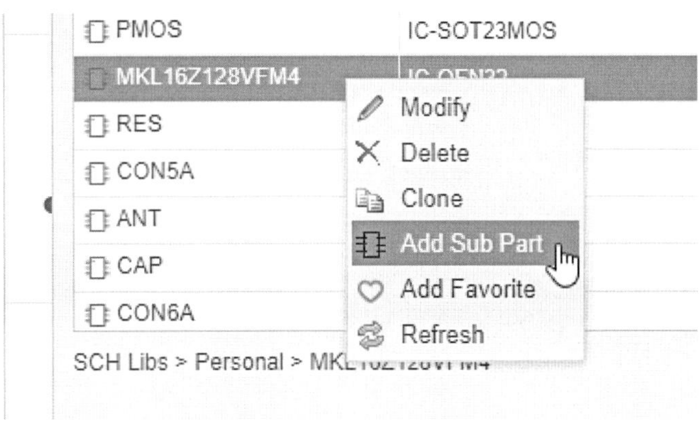

EasyEDA는 이를 위한 하위부품 기능을 제공합니다. 부품을 생성 한 후 Library 〉 Symbols 〉 Work Space 〉 Created 섹션에서 해당 부품을 마우스 오른쪽 버튼으로 클릭하여 콘텐츠 메뉴를 표시 할 수 있습니다.

74HCT04 hex inverter에 대한 나만의 심볼을 생성했다고 가정합시다.

하위 부품 추가(Add sub part)를 마우스 오른쪽 버튼으로 클릭하면 74HCT04.1이 추가됩니다. 다시 클릭하여 74HCT04.2, 최대 74HCT04.6를 추가합니다. 그런 다음 각 하위 부품을 차례로 두 번 클릭하여 핀 이름 및 번호 속성을 수정합니다.

3.1.1 회로 심볼 생성

Schematic Symbol Wizard 및 Group / Ungroup…을 사용하면 회로도 심볼(기호)을 빠르게 만들

수 있지만, 내장된 회로도에 직접 배치됩니다.

생성된 회로도에서 복사 (CTRL + C 단축키) 한 다음 다른 회로도에 문서 간 붙여 넣기 (CTRL + SHIFT + V 단축키)를 사용하여 재사용 할 수 있습니다. 여러 다른 회로도에서 생성된 기호를 복사해야 하는 경우 회로도가 다소 지저분해 집니다.

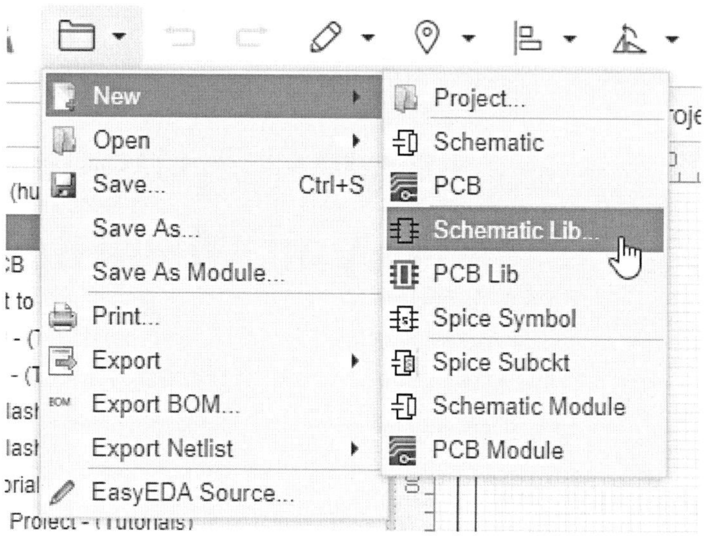

좋습니다. 새 심볼을 전용 " 심볼 라이브러리" 회로도 시트에 계속 복사하여 검색 시간을 절약 할 수 있지만, EasyEDA는 라이브러리에서 심볼을 더 쉽게 만들고 관리할 수 있는 방법을 제공합니다.

다음과 같은 순서로 수행하여 새 Schematic Lib를 시작합니다. (① File 〉 New 〉 Schematic Lib). 그러면, 새로운 Schematic Lib심볼 편집기 창이 열립니다.

② 심볼 생성

- 데이터 시트 받기
  예를 들어, NE555DR을 사용하면 데이터 시트 NE555DR (https://datasheet.lcsc.com/szlcsc/NE555DR_C7593.pdf)를 참조 할 수 있습니다. 그런 다음 심볼을 만들고 데이터 시트에 라이브러리 베이스의 핀을 배치합니다. 이 부품에는 8 개의 핀과 이름이 있습니다.

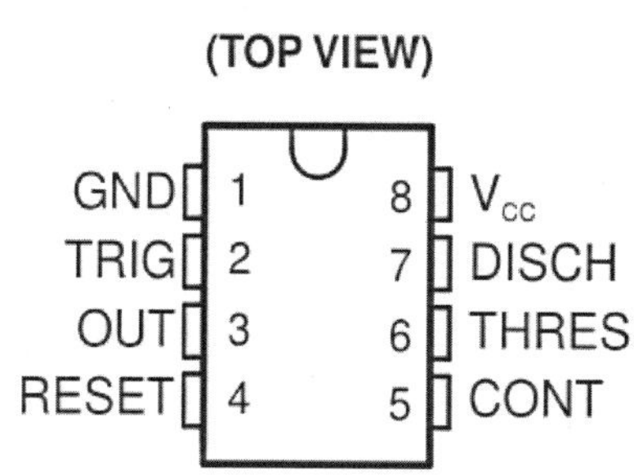

• Schematic Symbol Wizard를 통해 생성하기

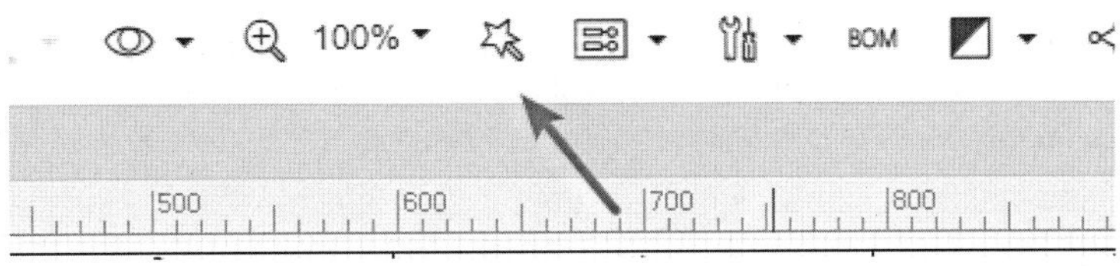

Schematic Symbol Wizard에 대한 자세한 내용은 다음 섹션을 참조하십시오.

• 수동으로 만들기
드로잉 도구(Drawing Tool)를 이용해 부품의 윤곽 그리기

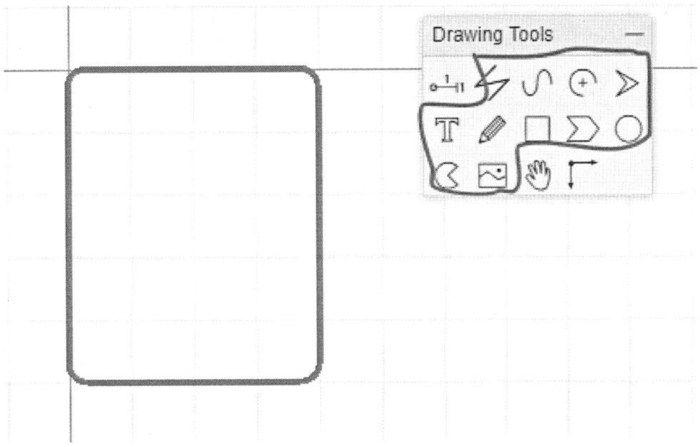

핀 배치
핀 도트는 표시된 이미지와 같이 바깥쪽에 있어야 하며 배선(wire)으로 연결됩니다. 자세한 내용은 SchematicLib Attributes - Pins 섹션을 참조하십시오.

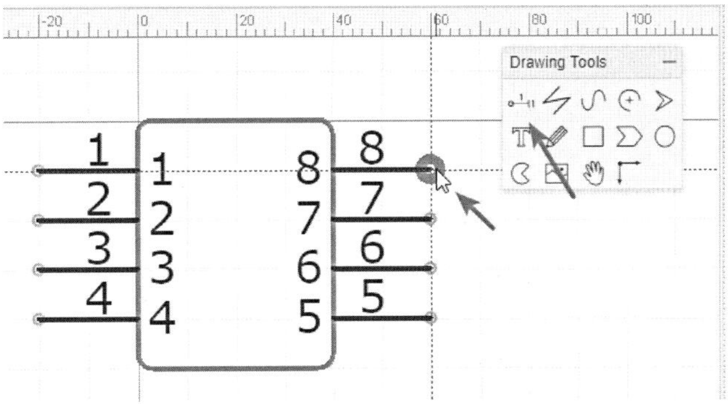

③ 핀-맵(pin-map) 편집

Edit > Pin Map…을 통해 핀 이름과 핀 번호를 변경합니다. 복잡한 IC의 경우 핀 번호에 알파벳을 사용합니다.

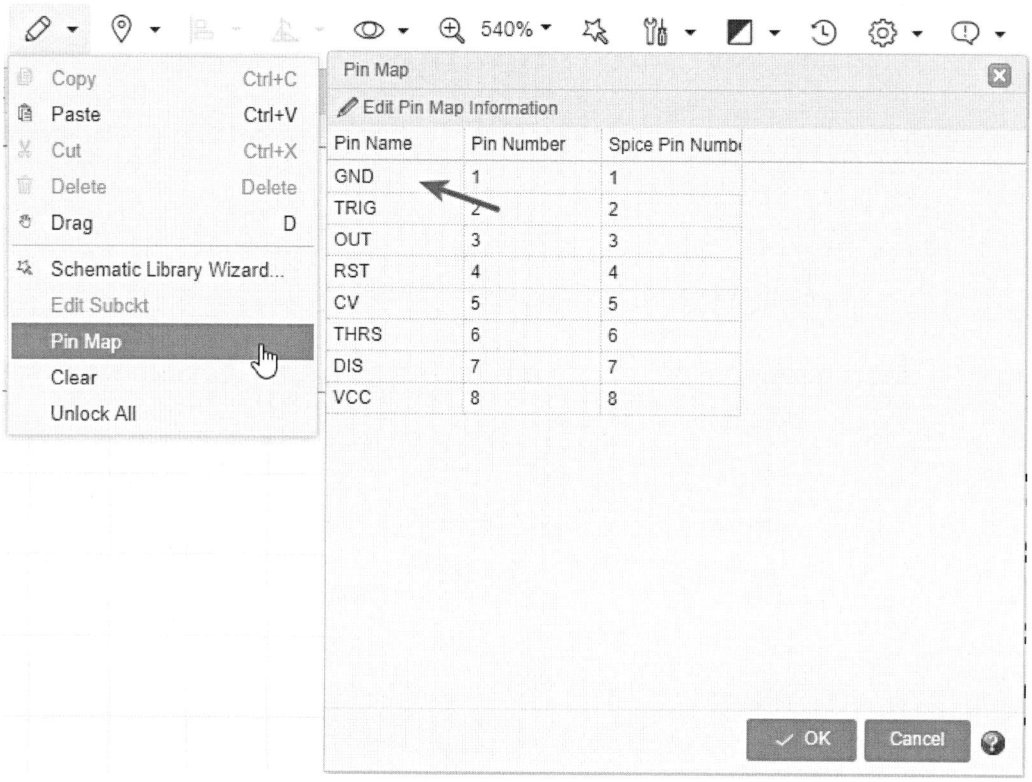

④ 세부 사항 수정

핀 길이 변경, 텍스트 배치, 핀 색상 변경, 핀 속성 등

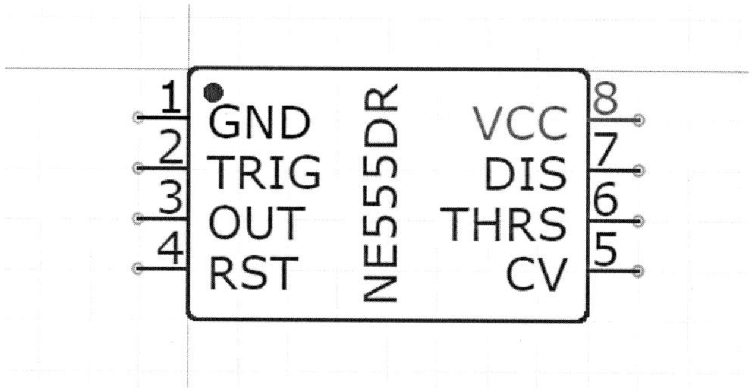

⑤ 사용자 지정 속성 설정

공급자, footprint(권장됨, "Footprint Manager"를 통해 footprint를 할당해야 함), 이름(필수), 접두사(필수)를 설정할 수 있습니다. 속성에 대한 자세한 내용은 아래의 **사용자 지정 속성(Custom Attributes)** 섹션을 참조하십시오.

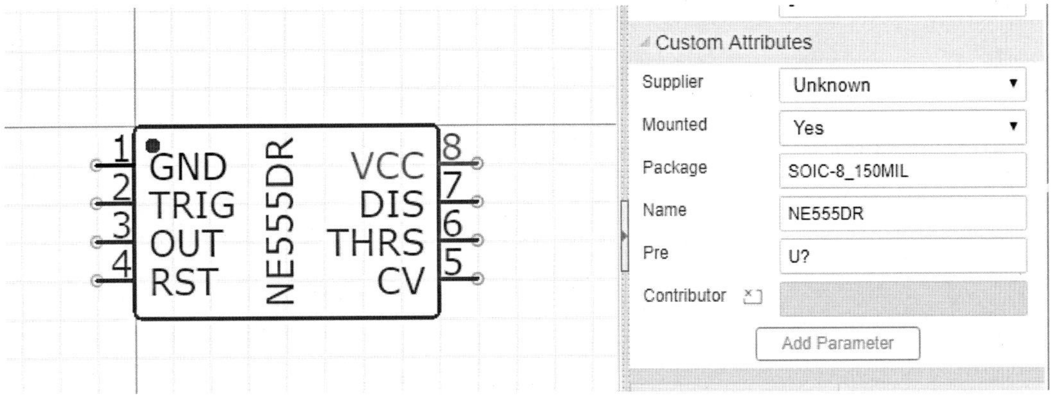

회로도 라이브러리에서 패키지를 할당해야 하는 경우에는 핀 번호가 footprint의 패드 번호와 일치해야 합니다. footprint 할당에 대한 자세한 내용은 이전의 Footprint Manager 섹션을 참조하십시오.

- 부품의 속성 "PCB로 변환(Convert to PCB)"이 "No"로 설정된 경우에는 footprint 관리자에 나타나지 않습니다.

⑥ 원점 설정

"Top Menu–Place–Set Canvas Origin–By Center Grid of Symbols"를 통해 원점을 설정할 수 있습니다.

⑦ SchameticLib 저장

이 라이브러리의 소유자, 데이터 시트 링크 및 태그 등을 설정할 수 있습니다.

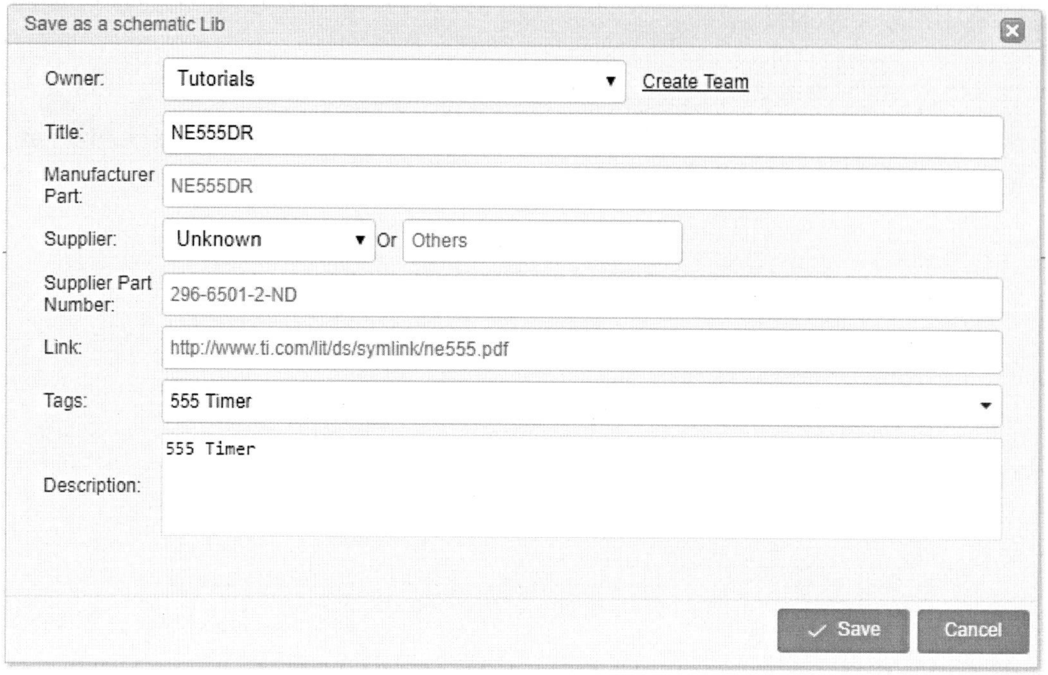

그런 다음 Schematic 심볼이 생성됩니다. 왼쪽에 있는 "Libraries-SchematicLib-Personl"에서 찾을 수 있습니다.

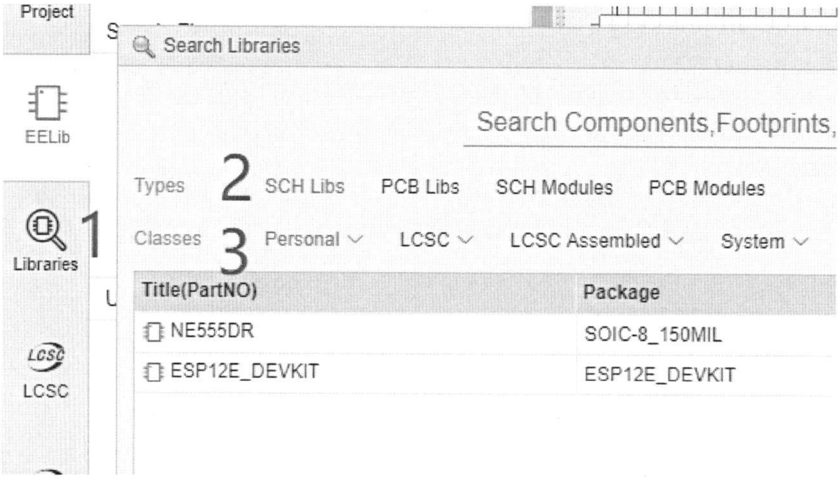

참고

- 원점에 유의하십시오. 심볼이 캔버스에 배치 될 때, 심볼의 회전을 단순화하려면, 모든 심볼이 해당 지점을 중심으로 가능한 한 가깝게 생성되었는지 확인하십시오. 첫 번째 핀/패드 또는 그 중심을 원점으로 제안합니다.
- 모든 핀의 도트(dot)가 그리드에 배치되었는지 확인 하십시오. 그렇지 않으면 회로도에 라이브러리를 배치하면 배선이 어려워집니다.

3.1.2 핀 속성(Pin Attributes)

심볼의 핀은 Schematic Lib 심볼에서 가장 중요한 부분입니다. 회로를 연결하기 위해 배선(wire)을 기호에 부착 할 수 있는 것 입니다. 핀을 추가하거나 그리기 도구 팔레트에서 P 핫키를 사용할 수 있습니다.

캔버스에 배치하기 전에, 회전(rotation) 단축키를 사용하거나 메뉴에서 회전 및 뒤집기하여 올바른 방향으로 회전 할 수 있습니다. **핀–Dot(검은 색 점)**가 올바른 위치에 있는지 확인합니다. **핀–Dot** 는 배선 또는 netlabel을 연결하는 데 사용됩니다.

PIN을 직접 캔버스에 배치하거나 기호의 일부로 배치 할 때마다, 마우스가 **핀–Dot** 위치를 가리켜 배선(Wire) 모드를 자동으로 시작하거나 배선을 연결해야 합니다.

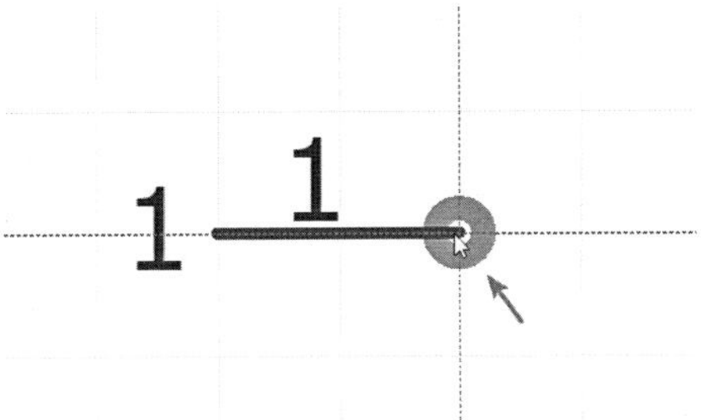

핀이 심볼의 일부로 배치 될 때마다, **핀 점(Pin dot)**는 좌측의 예제 1번(올바른 위치)에서와 같이 심볼의 **외부**에 - 멀어져 가는 방향으로- 위치해야 합니다. 우측의 예제 2번(잘못된 위치)과 같이 표시되면 안됩니다.

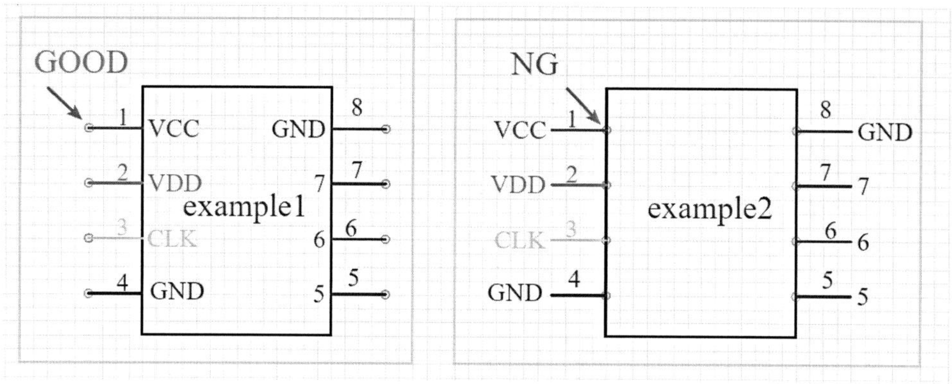

하나의 핀을 선택하면 Pin 속성(Pin attributes)이 오른쪽 속성(Properties) 패널에 표시됩니다.

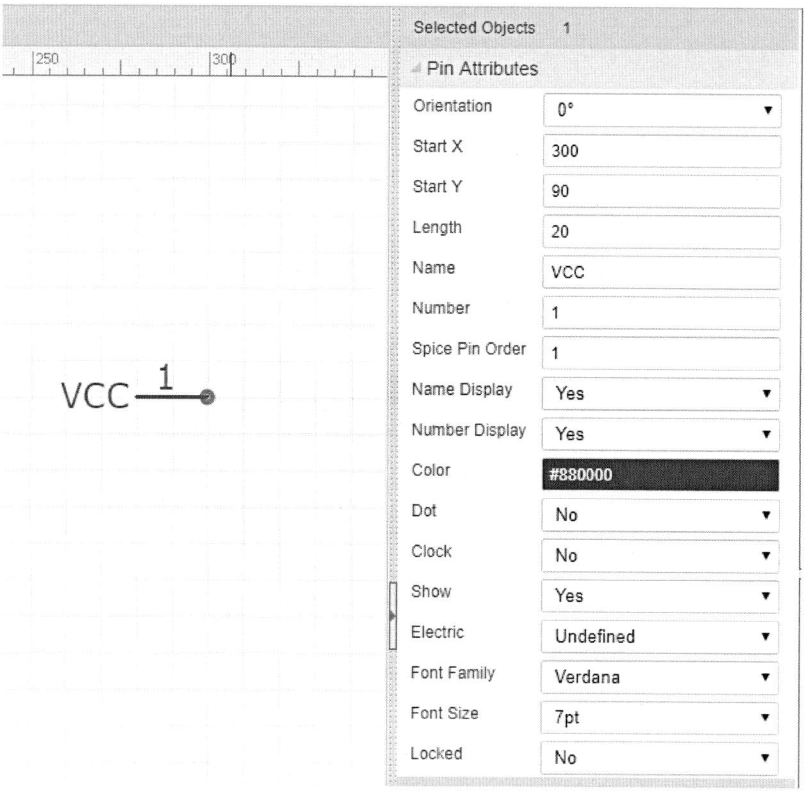

- Orientation: 0°, 90°, 180° 및 270°. 45° 기울어진 방향의 핀을 만들려면 길이를 0으로 설정하고 45°로 선을 그려야 합니다.
- Start-X and Start-Y: 핀 점의 위치. 때로는 마우스를 사용하여 핀을 원하는 위치로 이동하기 어려울 수 있으므로, Start-X 및 Start-Y를 통해 핀을 이동할 수 있습니다.
- Length: 핀 길이.
- Name: 이 예에서 VCC는 핀의 이름입니다.
- Number: 이 예에서 1은 핀 번호입니다. 이 번호는 물리적 footprint에 있는 장치의 핀 번호입니다. 다음과 같은 영숫자 식별자를 사용할 수 있습니다. A1, B1, C1, A2, B2 등 과 같이 숫자로 지정합니다.
- Spice Number: 장치를 시뮬레이션 하는데 사용되는 .model 또는 .subckt에서 정의한 해당 핀에 기호를 연결하는 데 사용되는 핀 번호입니다. 시뮬레이션 모델의 핀 번호는 물리적 footprint 핀 번호와 다를 수 있으며 단일 footprint에서 여러 장치를 모델링하기 위해 모델이 특별히 생성되지 않은 경우, 다중 장치 footprint에 있는 장치의 다른 인스턴스에 대해 변경하지 마십시오. Spice 핀의 순서는 숫자여야 합니다.
- Name Display: VCC를 표시하지 않으려면 NO로 설정합니다.
- Number Display: 1을 표시하지 않으려면 NO로 설정합니다.

마우스를 사용하여 이름 또는 번호 위치를 조정할 수 있지만, 회전 및 뒤집기는 이름과 핀 번호를 포함한 전체 핀에 적용됩니다. 이러한 항목들은 핀 자체와 독립적으로 회전하거나 뒤집을 수 없습니다.

회전 및 반전 동작으로 인해 핀 번호 또는 이름이 뒤집어 지거나 미러링 되지 않습니다.

- Color: PIN3:CLK는 주황색으로, PIN4:GND는 파란색으로 핀을 다른 색상으로 설정할 수 있습니다. 이 예에서 PIN1은 # 880000색상으로 설정되어 있지만, 이미 선택되었으므로 빨간색으로 표시됩니다. 선택을 해제하면 핀이 # 880000색상으로 표시됩니다.
- Dot: 핀의 안쪽 끝에 원을 추가하여 논리적(또는 아날로그) 반전을 나타냅니다.
- Clk: 핀이 논리적 클록 입력이라는 것을 나타내기 위해 핀의 안쪽 끝에>를 추가합니다.
- Show: YES/NO. 핀을 숨길 수 있습니다. NO로 설정하면 심볼이 회로도 편집기 캔버스에 배치 될 때, 핀이 숨겨지고 핀 이름과 동일한 이름의 네트를 만듭니다.

핀이 Schematic Lib 심볼 편집기 캔버스에서 숨겨져 있지 않다는 점에 유의하십시오. 핀이 보인

다면 보기에서 사라질 것이고, 다시 보이게 하려면 어떻게 찾을 수 있을까요?. 같은 이유로, 이 옵션은 Group/Ungroup…을 사용하여 만든 심볼에는 영향을 주지 않습니다.

- Electric: [Undefined, Input, Output, I/O, Power]

  EasyEDA는 "전기규칙 검사(Electrical Rules Checking: ERC)"를 제공하지만 여전히 회로도 라이브러리의 'electri'c을 설정해야 합니다.

  PIN을 'Power'로 설정하고 핀을 숨기면, NetLabel인 Name으로 핀이 연결됩니다. 이름이 VCC인 경우 NetLabel 또는 NetFlag VCC를 사용하여 회로의 네트에 연결됩니다. 이는 다중-부품 구성요소를 사용할 때 회로도를 명확하고 깔끔하게 유지하는 데 도움이 됩니다.

  Lib를 만든 후, Ctrl+S 를 사용하면 저장 대화 상자가 열립니다.

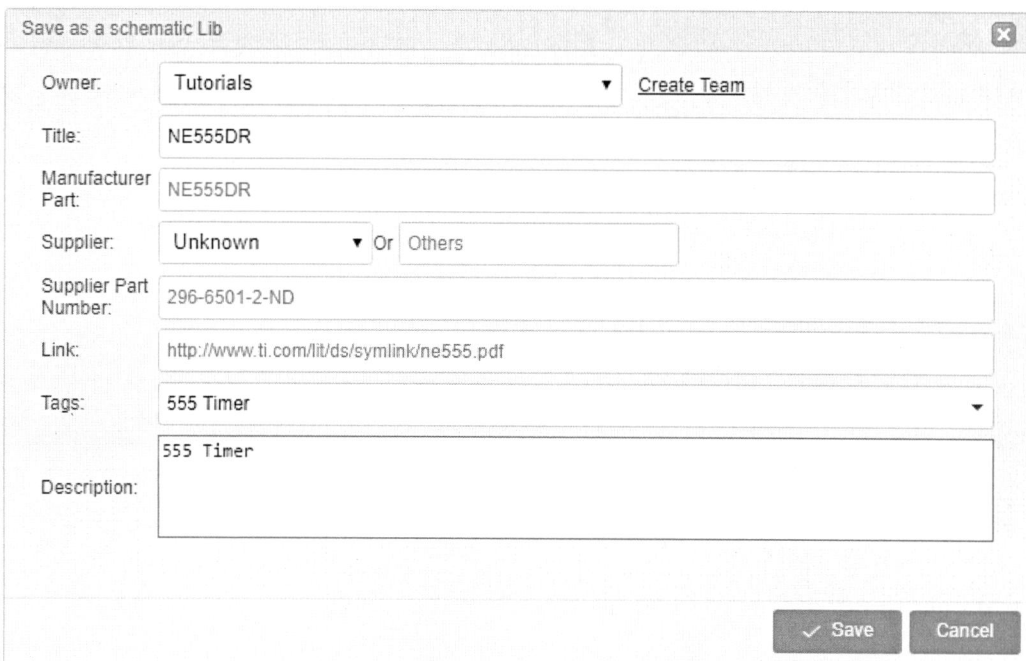

저장을 클릭하면, 왼쪽 탐색 패널의 Libraries 〉 Symbols 〉 Personal에 표시됩니다.

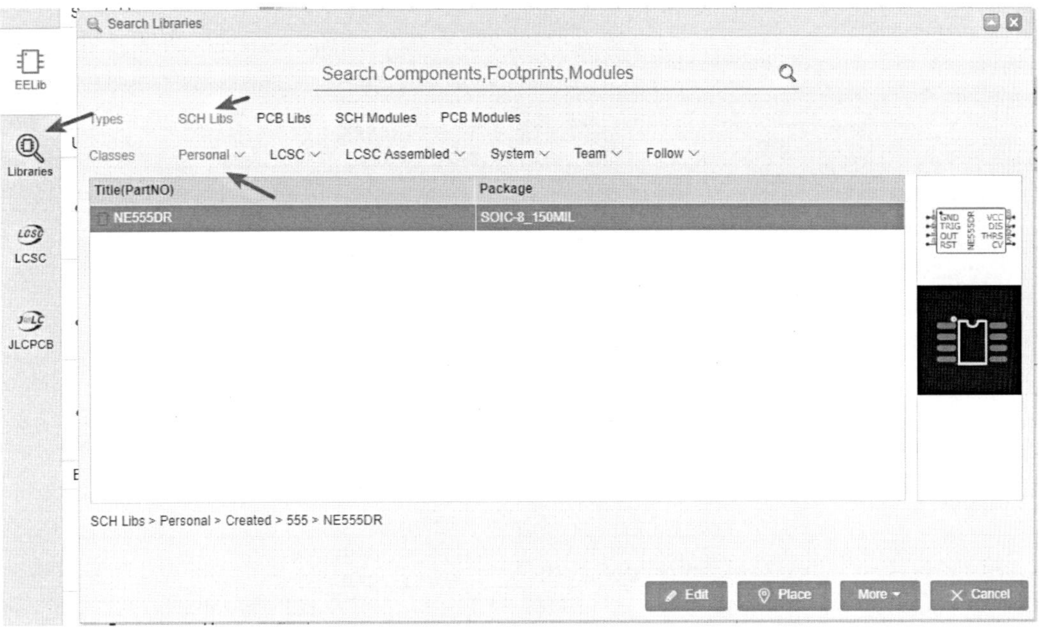

새 심볼 기호에 대한 태그를 수정하려면 Libraries 〉 Symbols 〉 Personal 〉 Select New Lib 〉 More 〉 Modify 또는 new Lib 〉 Modify을 마우스 오른쪽 버튼으로 클릭하고, Lib에 태그가 없는 경우에는 All에 표시됩니다.

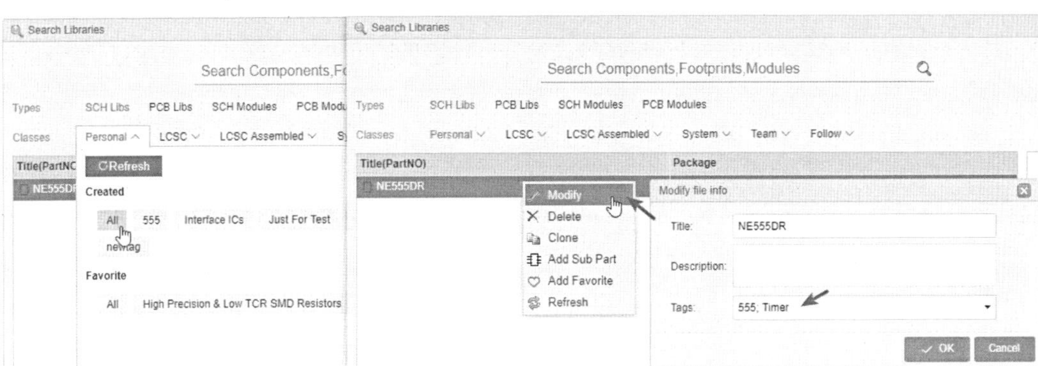

3.1.3 사용자 정의 속성

Schematic Lib 편집기의 캔버스 속성 패널에서, Custom Attributes 섹션을 찾을 수 있습니다.

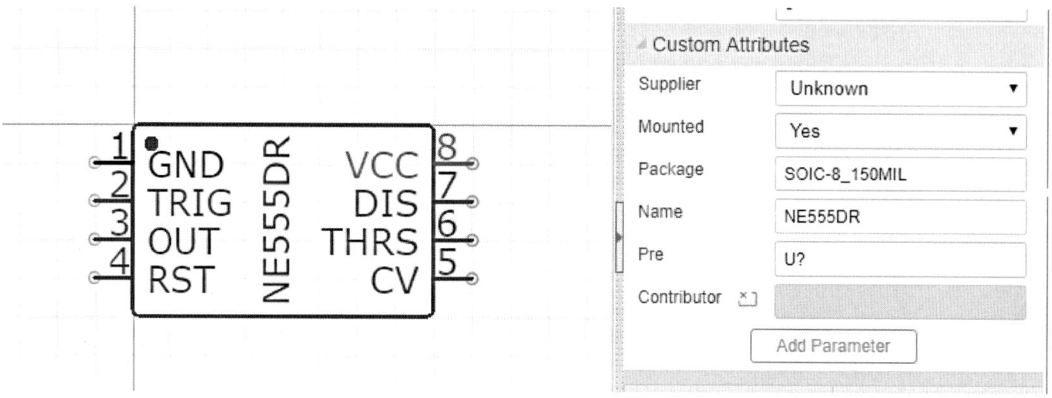

- footprint

회로도 심볼의 footprint를 변경하는 방법은 무엇일까요? PCB를 제작하려면 회로도 심볼에 대한 footprint를 지정해야 합니다. Footprint를 설정할 때 **footprint의 패드 번호는 회로도 Lib의 핀 번호와 일치해야 합니다.** 그렇지 않으면 회로도를 PCB로 변환 할 때 여러 네트가 누락됩니다.

footprint 입력 상자를 클릭하면, Schematic Editor에서 작업을 수행하는데 사용되는 Footprint Manager 대화 상자가 열립니다.

자세한 내용은 Schematic-Footprint Manager 섹션을 참조하십시오.

> **참고**
>
> Footprint Manager를 통해 footprint를 할당해야 합니다. 그렇지 않으면 Schematic lib가 footprint를 올바르게 가져 오지 않습니다. footprint는 제목이 아닌 전역의 고유 ID로 SchematicLib와 연결 됩니다.

- Prefix

기본 회로도 심볼 접두사는 U?입니다. 저항을 생성하는 경우 접두사를 R?로 설정할 수 있습니다. 필수 입력입니다.

- Name

여기서 회로도 라이브러리의 이름을 변경할 수 있으며, 부품의 파일 이름과는 다를 수 있습니다.

- Contributor

  등록된 사용자 이름입니다. 다른 EasyEDA의 사용자가 귀하의 라이브러리를 사용할 때, 귀하의 기여를 기억할 것입니다!

3.2 Symbol Wizard

회로도 작성중에 부품의 기호를 찾을 수 없어서 애로사항에 부딪힌 적이 몇 번이나 있을까?. EasyEDA에서는 자주 또는 특수하게 사용하는 부품의 심볼의 작성과 활용을 위한 Schematic Symbol Wizard를 제공하고 있어, 일반 Schematic Symbol을 빠르게 생성할 수 있다.

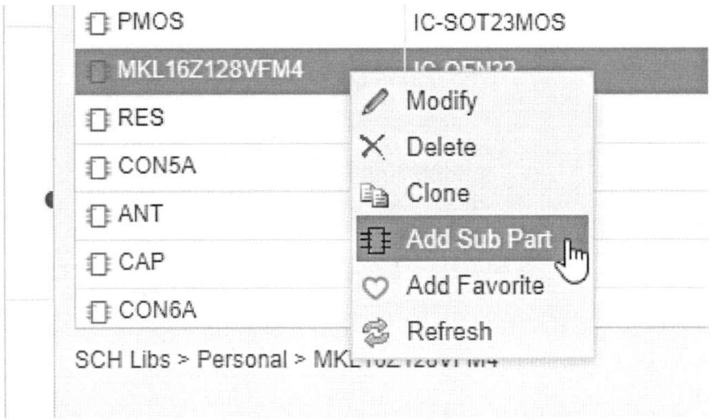

(Top Menu – Tools – Symbol Wizard)

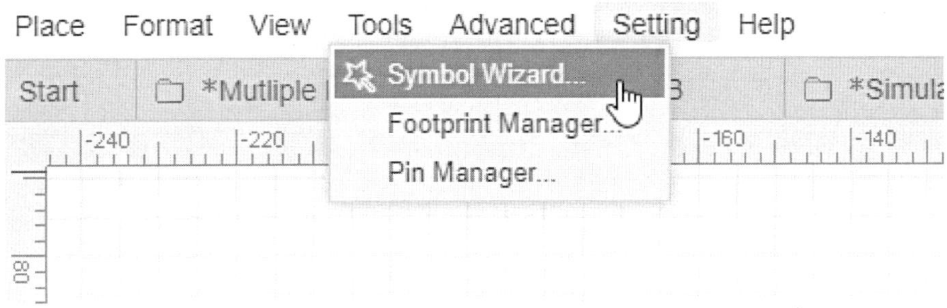

3.2.1 기본 기능들

3.2.1.1 핀 이름만 입력하는 경우.

1. NE555 타이머를 예로 들면, 이 IC는 DIP8 패키지로 제공되므로 스타일을 DIP로 선택합니다. 그런 다음 NE555 핀 이름을 Pin Names 텍스트 상자에 줄 바꿈이나 공백으로 구분하여 입력한 다음 OK를 누릅니다. NE555에 대해 완벽하게 형성된 DIP 8핀 기호를 마우스 커서에 부착하여 배치할 준비가 된 것을 찾을 수 있습니다. NE555 기호를 빠르고 쉽게 구축하는 데 단 몇 초만 소요됩니다.

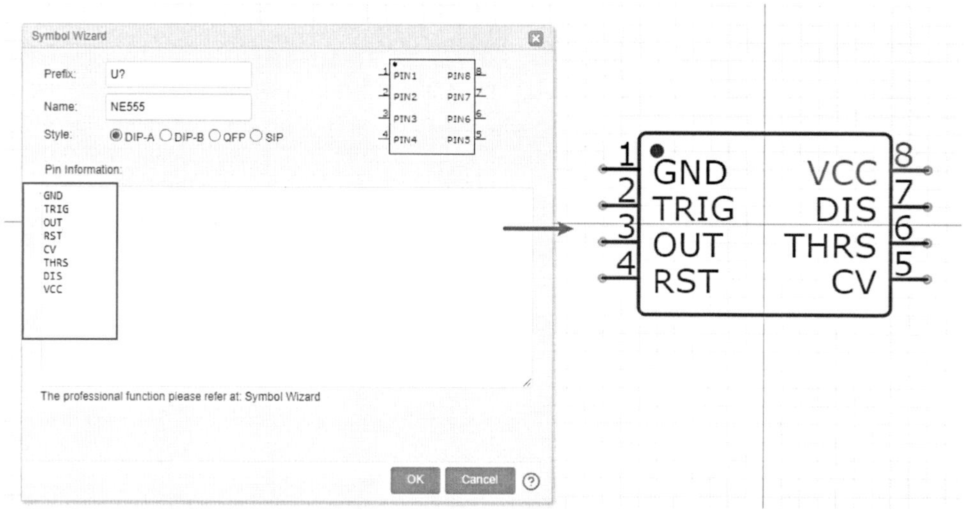

2. Schematic Symbol Wizard를 사용하여 DIP, QPF 또는 SIP 스타일의 심볼기호를 생성할 수 있습니다. Arduino Shields를 설계하는 경우 많은 SIP 기호가 필요하므로 몇 초 안에 아래와 같은 SIP 기호를 만들 수 있습니다.

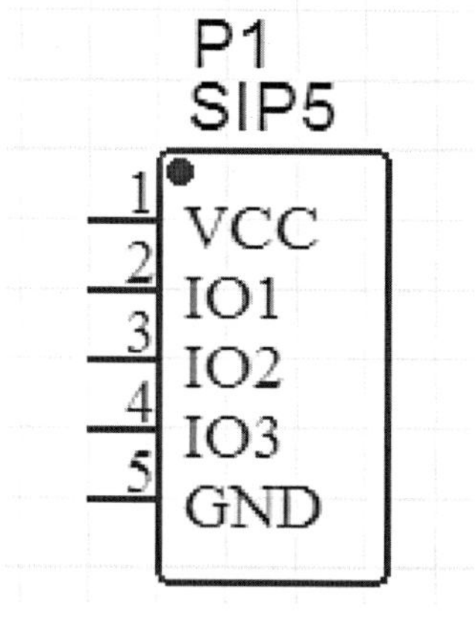

3. 부품이나 모듈의 심볼이 기대하는 대로 보이지 않을 수도 있고 선택한 유형과 유사하지 않을 수도 있지만, 마법사를 사용하여 부품(구성요소)에 대한 심볼기호를 만들 수 있습니다.

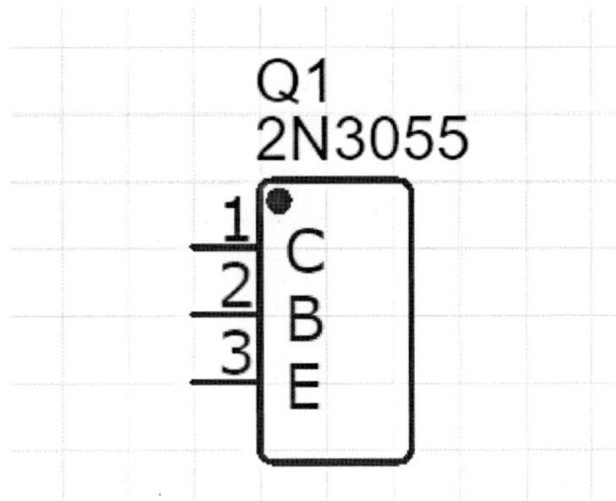

3.2.1.2 핀 번호와 이름을 입력하는 경우

Schematic Symbol 마법사는 핀의 번호와 이름을 동시에 입력할 수 있습니다. 다음의 예와 같이 모든 핀의 번호를 쉽게 설정할 수 있습니다.

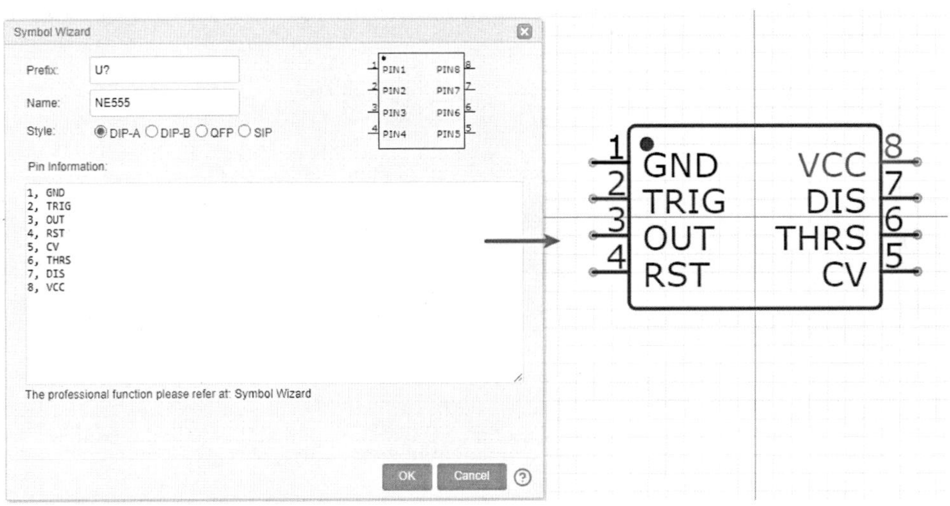

3.2.2 전문적인 기능

Schematic Symbol Wizard는 전문적인 기능을 지원하므로 크고 복잡하며 보다 편리한 Schematic Symbol을 더 쉽게 생성할 수 있습니다.

1. 필요하면 다음의 Schematic Symbol Wizard Template.xlsx(https://image.easyeda.com/files/Schematic-Library-Wizard-Template.xlsx)화일을 다운받습니다.

2. Excel 또는 WPS를 통해 열고 각 핀의 속성 및 위치를 편집한 다음 내용을 복사하여 내용 제목 없이 마법사 대화 상자에 붙여 넣습니다.

Tip: Pin과 Pin 사이에 간격을 만들고 싶다면 아래 이미지와 같이 *를 사용하면 됩니다.

Please copy the content without title, and paste on the schematic library wizard.

Number	Name	Number Display	Name Display	Clock	Show	Electric	Position
1	GND	Yes	Yes	No	Yes	Undefined	Bottom
2	TRIG	Yes	Yes	No	Yes	Undefined	Left
*	*	*	*	*	*	*	Left
3	OUT	Yes	Yes	No	Yes	Undefined	Left
4	RST	Yes	Yes	No	Yes	Undefined	Top
*	*	*	*	*	*	*	Top
5	CV	Yes	Yes	No	Yes	Undefined	Right
*	*	*	*	*	*	*	Right
6	THRS	Yes	Yes	No	Yes	Undefined	Right
*	*	*	*	*	*	*	Right
7	DIS	Yes	Yes	No	Yes	Undefined	Right
8	VCC	Yes	Yes	No	Yes	Undefined	Top

3. 마법사는 콘텐츠에 따라 기호를 생성합니다. 선택한 유형은 무시됩니다.

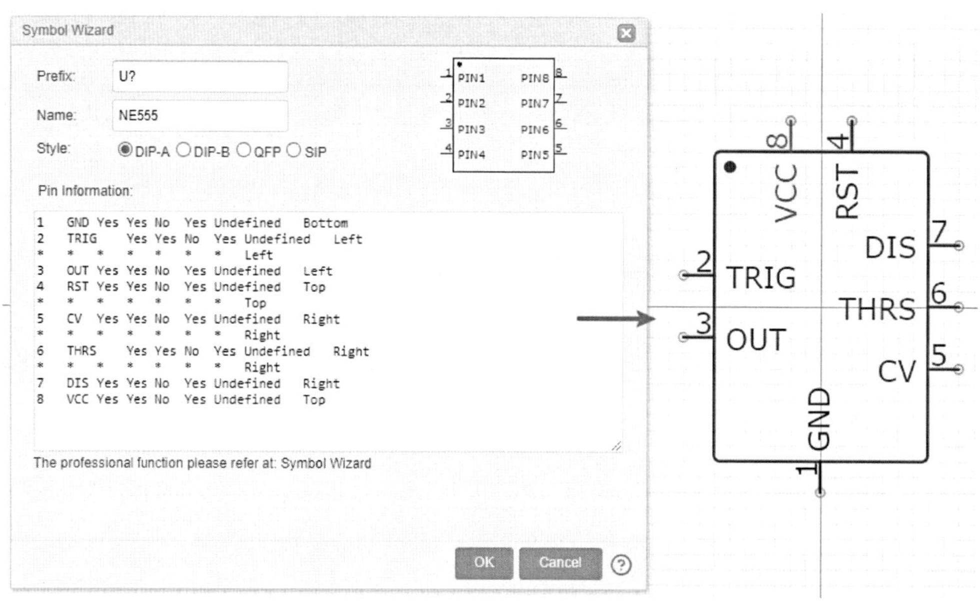

주의

- 입력한 내용이 1열, 2열, 8열이 아닌 경우 잘못된 형식으로 표시됩니다.
- Key Space를 이용하여 컬럼 데이터를 분리할 수 있습니다.

3.2.3 핀 속성

심볼의 핀은 Schematic Lib 기호에서 가장 중요한 부분입니다. 회로를 연결하기 위해 심볼에 와이어를 부착할 수 있는 것입니다.

[P] 단축키를 사용하여 핀을 추가하거나 그리기 도구 팔레트에서 사용할 수 있습니다.

3.2.3.1 핀 방향

캔버스에 배치하기 전에 회전 단축키를 사용하거나 메뉴에서 회전 및 대칭 이동하여 올바른 방향으로 회전할 수 있습니다. **핀-Dot(검은색 점)**이 올바른 위치에 있는지 확인합니다. **핀-Dot**는 전선이나 네트라벨을 연결하는 데 사용됩니다.

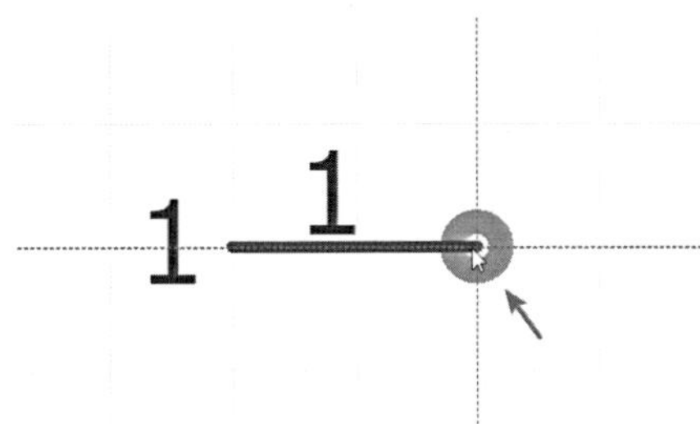

PIN이 캔버스에 직접 배치되거나 심볼의 일부로 배치될 때마다 마우스는 **핀 도트** 위치를 가리켜 와이어 모드를 자동으로 시작하거나 와이어를 연결해야 합니다.

핀이 심볼의 일부로 배치될 때마다 **핀 도트**는 예시 1(올바른 위치)과 같이 심볼의 **외부**에 있어야 하며 다음과 같이 심볼 내부 또는 쪽을 가리켜야 합니다.

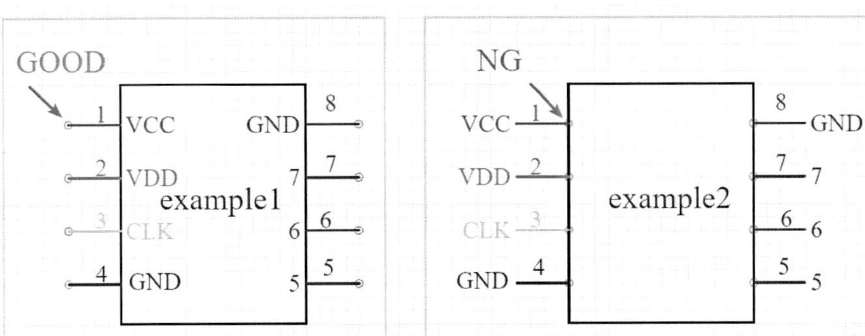

3.2.3.2 핀 속성

하나의 핀을 선택하면 **핀 속성**(Pin attributes)이 오른쪽 **속성** 패널에 표시됩니다.

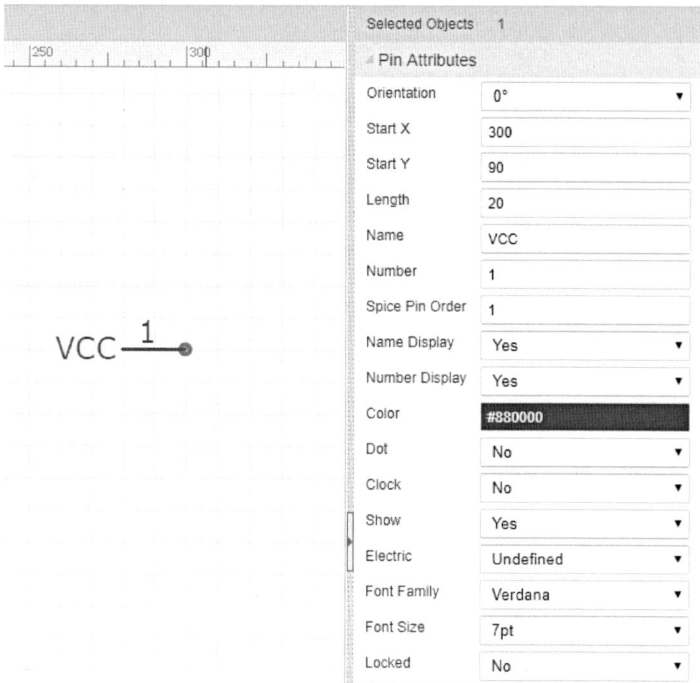

- Orientation: 0°, 90°, 180° 및 270°. 45° 핀을 만들려면 길이를 0으로 설정하고 45°로 선을 그려야 합니다.°
- Start-X and Start-Y: 핀도트 위치. 간혹 마우스를 이용하여 핀을 원하는 위치로 이동하기 어려울 수 있으므로 Start-X 및 Start-Y를 통해 핀을 이동할 수 있습니다.
- Length: Pin length.
- Name: 이 예에서 VCC는 핀의 이름을 의미합니다.
- Number: 이 예에서 1은 핀 번호입니다. 이 번호는 물리적 공간에 있는 장치의 핀 번호입니다. 다음과 같은 영숫자 식별자를 사용할 수 있습니다. 번호로 A1, B1, C1, A2, B2 등.
- Spice Number: 이것은 장치를 시뮬레이션하는 데 사용되는 .model 또는 .subckt에 의해 정의된 해당 핀에 기호를 연결하는 데 사용되는 핀 번호입니다. 시뮬레이션 모델의 핀 번호는 물리적 풋프린트 핀 번호와 다를 수 있으며 단일 풋프린트에서 여러 장치를 모델링하도록 모델이 특별히 생성되지 않는 한 다중 장치 풋프린트에서 장치의 다른 인스턴스에 대해 변경되지 않습니다. Spice Pin 주문은 숫자로만 이루어져야 합니다.

• Display Name: VCC를 표시하지 않으려면 NO로 전환합니다.
• Display Number: 1을 표시하지 않으려면 NO로 전환합니다.

마우스를 사용하여 이름 또는 번호 위치를 조정할 수 있지만 회전 및 뒤집기는 이름과 핀 번호를 포함한 전체 핀에 적용됩니다. 이러한 항목은 핀 자체와 독립적으로 회전하거나 뒤집을 수 없습니다. 회전 및 뒤집기 동작으로 인해 핀 번호 또는 이름이 뒤집히거나 대칭되지 않습니다.

• Color: 예를 들어, PIN3:CLK핀을 주황색으로 , PIN4:GND파란색으로 다양한 색상으로 핀을 설정할 수 있습니다. 이 예에서는 PIN1이 #880000 색상으로 설정되어 있지만 선택되어 있으므로 빨간색으로 표시됩니다. 선택을 취소하면 핀이 #880000 색상으로 표시됩니다.
• Dot: 논리적(또는 아날로그) 반전을 나타내기 위해 핀의 내부 끝에 원을 추가합니다.
• Clock: 핀의 내부 끝에 >를 추가하여 핀이 논리적 클록 입력임을 나타냅니다.

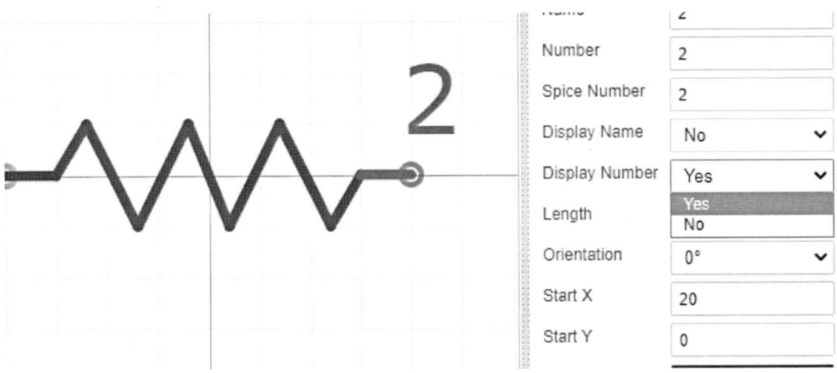

• Show: YES/NO. 핀을 숨길 수 있습니다. NO로 설정하면 기호가 회로도 편집기 캔버스에 배치될 때 이 핀이 보이지 않습니다.

Schematic Lib 심볼 편집기 캔버스에 핀이 숨겨져 있지 않다는 점에 유의하십시오. 그렇다면 핀이 보기에서 사라지고 다시 보이도록 하려면 어떻게 해야 합니까? 같은 이유로 이 옵션은 Group/Ungroup…을 사용하여 만든 기호에 영향을 주지 않습니다.

• Electric: [Undefined, Input, Output, I/O, Power]

EasyEDA는 현재 ERC(Electrical Rules Checking)를 제공하지만 Schematic 라이브러리로 사용하려면, electric으로 설정해야 합니다.

핀을 전원으로 설정하고 핀을 숨김으로 설정하면 NetLabel인 Name으로 Pin이 연결됩니다. 이름이 VCC인 경우 NetLabel 또는 NetFlag VCC를 사용하여 회로의 네트워크에 연결됩니다. 이는 다중 구성 요소를 가지는 부품을 사용할 때 회로도를 명확하고 깔끔하게 유지하는 데 도움이 됩니다.

Lib를 만든 후 Ctrl+S 를 사용하면 다음과 같은 저장 대화 상자가 열립니다.

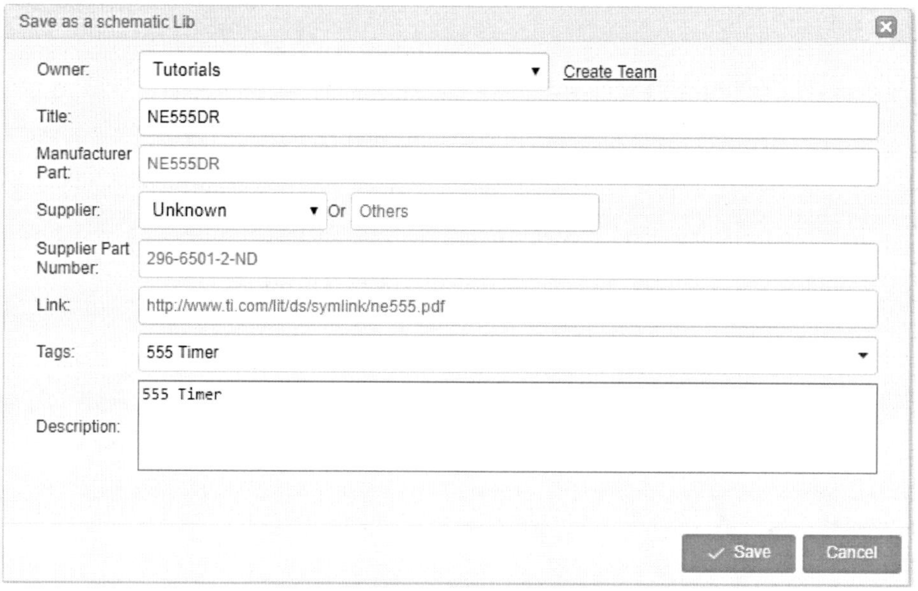

저장을 클릭하면 왼쪽 탐색 패널의 Libraries 〉 Symbols 〉 Personal에 나타납니다.

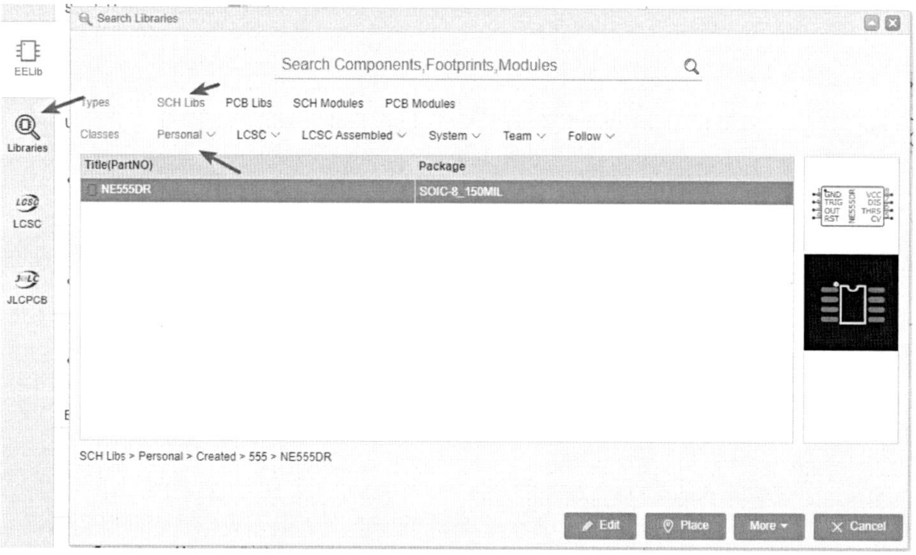

새로운 심볼에 대한 태그를 수정하려면 Libraries 〉 Symbols 〉 Personal 〉 Select New Lib 〉 More 〉 Modify를 수행하거나, Lib에 태그가 없는 경우 **새 Lib를 마우스 오른쪽 버튼으로 클릭 〉 Modify 전체**에 표시될 태그입니다.

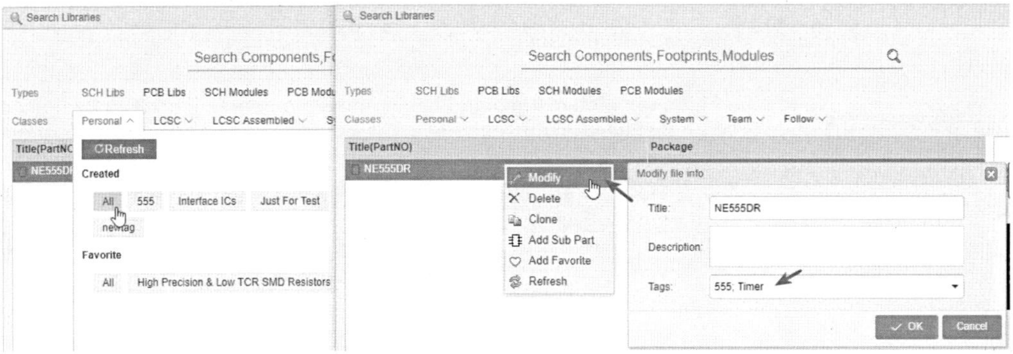

3.2.4 심볼의 사용자 정의 속성

Schematic Lib 편집기의 캔버스 속성 패널에서 **사용자 정의 속성(Custom Attributes)** 섹션을 찾을 수 있습니다.

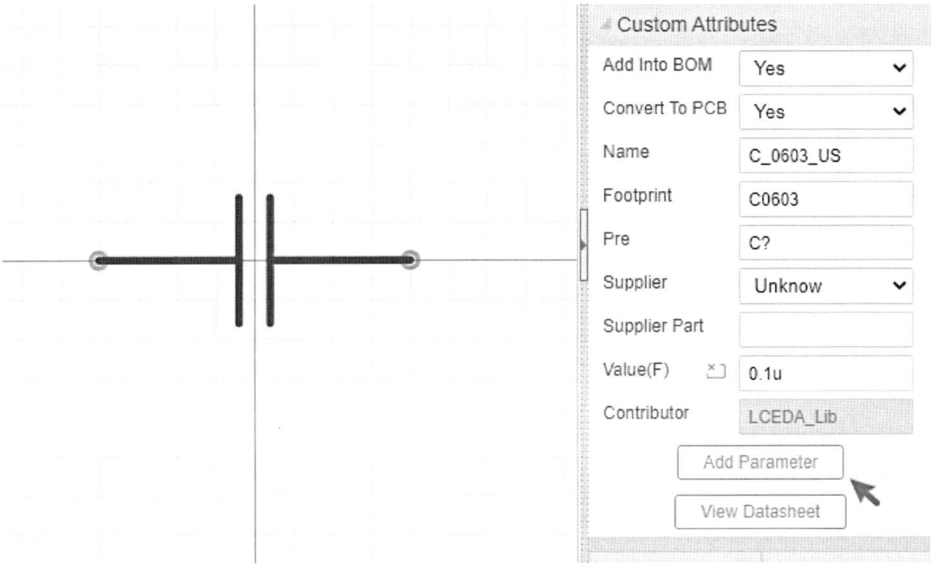

- Add into BOM : 이 부품은 BOM에 표시되거나 표시되지 않습니다.

- Convert to PCB : No로 설정하면 이 부분은 **풋프린트 관리자**(Footprint Manager)에 표시되지 않으며 PCB로 변환할 수 없습니다.
- footprint : 이 부품에 대한 풋프린트를 지정합니다. 하나의 풋프린트만 할당하십시오.

더 자세한 정보는 Schematic – Footprint Manager 섹션을 참조하십시오.

> **주의**
>
> 풋프린트 관리자를 통해 풋프린트를 할당해야 합니다. 그렇지 않으면 Schematic Symbol이 Footprint에 올바르게 대응하지 않습니다. 풋프린트는 제목이 아닌 전역 고유 ID로 Symbol과 연결됩니다.

- Pre

  기본 회로도 심볼 접두사는 U?입니다. 저항을 생성하는 경우 접두사를 R?로 설정할 수 있으며, 필수로 채워져 있어야 합니다.
- Name

  여기서 회로도 lib의 이름을 변경할 수 있으며, 부품의 파일 이름과 다를 수도 있습니다.
- Contributor

  등록된 사용자 이름을 기입합니다. 다른 EasyEDA 사용자가 귀하의 라이브러리를 사용할 때 귀하의 기여를 기억할 것입니다!

3.2.5 부품의 이름으로 심볼 값 표시

예를 들어 저항 심볼 값이 2KΩ이고, 이름은 ABC라고 한다면, 회로도에 배치하면 부품 이름으로 2KΩ이 표시되지 않고 이름인 ABC로 표시됩니다. 사용자가 부품의 이름을 2KΩ으로 변경할 수 있지만 쉽게 바꾸기가 어렵습니다. 아직 EasyEDA에는 이 기능을 지원하는 공통 기능을 지원하지는 않으나 이 기능을 구현하기 위해 심볼 파일의 소스를 편집할 수 있습니다.

① 기호 및 매개변수 편집을 마칩니다.

② 파일 소스를 엽니다 : Top Menu – File – EasyEDA File Source.

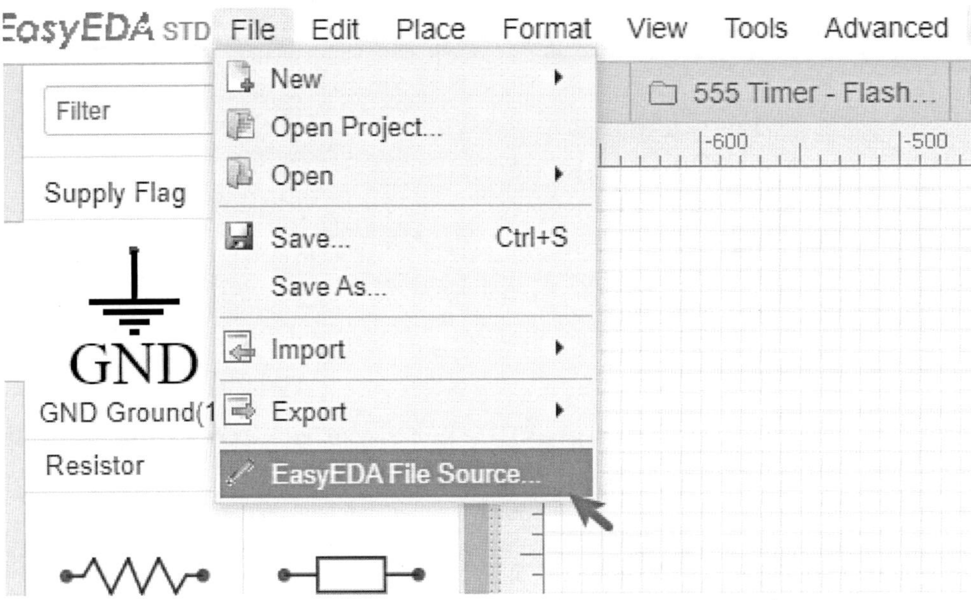

③ nameAlias 매개변수를 추가하거나 수정합니다.

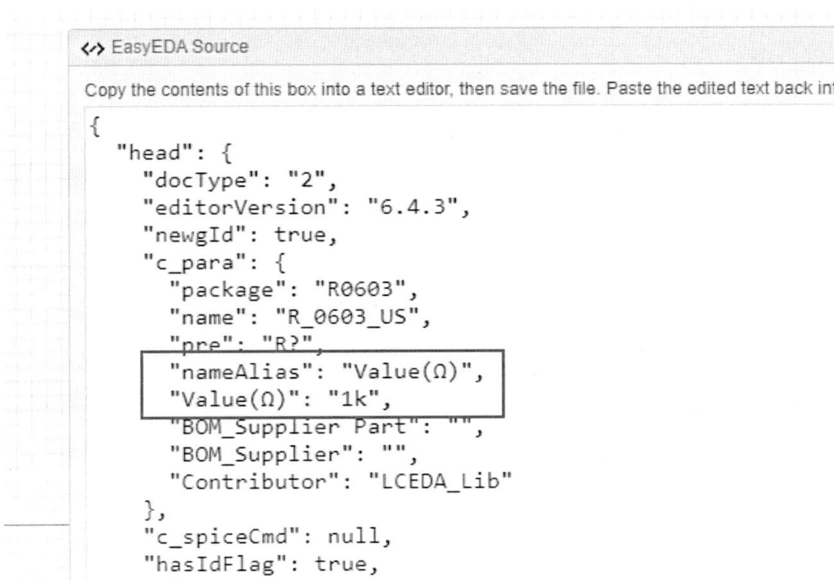

이 기호는 회로도에 배치한 후 부품 이름으로 1k로 표시됩니다.

④ 수정 후 적용 후 저장합니다. EElib 저항기 기호를 두 번 클릭하여 예제를 볼 수 있습니다. EasyEDA는 향후 이를 기능으로 제공할 것입니다.

3.3 심볼 편집

3.3.1 개인 라이브러리

Schematic Symbol을 저장하기 위해 CTRL+S를 누르면 다음과 같은 대화 상자가 팝업되며 이 라이브러리의 소유자를 선택할 수 있습니다.

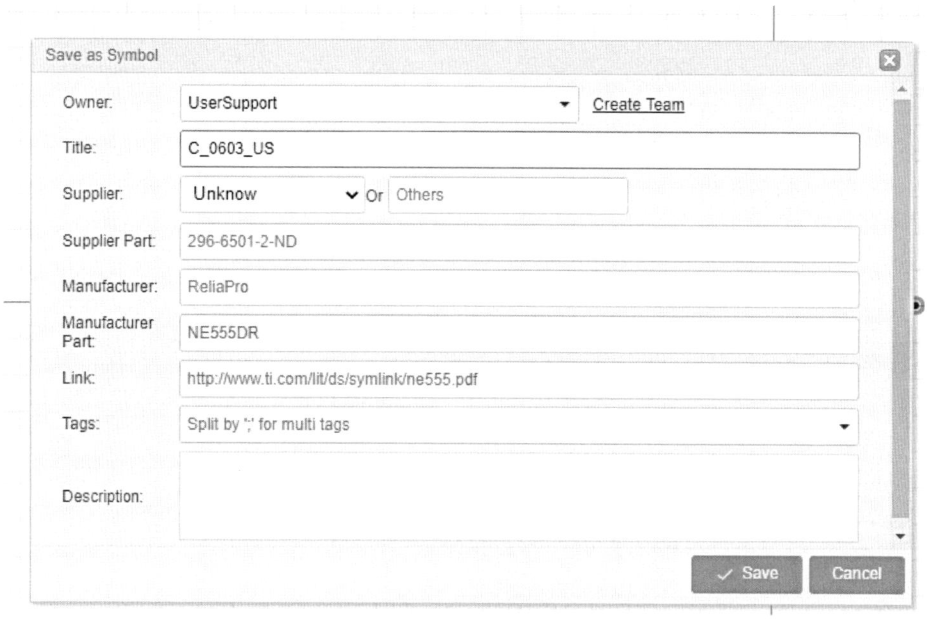

완료 후 왼쪽 패널에서 라이브러리를 찾을 수 있습니다.: Library 〉 Symbols 〉 Work Space 〉 All

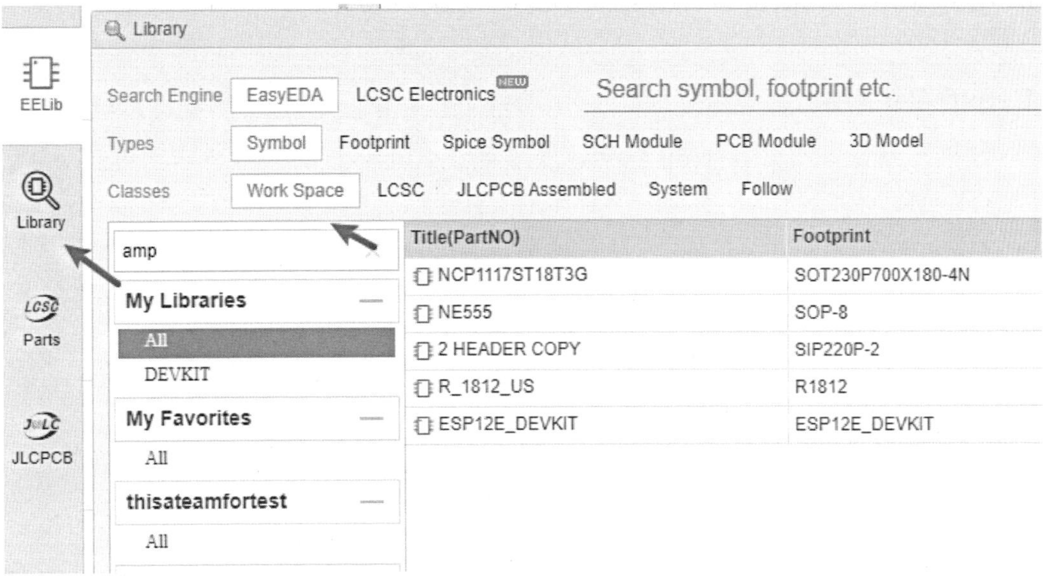

Tag : 선택 시 우클릭 후 "수정(modify)" 메뉴를 선택하면 해당 태그를 추가할 수 있습니다.

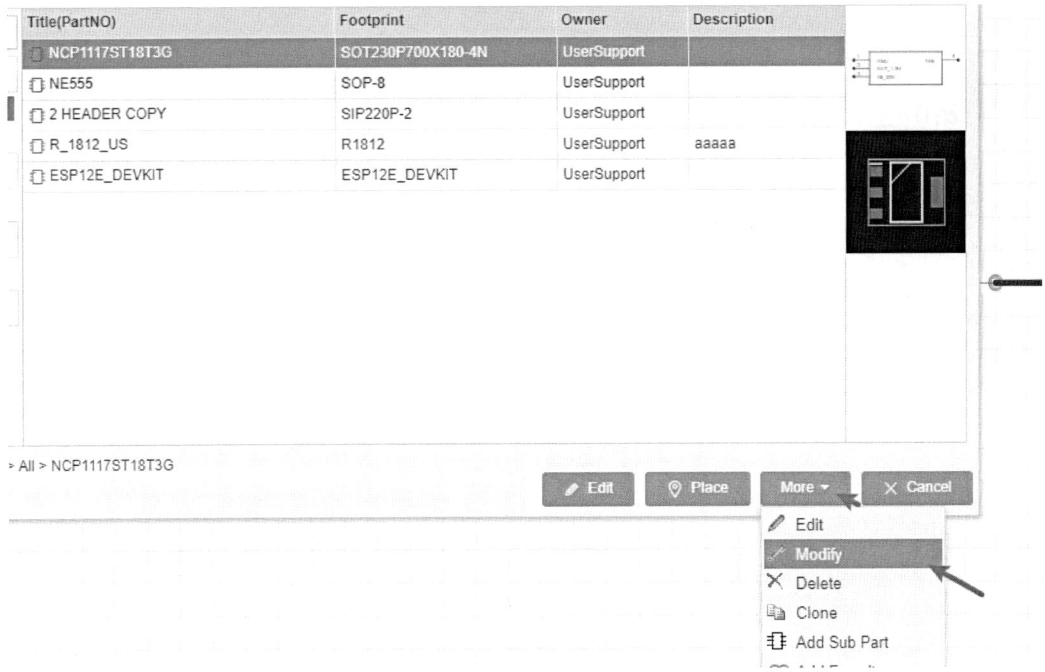

즐겨찾기(Favorite)

라이브러리를 즐겨찾기에 추가하면 Library 〉 Symbols 〉 Work Spacel 〉 Favorite 에서 찾을 수 있습니다.

이 라이브러리에 태그가 있으면 태그도 표시되지만 편집할 수는 없습니다. 그러나 복제(Clone) 또는 편집 및 저장(Edit and Save)을 통해 개인 라이브러리에 새 라이브러리를 생성할 수 있습니다.

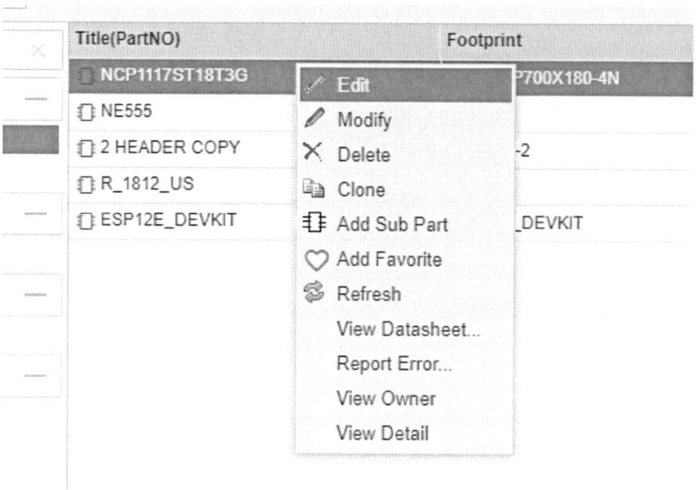

3.3.2 라이브러리의 심볼 편집

Schematic Libs가 만족스럽지 않다고 생각되면 편집할 수 있습니다.

Library〉Search Part/Work Space/LCSC/System〉Select Symbol〉Edit 또는 미리보기 이미지를 클릭할 수 있습니다.

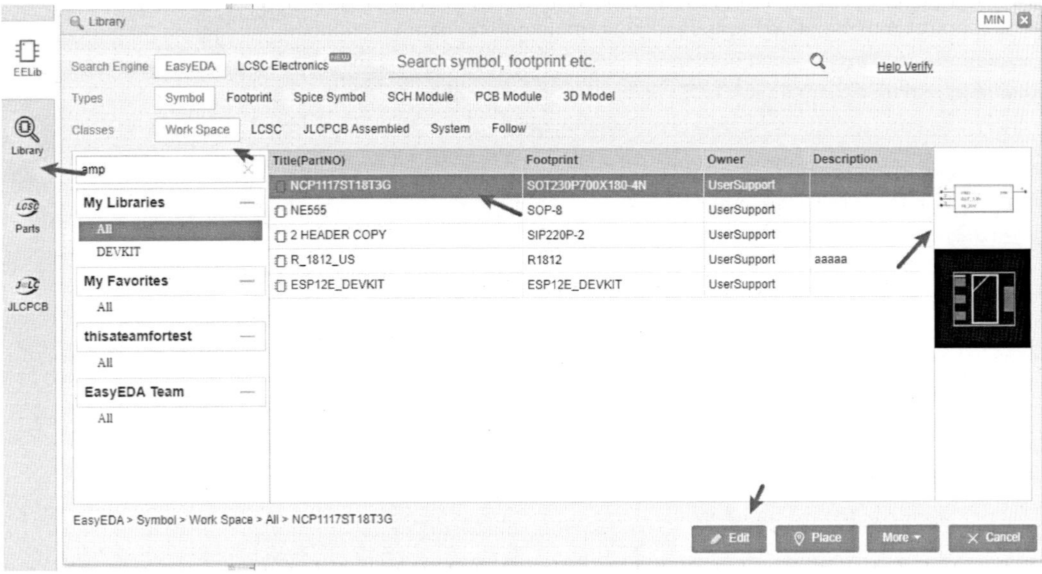

완료하고 저장하면 개인 라이브러리 Work Space에 저장되고 개인 라이브러리가 됩니다.

3.3.3 Schematic에서 기호 편집

회로도에서 기호를 편집하려면 그룹 해제/그룹화 기능을 사용할 수 있습니다. Wiring Tools 팔레트에는 Group/Ungroup Symbol... 버튼이 있습니다.

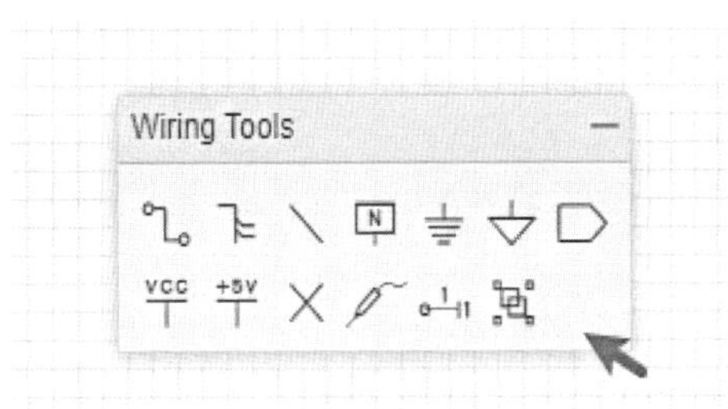

이 도구는 schematic 라이브러리 기호를 빠르게 생성하거나 편집하기 위한 것입니다.

① 심볼 선택

② Group/Ungroup Symbol…... 버튼을 클릭합니다. 여기까지는 서로 특별한 연관이 없는 별도의 핀, 그려진 사각형 및 일부 텍스트 모음이 있습니다.

③ 모양을 수정하거나 변경하려는 항목을 수정합니다.

④ 모든 항목을 선택하고 Group/Ungroup Symbol… 버튼을 클릭하면, 다음과 같은 대화 상자가 열립니다.

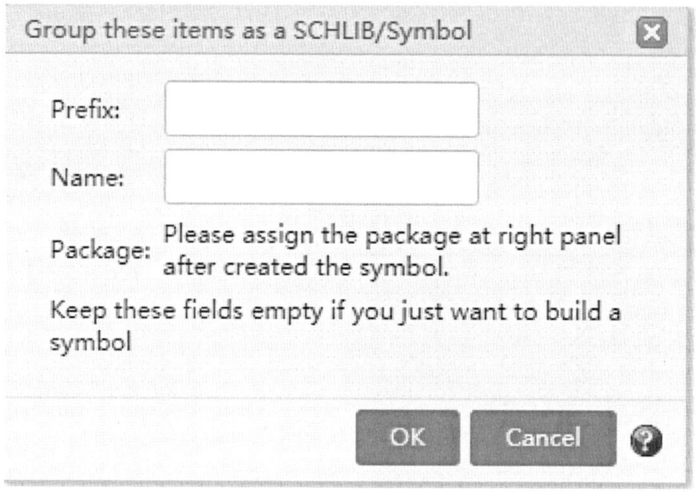

확인을 클릭하면 이러한 모든 개별 요소가 함께 그룹화되어 회로도에서 직접 새로운 심볼을 형성합니다. 그룹 기능을 사용하여 회로도의 모든 심볼을 쉽고 빠르게 생성/편집할 수 있습니다.

04

PCB 레이아웃(PCB Layout)

회로도를 PCB로 초기 변환한 후 EasyEDA의 PCB Design Editor를 관리하는 방법을 살펴봅니다.

4.1 캔버스 속성

많은 PCB 캔버스 속성은 Schematic 캔버스 속성과 동일합니다. 핵심은 PCB 캔버스 속성에서 **단위(units)**를 설정할 수 있다는 것입니다.

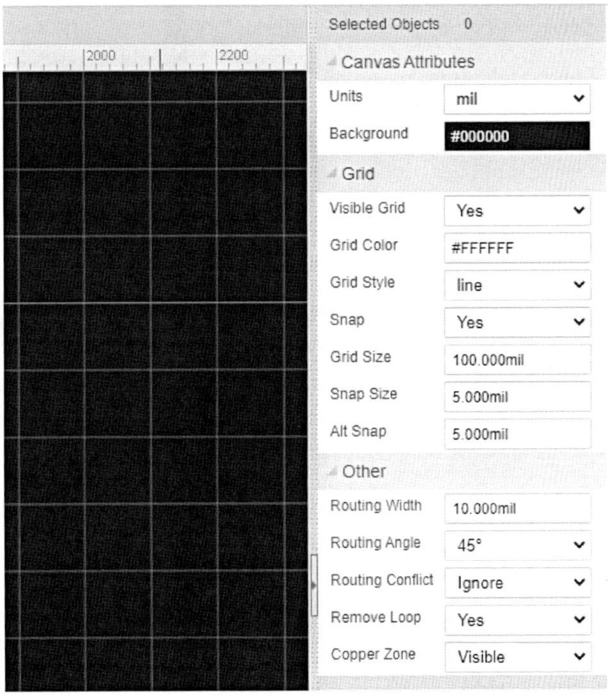

캔버스에서 개체를 선택하면 오른쪽 패널에서 관련된 다양한 속성들을 수정할 수 있습니다.

- Snap Size: 커서의 스냅핑 크기.
- Alt Snap: 단축키 ALT를 누를 때 커서의 스냅핑 크기.

이외 다른 특성들은 다음과 같습니다.

- Routing Width: 기본 배선의 라우팅 너비(width)를 설정합니다.

- Routing Angle: 배선의 라우팅 각도를 설정합니다.
- Routing Conflict: 트랙을 라우팅할 때, 다른 네트 개체에 영향을 줄 때 수행할 작업.
- Ignore: 트랙이 개체를 통과합니다.
- Block: 다른 네트 개체를 만나면 트랙이 중지됩니다.
- RoundTrack: 트랙이 다른 네트 개체를 우회하여 진행합니다.
- Remove Loop: 트랙의 루프를 제거합니다.
- Copper Zone: 구리 영역(copper zone)을 보이거나 보이지 않게 설정합니다.

4.2 PCB Tools

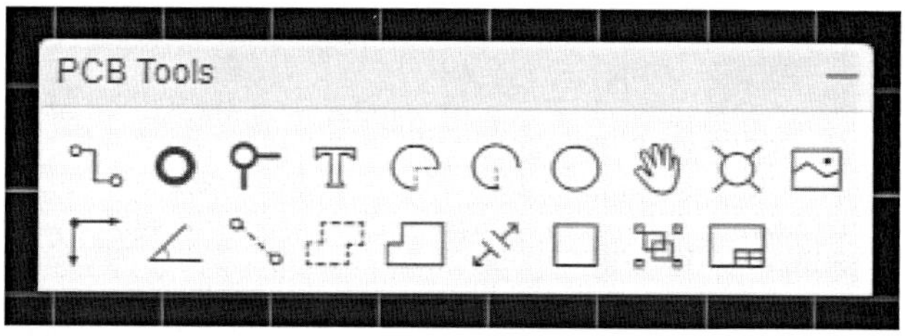

PCB 도구는 PCB 설계 요구 사항을 충족하는 많은 기능을 제공합니다.

: Track, Pad, Via, Text, Arc, Circle, Move, Hole, Image, Canvas Origin, Connect Pad to Pad, Copper Area, Solid Region, Measure/Dimension, Rect, Group/Ungroup. etc.

4.2.1 Track

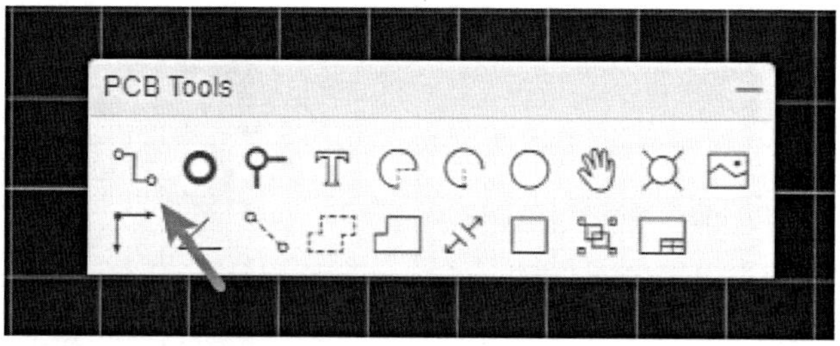

회로도 편집기에서 와이어 또는 W 핫키를 사용하여 핀을 연결하고 PCB 편집기에서 유사한 방식으로 트랙을 사용하여 패드를 연결합니다.

트랙을 사용하면 PCB 트랙을 그릴 수 있으며 PCB 도구 팔레트에서 또는 W 핫키를 사용하여 찾을 수 있습니다 (T가 아님!).

트랙을 선택하면 오른쪽 패널에서 길이 속성을 찾을 수 있습니다.

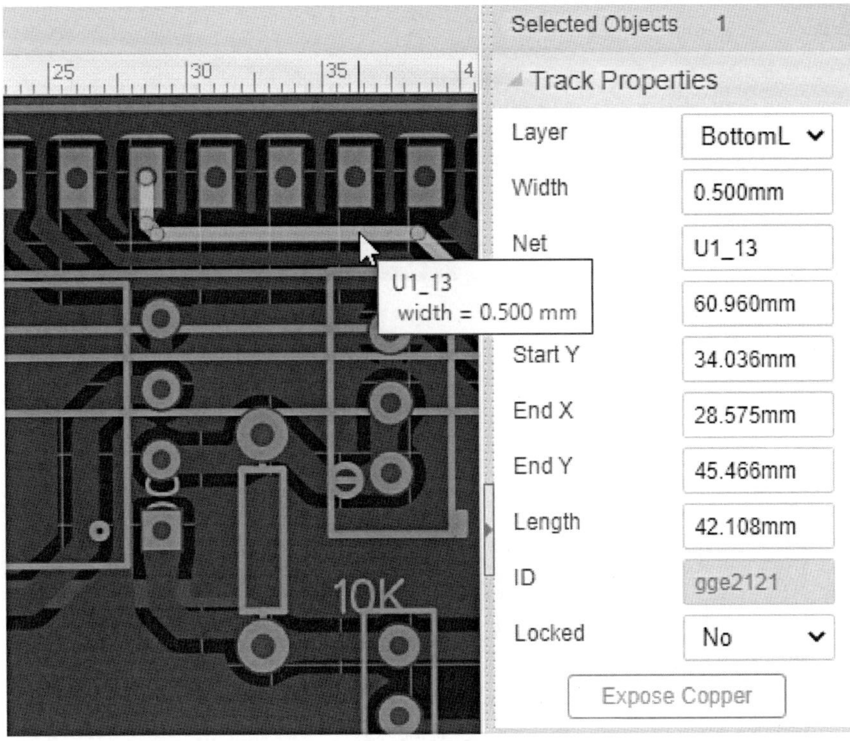

트랙에 대한 **솔더 마스크(solder mask)**를 생성하려면 오른쪽 속성 패널에서 "Expose Copper" 버튼을 클릭할 수 있습니다. 트랙을 클릭하면 노드가 표시되며 드래그하거나 마우스 오른쪽 버튼을 클릭하여 삭제할 수 있습니다.

라우팅에 대한 자세한 내용은 PCB: Route Tracks를 참조하기 바랍니다.

4.2.2 Pad

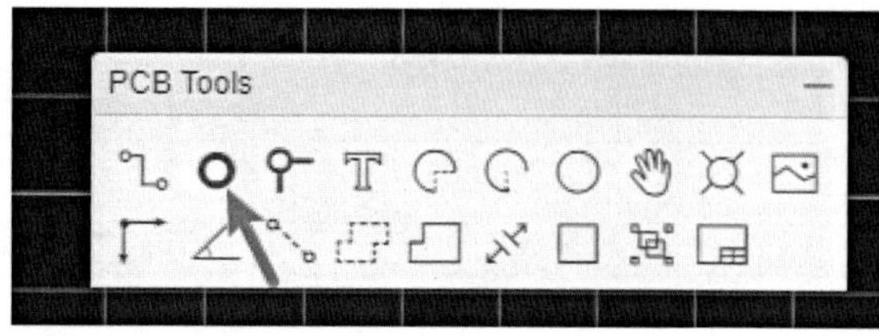

Footprint 도구 팔레트에서 Pads 버튼을 사용하거나 [P] 단축키를 사용하여 패드를 추가할 수 있습니다.

패드 중 하나를 선택한 후 오른쪽 속성 패널에서 속성을 보고 수정할 수 있습니다.

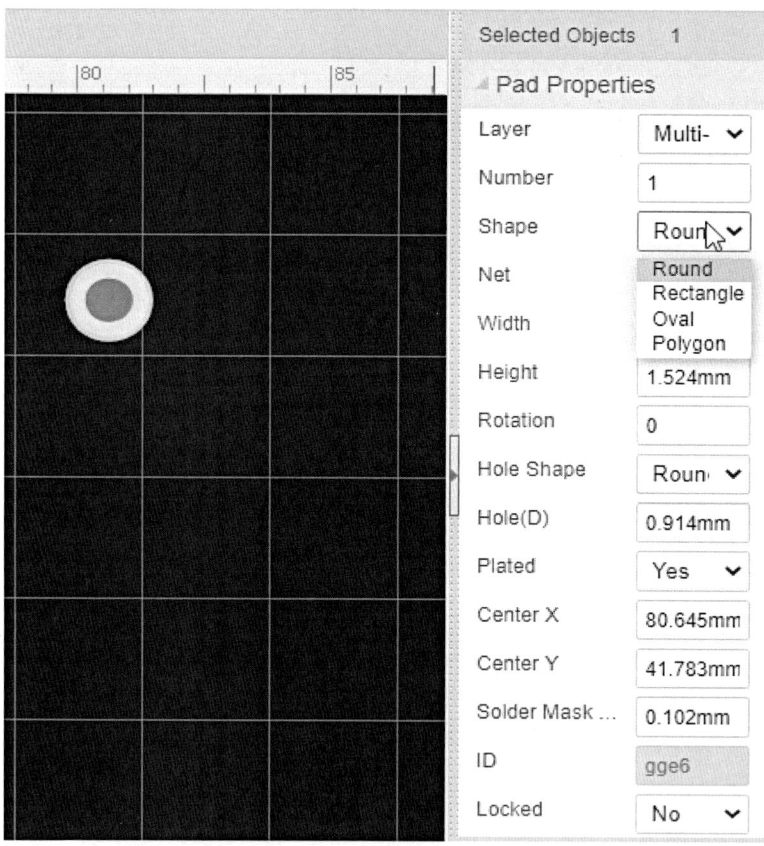

Number: schematic 라이브러리의 회로도 심볼에 설정한 핀 번호를 잘 기억하기 바랍니다. 해당 schematic 심볼 핀을 PCB 풋프린트의 패드에 연결하려면 풋프린트에 설정한 패드 번호와 동일해야 합니다.

Shape: Round , Rectangular , Oval and Polygon.

EasyEDA는 Round , Rectangular , OVAL 및 POLYGON의 네 가지 모양을 지원합니다.

- OVAL : 더 많은 공간을 제공합니다.
- POLYGON: 이 기능을 사용하면 원하는 모양의 패드를 만들 수 있습니다.

아래 이미지와 같이 POLYGON PAD를 선택하면 PAD의 포인트를 편집할 수도 있습니다.

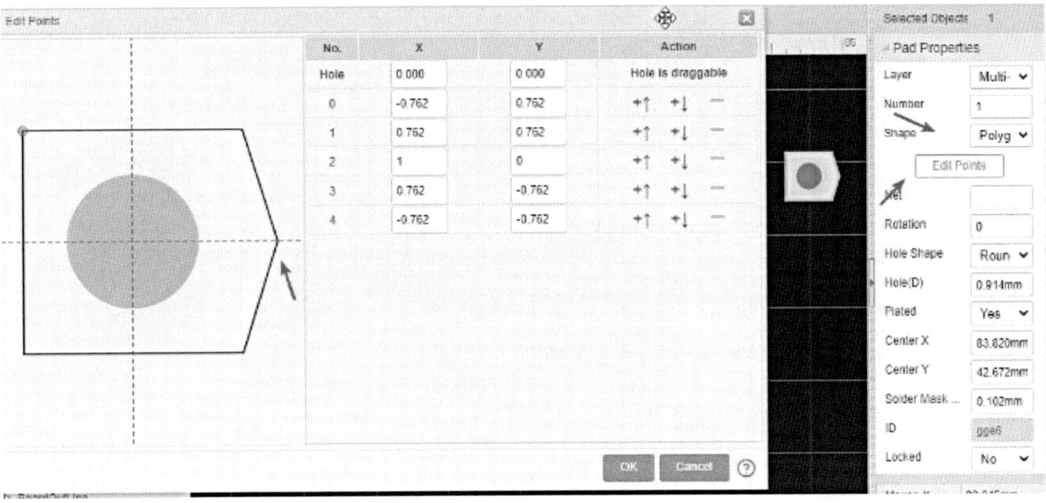

Layer: 패드가 SMD 풋프린트의 일부인 경우 Top layer 또는 Bottom layer로 설정할 수 있습니다. Through-Hole(TH) 부품의 경우 Multi-Layer로 설정해야 합니다. 다중 레이어로 설정하면 모든 copper layers와 연결됩니다.

Net: 현재 이 풋프린트는 회로의 어떤 것과도 연결되어 있지 않기 때문에 여기에 아무 것도 입력할 필요가 없습니다.

Width and Height: 모양이 원형으로 설정되면 너비는 높이와 같습니다.

Rotation: 여기에서 패드의 회전을 원하는 대로 설정할 수 있습니다.

Hole(D): Through-Hole 패드용 드릴 구멍 직경입니다. SMD 패드의 경우 해당 레이어를 TopLayer 또는 BottomLayer로 설정합니다.

Hole Shape: Round 및 Slot. 슬롯으로 설정하면 해당 위치에 여러 개의 드릴 홀을 스티칭(stitching)하여 거버가 생성됩니다.

구멍이 둥근 경우 DFM 감지 생성 중에 구멍이 겹치는 오류를 피하기 위해 Slot으로 설정하지 마십시오.

Center-X and Center-Y: 이 두 가지 속성을 이용하면, 마우스를 사용하는 것보다 더 정확하게 패드의 위치를 설정할 수 있습니다.

Plated: Yes or No. No로 설정하면 이 패드 내벽이 금속화(metallization)되지 않습니다.

Paste Mask Expansion: 단층 패드용. 이 속성은 철망판(steel mesh)의 주석 영역(tin area) 크기에 영향을 줍니다.

철망에 공대되지 않는 패드를 설정하고 싶다면 음수 값으로 설정하면 되는데, 보통 패드의 대각선보다 큰 값입니다.

Solder Mask Expansion 이 속성은 패드의 녹색 오일(green oil)영역 크기에 영향을 줍니다. 녹색 기름으로 덮인 패드가 오픈되지 않도록 설정하려면 값을 음수로 설정할 수 있습니다. 값은 일반적으로 패드의 대각선보다 크게 설정됩니다.

그리고 track/Solid Region을 선택하고 마우스 오른쪽 버튼을 클릭하여 패드로 변환할 수 있습니다.

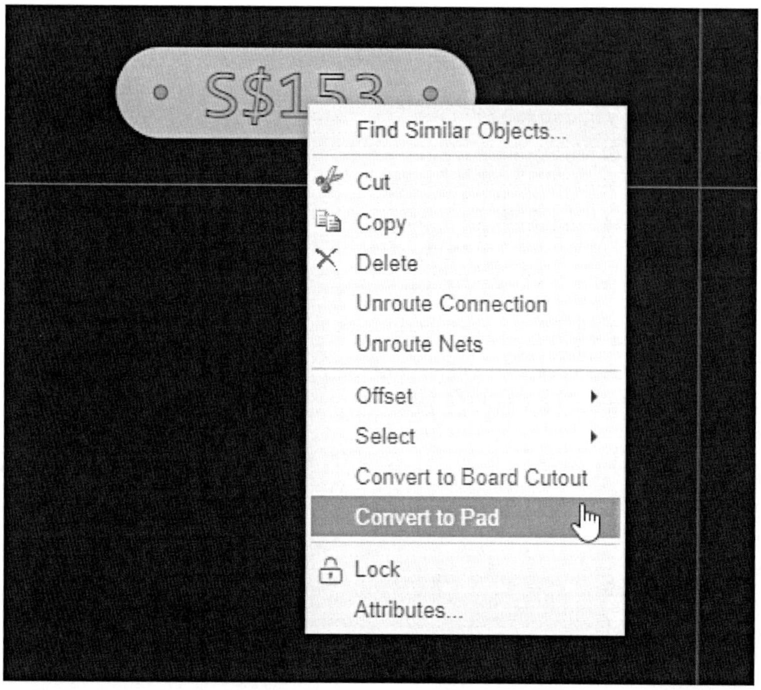

4.2.3 Via

다층 PCB를 제작하고자 할 때, Layer와 Layer를 통과하는 Net용 Via들을 추가해야 합니다.

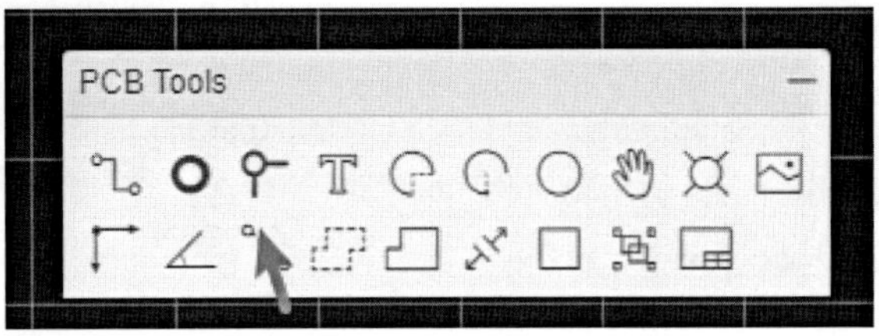

트랙에 비아를 배치하는 경우:

트랙에 '비아'를 배치하면 트랙이 두 개의 세그먼트로 절단되고 비아의 네트는 트랙의 네트 속성을 따릅니다. 트랙에 두 개의 비아를 배치하면 세 개의 세그먼트가 생성되고 한 세그먼트를 다른 레이어 ID로 변경하거나 그 중 하나를 제거할 수 있습니다.

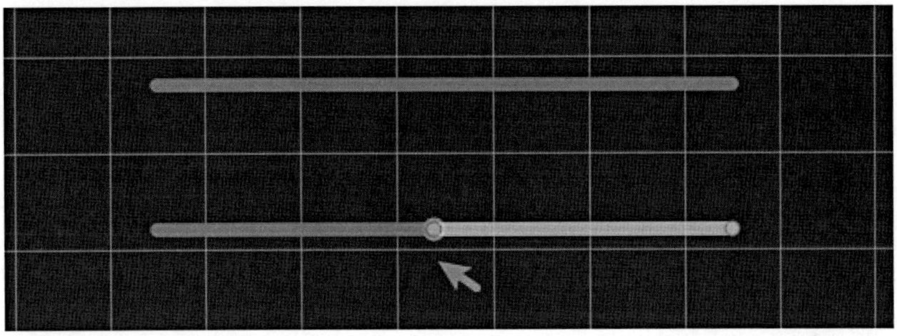

여러개의 비아들을 배치하난 경우

구리영역(copper area) 윤곽선을 클릭하고 "Add/Remove Vias" 버튼을 클릭합니다. 이 기능은 동시에 2개 이상의 레이어에서 동일한 네트 구리영역을 필요로 하며, 교차 영역은 비아를 추가합니다.

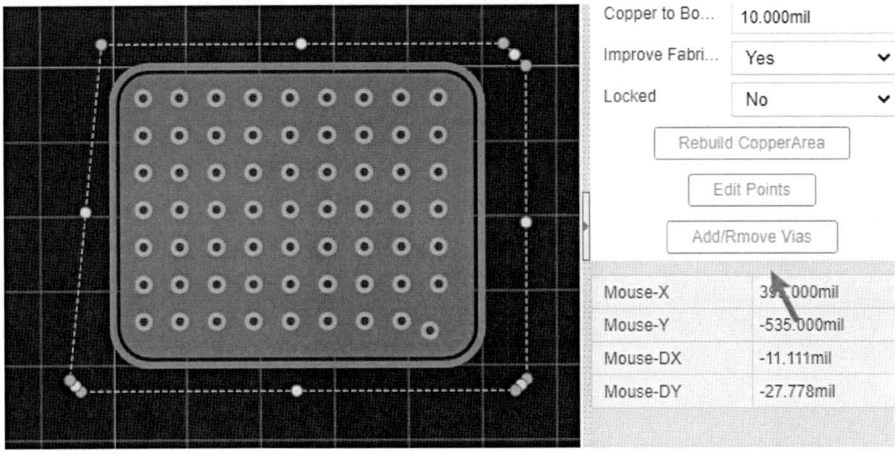

주의

EasyEDA는 모든 레이어에 대해 through via만 지원하고 Buried Blind/via는 지원하지 않습니다.

4.2.4 Text

컴퓨터에서 더 많은 글꼴을 추가하거나 일부 무료 글꼴 (http://www.fontspace.com/) 들을 다운받아 사용할 수 있습니다.

일본어 또는 한국어가 필요한 경우 Google Noto 글꼴을 사용할 수 있습니다(https://github.com/googlei18n/noto-cjk).

텍스트를 선택하면 아래 이미지와 같이 오른쪽 패널에서 Font-family 속성을 찾을 수 있습니다.

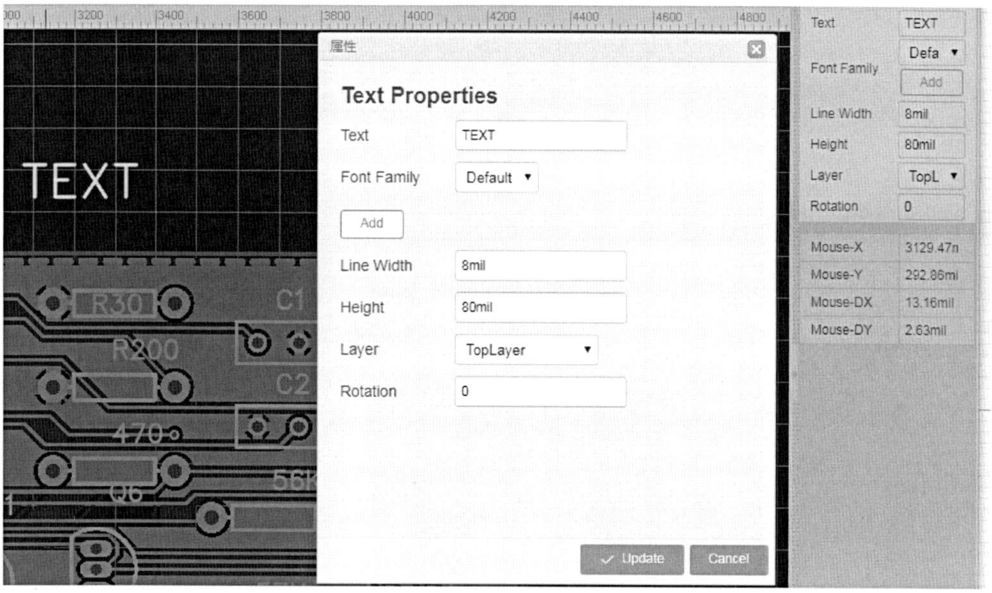

추가 버튼을 클릭한 다음 글꼴을 선택합니다. 글꼴 파일은 ttf 또는 otf여야 합니다.

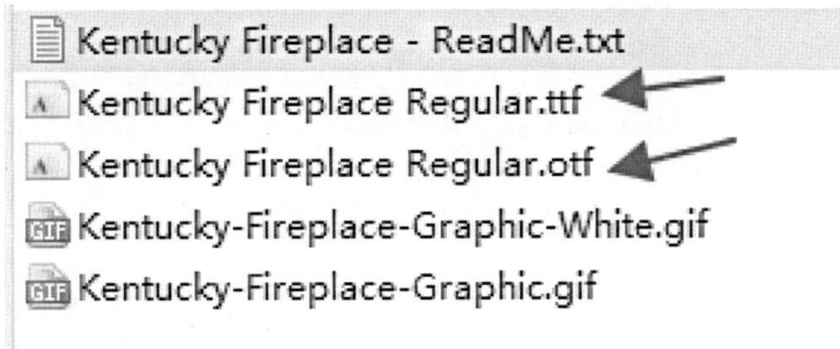

따라서 직접 글꼴을 추가할 수 있습니다. EasyEDA는 서버에 글꼴을 캐시하지 않으므로 편집기를 닫으면 직접 글꼴을 다시 추가해야 합니다.

참고

다른 글꼴을 사용하는 경우 LineWidth 속성은 Height를 변경하여 자동으로 설정되기 때문에 쓸모가 없습니다.

4.2.5 Arc

크기가 다른 많은 호(Arc)를 그릴 수 있습니다. 원하는 대로 멋진 PCB를 쉽게 만들 수 있습니다.

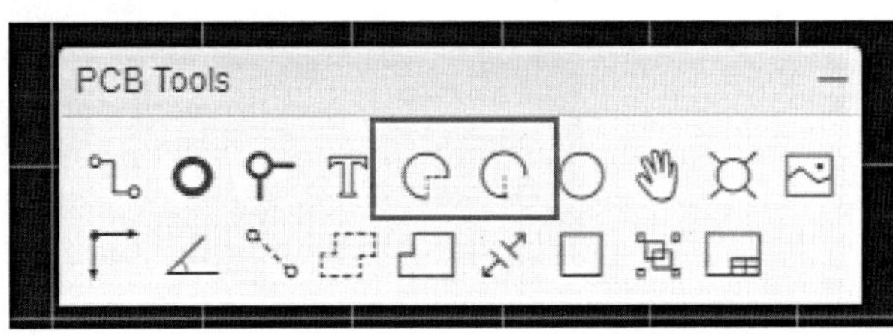

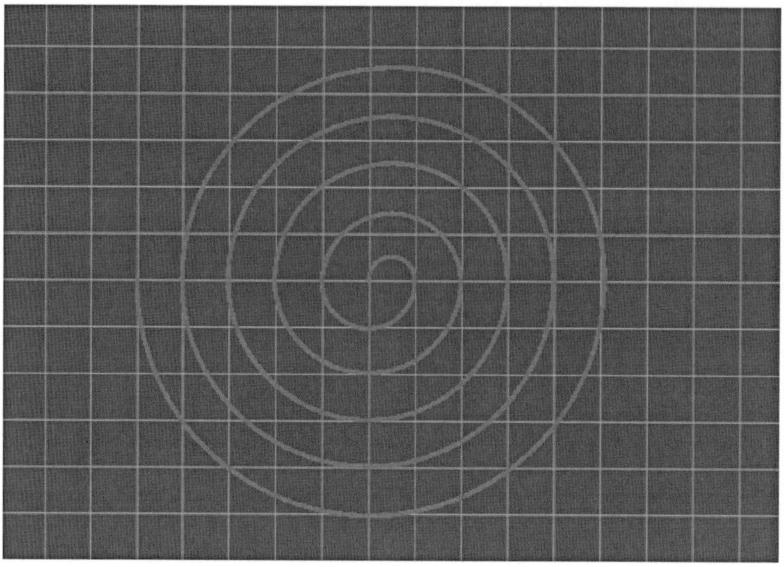

EasyEDA는 두 가지 Arc 도구를 제공합니다.

- 시작점 고정, 끝점 위치 및 반경을 변경할 수 있습니다.

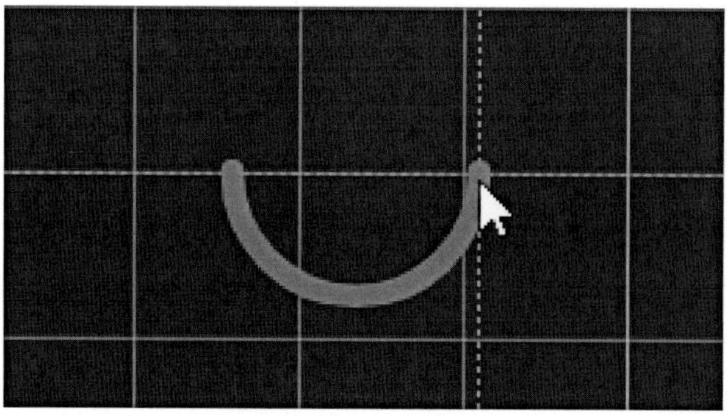

- 중심점 고정, 반경을 변경할 수 있습니다.

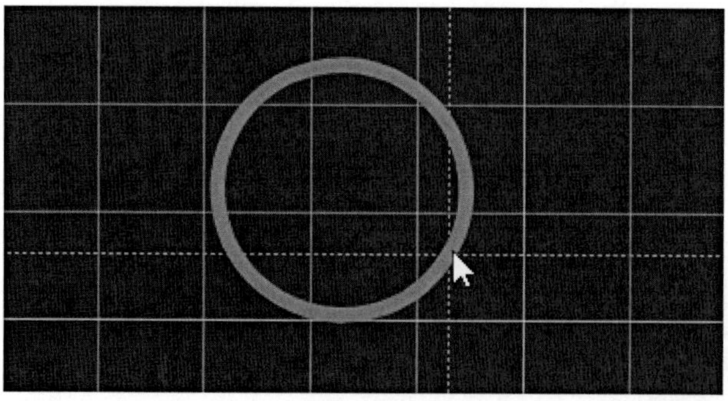

호를 선택하고 속성 패널에서 호의 유형을 변경할 수 있습니다. 호 유형에 따라 끌기 동작이 다릅니다.

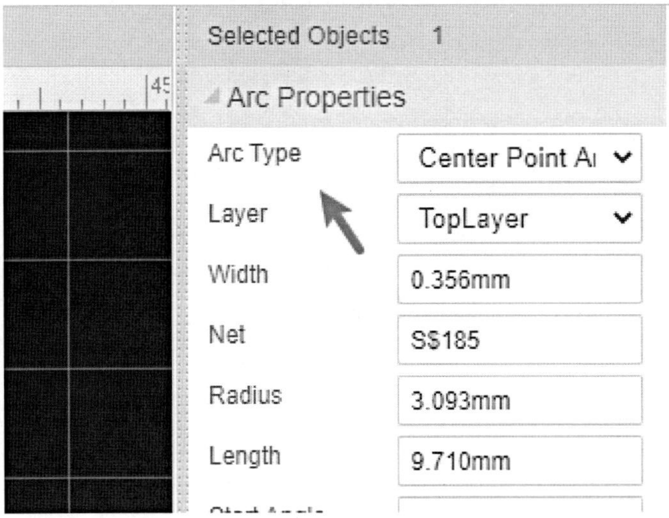

4.2.6 Circle

PCB에 원을 그릴 수 있습니다. TopLayer나 BottomLayer에 원을 그리고 싶다면 Arc를 이용하세요.

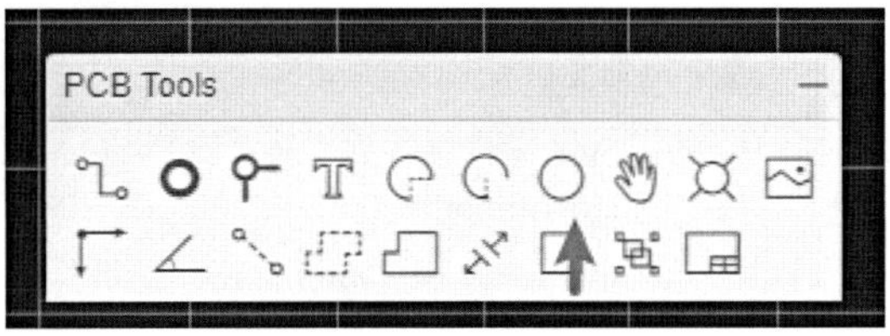

4.2.7 Move

이 옵션은 회로도의 드래그와 동일합니다.

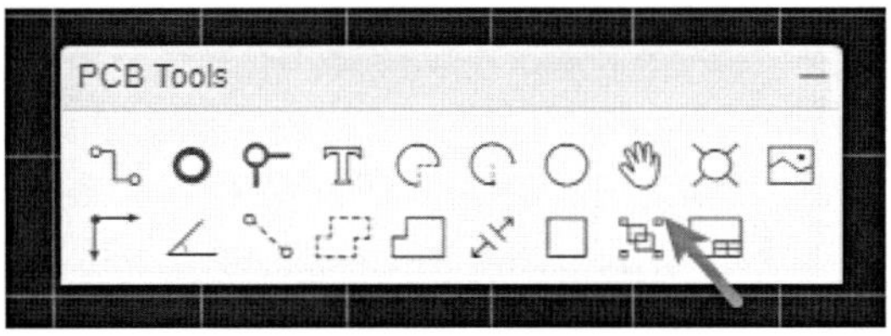

4.2.8 Hole

PAD나 VIA를 HOLE로 사용하는 방법을 모르는 사용자들이 많이 있어 PCB 툴바에 HOLE TOOL이 추가되어 있습니다.

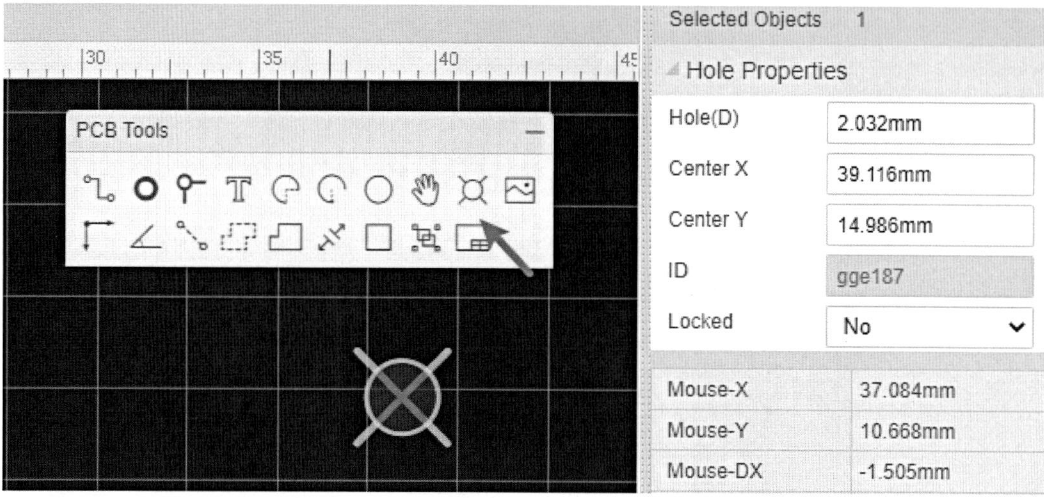

그리고 슬롯 구멍을 만들고 싶다면 솔리드 영역(Type: NPTH)을 사용하거나 트랙을 라우팅한 다음 "NPTH로 변환" 메뉴를 마우스 오른쪽 버튼으로 클릭합니다.

4.2.9 Image

PCB 및 Footprint 편집기에는 PCB 도구 모음에 멋진 기능이 있습니다.

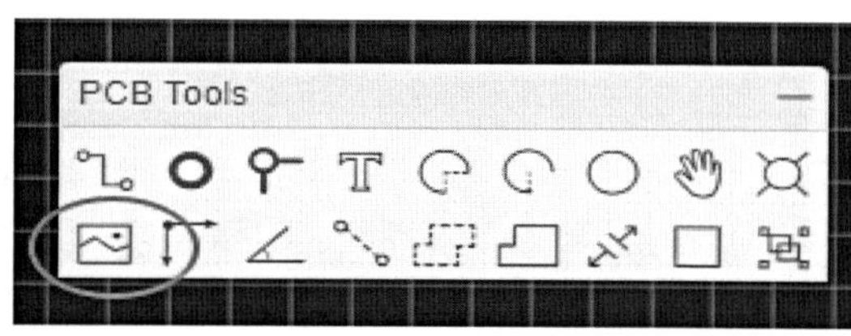

이미지 아이콘을 클릭하면 아래와 같은 이미지 삽입 창이 나타납니다.

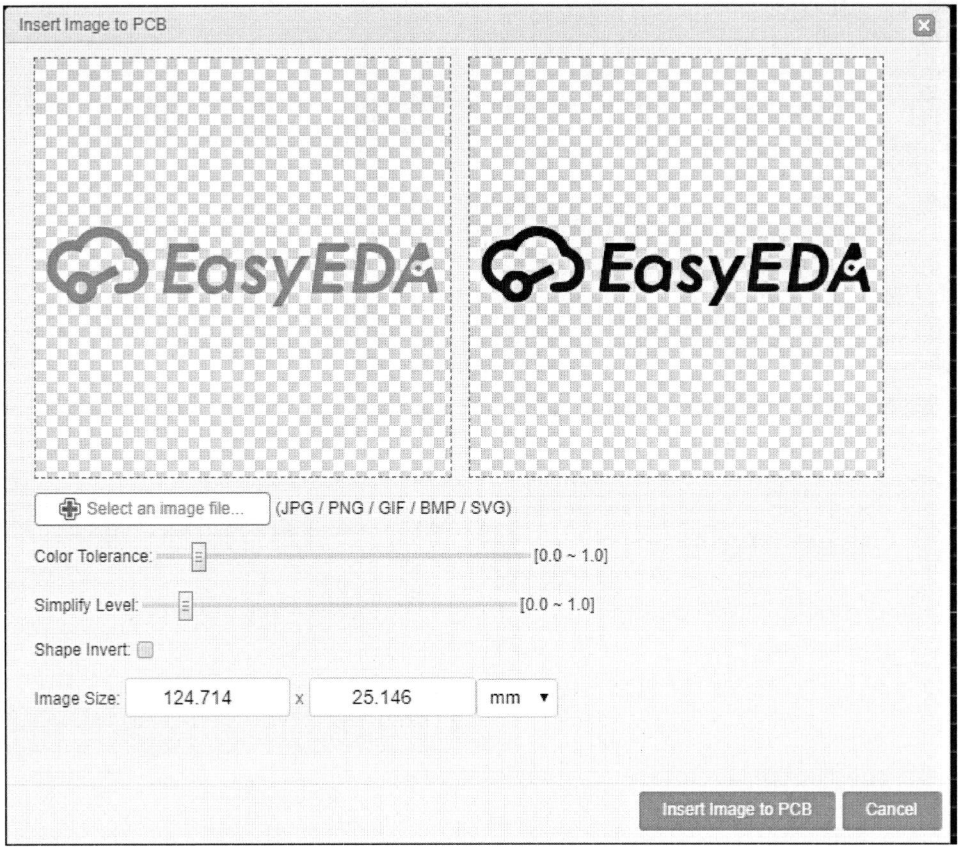

이 대화 상자에서 좋아하는 이미지를 선택할 수 있습니다. EasyEDA는 JPG, BMP, PNG, GIF, SVG를 지원합니다. 흑백 비트맵 이미지만 지원하는 다른 EDA 도구와 달리 EasyEDA는 풀 컬러를 지원합니다. 색상 허용 오차를 조정하고 레벨을 단순화하고 이미지 크기를 재설정할 수 있습니다.

그리고 모양 반전을 선택할 수 있습니다. 이미지는 활성 레이어에 삽입되지만, 이미지가 올바르지 않으면 속성을 변경(예를 들어, TopSilkLayer로)할 수 있습니다.

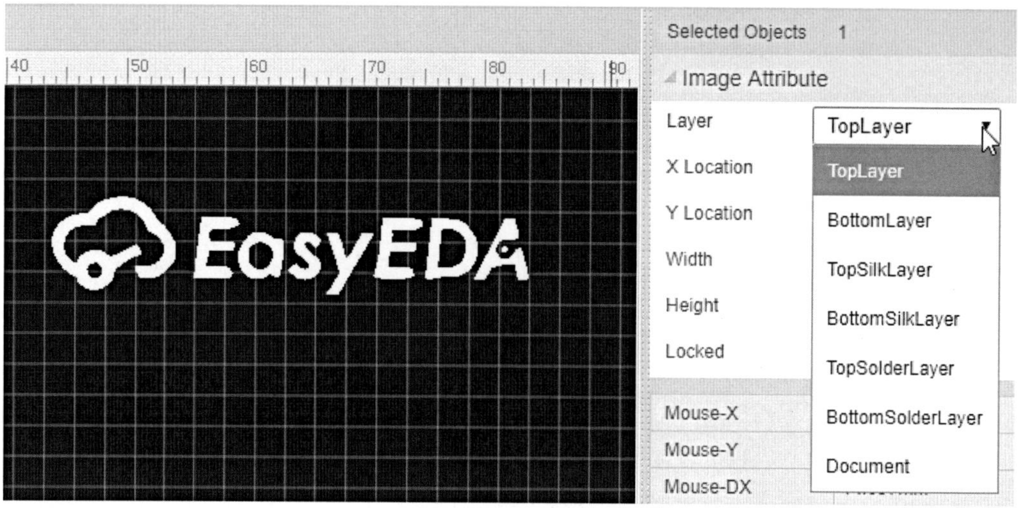

4.2.10 Canvas Origin

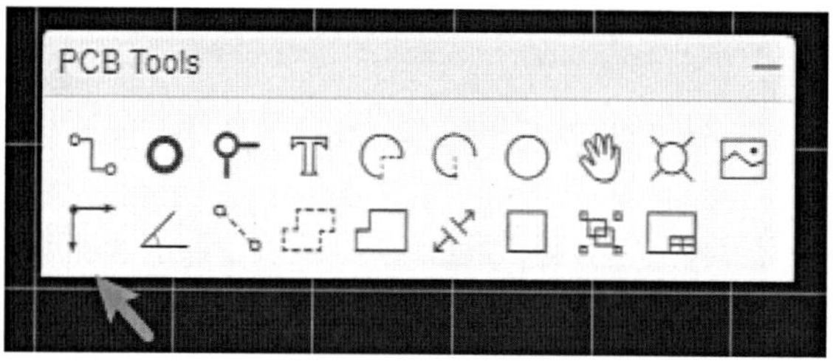

이 옵션은 schematic의 Canvas Origin과 동일합니다.

4.2.11 Protractor

PCB 도구용 각도기를 제공합니다.

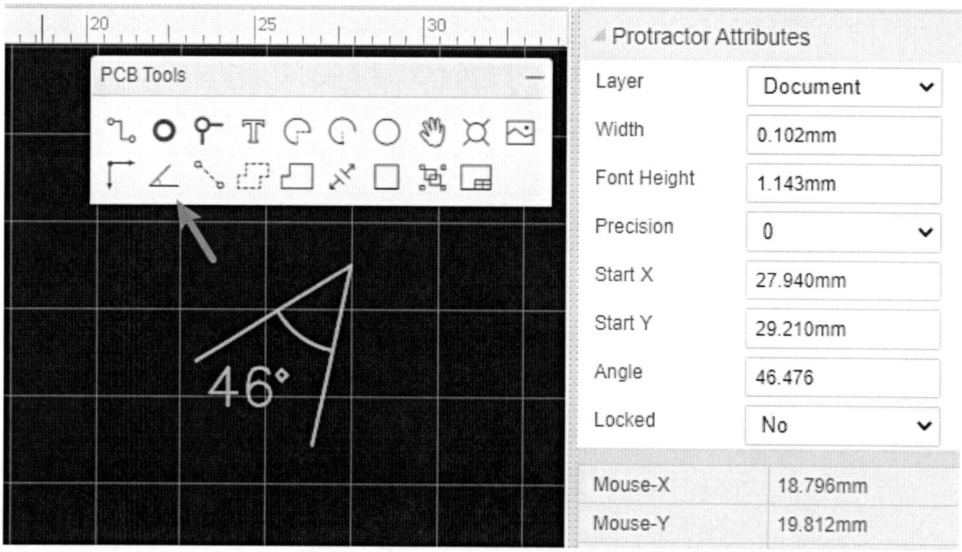

4.2.12 Connect Pad to Pad

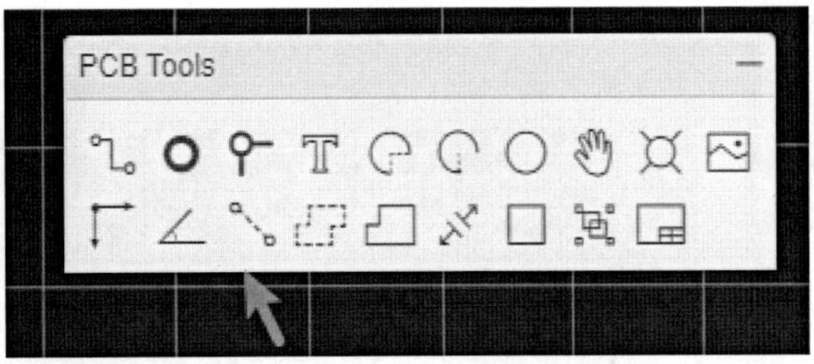

Schematic 없이 PCB를 생성할 때 Footprints의 어떤 패드도 그들을 연결하는 네트가 없기 때문에 **래트라인(Ratlines)**이 만들어지지 않습니다.

처음부터 패드를 트랙하는 것보다 PCB 도구 팔레트에서 "Connect Pad to Pad"를 사용하여 먼저 손으로 패드를 연결하는 것이 좋습니다. 이렇게 하면 더 적은 실수로 패드를 올바르게 트랙하는 것을 기억하는 데 도움이 됩니다.

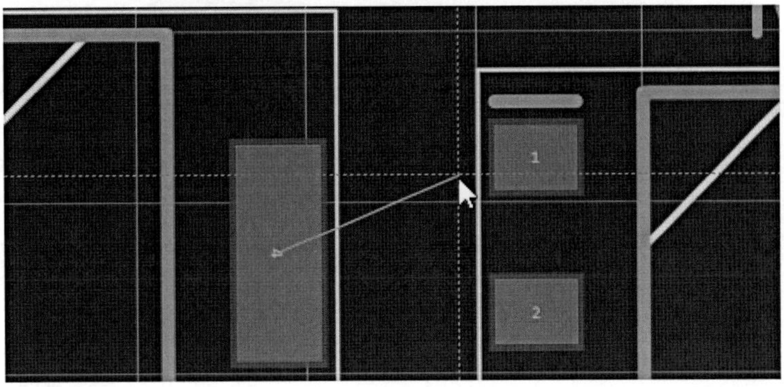

또한 모든 패드에 대해 네트 이름을 설정하여 이를 수행할 수도 있습니다. 두 패드에 동일한 네트 이름이 주어지면 EasyEDA는 이들이 함께 연결되어 있음을 이해하고 자동으로 그들 사이에 **래트라인(Ratlines)**을 생성합니다.

또는 패드를 클릭한 후 오른쪽 패널의 패드 속성에서 동일한 네트 이름으로 이 두 패드를 설정할 수 있습니다.

4.2.13 Copper Area

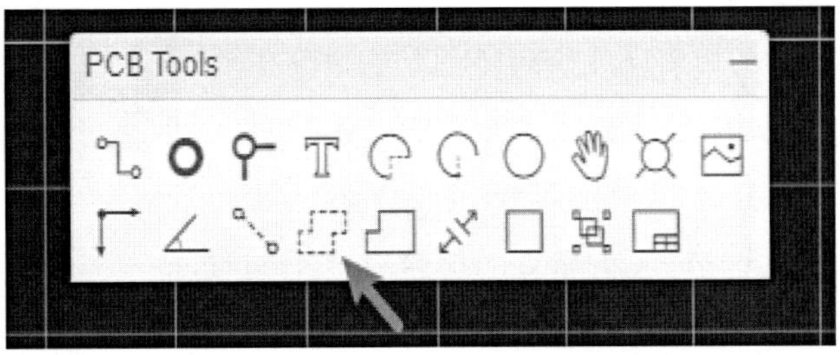

PCB작업에서, 때때로 어떤 영역을 구리(Copper)로 채워야 하는 경우가 있습니다. 일반적으로 이 구리 영역은 GND 또는 전원 공급 레일과 같은 네트에 연결됩니다. PCB 도구 팔레트에서 Copper Area 버튼을 사용하여 채워야할 영역의 윤곽을 그릴 수 있습니다.

구리 영역을 선택할 때 오른쪽 **속성** 패널에서 해당 속성을 찾을 수 있습니다.

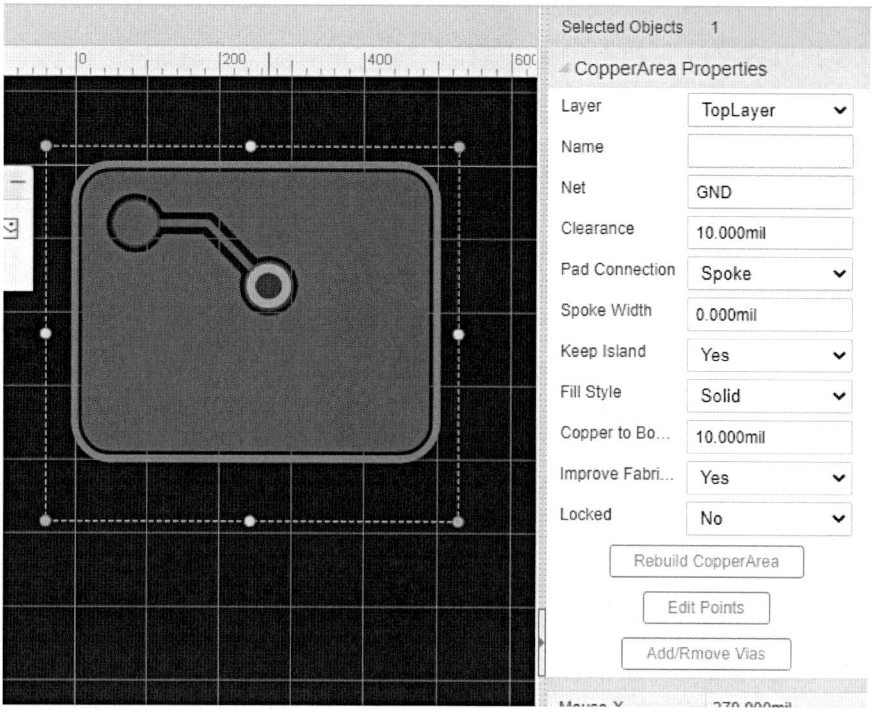

자세한 내용은 PCB: Copper pour를 참조하십시오.

4.2.14 Solid Region

EasyEDA는 PCB 설계를 위한 새로운 도구인 Solid Region을 지원합니다.

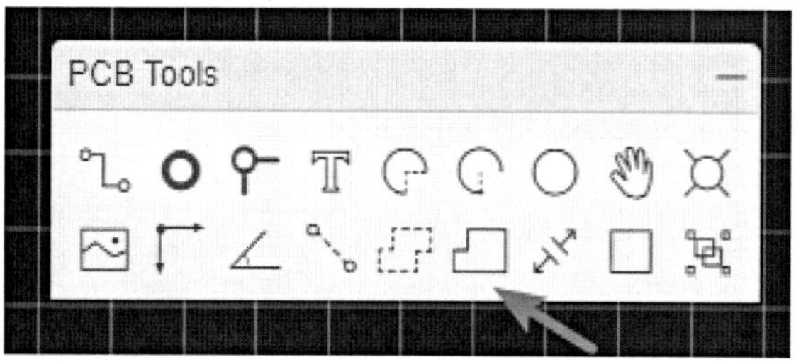

이것은 패드를 연결하는 매우 유용하고 빠른 방법입니다. 동일한 네트 이름을 가진 패드들을 모두 포함하도록 솔리드 영역을 그린 다음 해당 영역을 패드와 동일한 네트 이름으로 설정할 수 있습니다.

Copper Area와 비슷하지만 작은 영역에 사용하기 쉽습니다. 이와 같이 단색 영역을 사용하려면 유형 속성(오른쪽 속성 패널에서)을 단색으로 설정합니다.

자세한 내용은 PCB: Solid Region을 참조하십시오.

4.2.15 Measure/Dimension

측정을 만들고 추가하는 것은 PCB 설계에 유용합니다. EasyEDA는 이를 수행하는 두 가지 방법을 제공합니다.

① PCB 도구 팔레트의 치수(Dimension) 도구: 이 도구는 캔버스에 밀리리터(mil), 인치(inch) 및 밀리미터(mm)의 세 가지 단위를 표시할 수 있습니다.

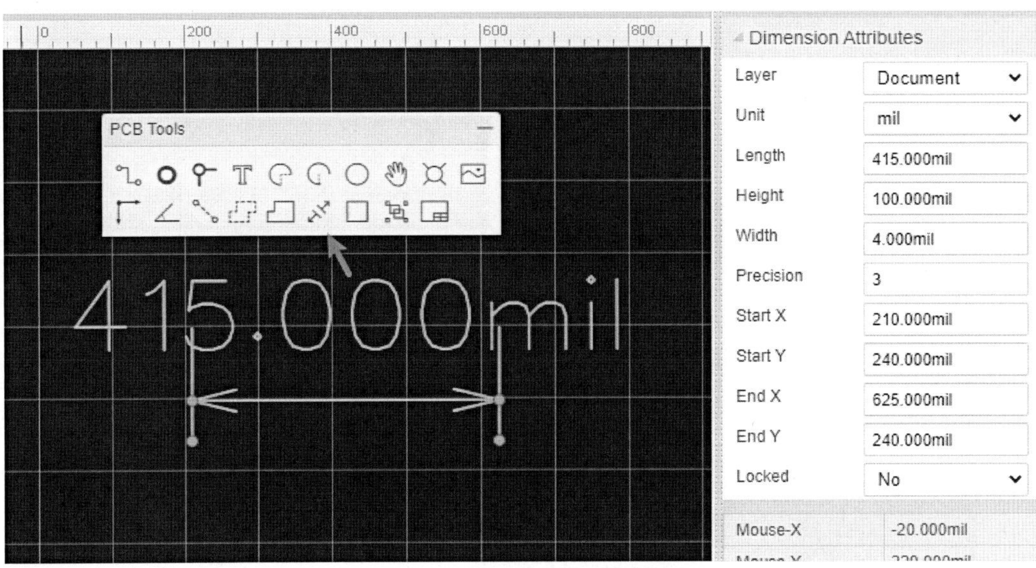

PCB에서 치수의 한 면을 클릭하면 원하는 방향으로 드래그하거나 길이를 변경할 수 있습니다.

② 핫키 Ⓜ을 사용하여 거리를 측정하거나, Top Menu > Edit > Measure Distance을 통해 거리를 측정한 다음, 측정하려는 두 지점을 클릭합니다.

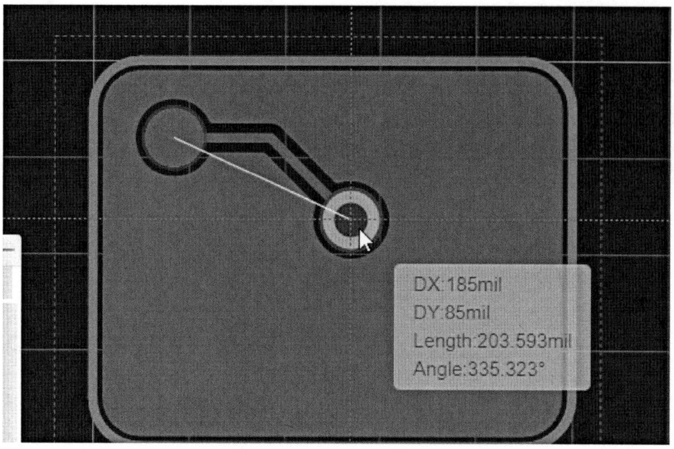

참고

- 단위는 캔버스 단위를 따릅니다.
- 캔버스 속성 패널에서 스냅 옵션을 비활성화하여 측정할 수 있습니다.

4.2.16 Rect

솔리드 영역처럼 보이지만 Net으로 설정할 수 없으며 Layer를 NPTH1: Non Plated Through Hole로 설정할 수 없습니다.

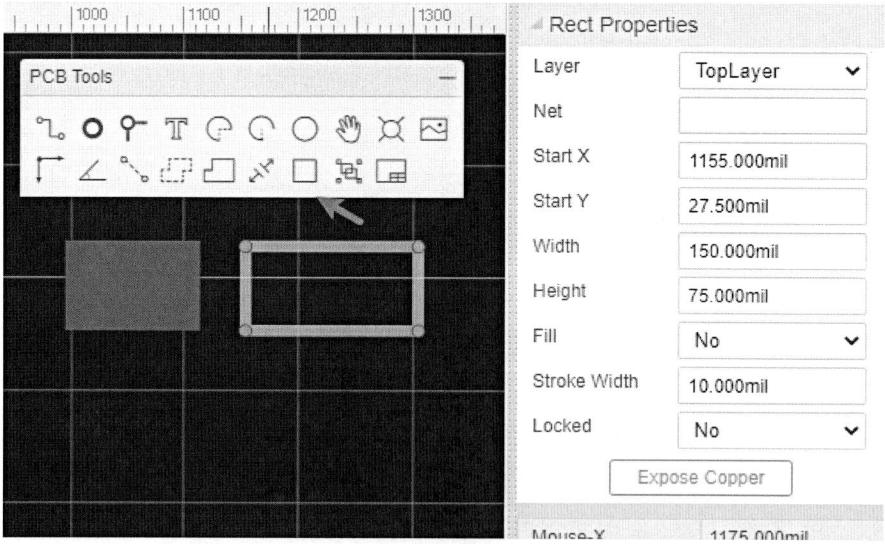

사각형은 회전하지 않으며 너비와 높이를 변경할 수 있습니다.

4.2.17 Group/Ungroup

Schematic Editor에서 **Group/Ungroup**을 사용하여 Schematic lib 기호를 생성할 수 있는 것처럼, PCB 도구 팔레트에서 **Group/Ungroup**을 사용하여 PCB 편집기에서 풋프린트를 생성할 수 있습니다.

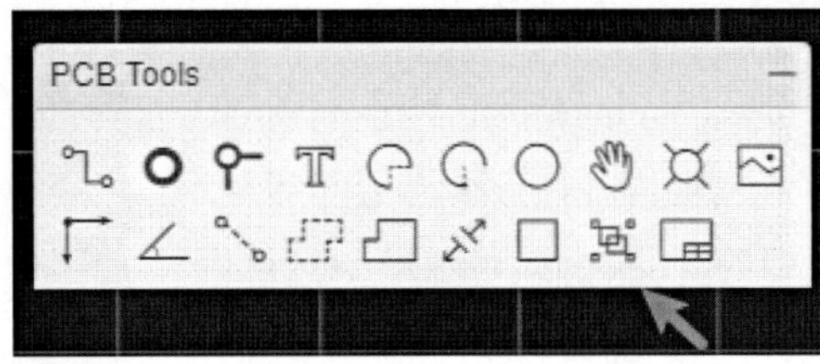

예를 들어 캔버스에 트랙과 패드를 배치한 다음 모두 선택하고, **Group/Ungroup**를 클릭하여 아래 이미지의 풋프린트처럼 그룹화합니다.

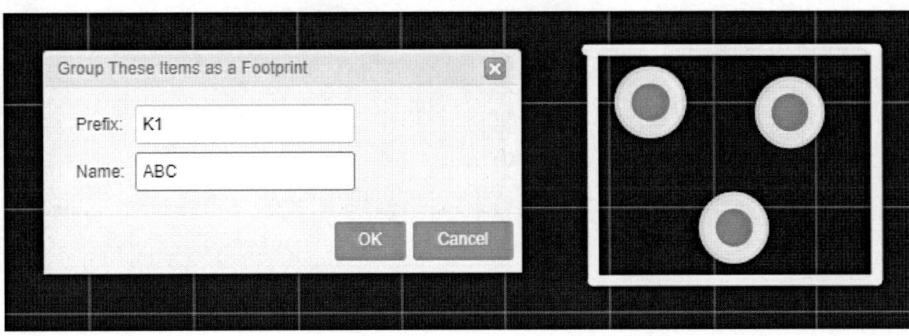

주의

- footprint를 그룹 해제하기 전에 먼저 레이어를 최상위 레이어로 변경하십시오. 그룹화 후 footprint가 최상위 레이어에 있기 때문입니다.
- 그룹화된 footprint는 변경 사항 가져오기를 지원하지 않으며 변경 사항을 가져오면 제거됩니다.

4.3 레이어 및 개체 도구

4.3.1 레이어 도구

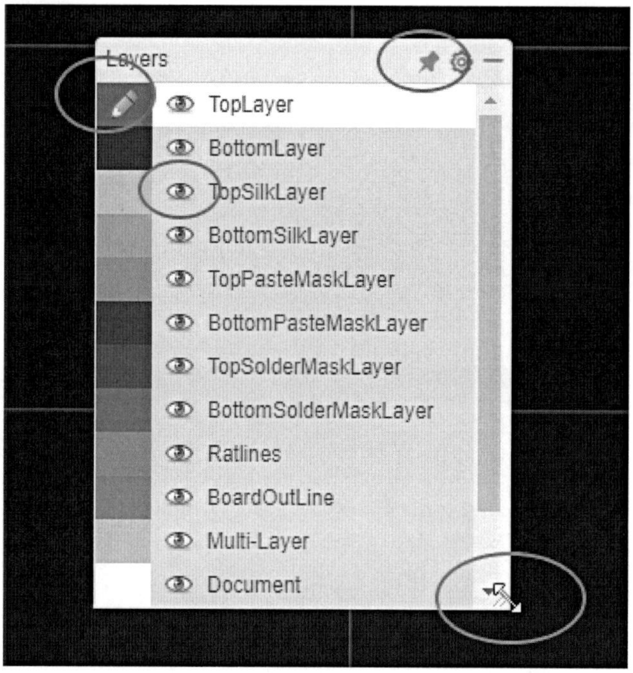

활성 레이어: **레이어 도구**의 레이어 색상은 레이어 옵션 설정에서 정의됩니다. 레이어에서 작업하려면 활성 레이어로 만들어야 합니다.

- 레이어를 표시하거나 숨기려면 눈 아이콘을 클릭하십시오.
- 색상이 지정된 직사각형의 연필 아이콘은 이것이 활성 레이어임을 나타냅니다.
- 핀 아이콘을 클릭하면 레이어 도구가 자동으로 닫히지 않고 고정됩니다.
- 레이어 도구의 오른쪽 하단 모서리를 드래그하면 레이어 도구의 높이와 너비를 조정할 수 있습니다.

레이어 활성화를 위한 단축키는 다음과 같습니다.

- T: Top Layer를 활성화 시킵니다.
- B: Bottom Layer
- 1: Inner1 Layer
- 2: Inner2 Layer
- 3: Inner3 Layer
- 4: Inner4 Layer

PCB 레이어에 대한 자세한 내용은 PCB Layout - Layer Manager를 참조하십시오.

참고

숨겨진 PCB 레이어는 시각적으로만 숨겨집니다. 해당 레이어는 사진 미리보기, 3D 미리보기 및 Gerber 내보내기 중에 계속 출력됩니다.

4.3.2 개체 필터 도구

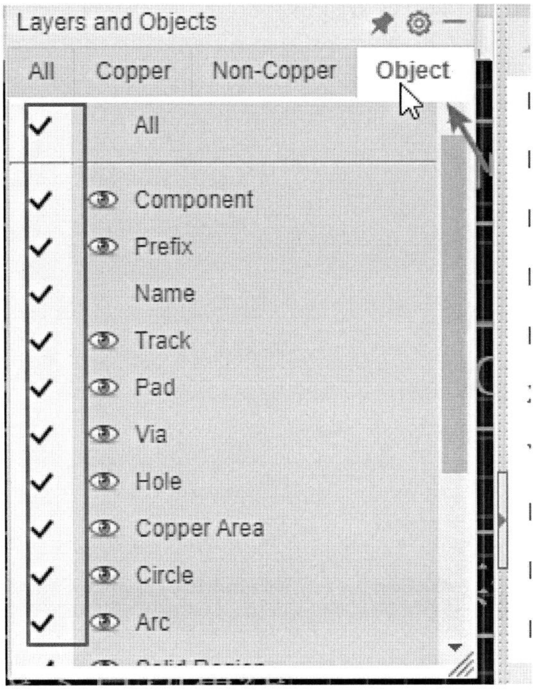

개체 필터링으로 전환하려면 "개체"를 클릭합니다.

Select : 개체 앞의 체크 표시를 하면 캔버스에서 해당 개체를 마우스로 조작할 수 있습니다. 선택을 취소하면 마우스 조작이 허용되지 않습니다. 클릭 선택, 상자 선택, 드래그 및 기타 작업을 포함합니다.

Eye : 일괄적으로 해당 개체의 표시 및 숨기기를 수정하려면 눈을 클릭합니다.

- Component : 구성 요소의 이름과 접두어(prefix)를 제외한 전체 구성 요소를 표시하거나 숨깁니다.
- Prefix : 전체 부품의 접두어를 표시하거나 숨깁니다.
- Name : 전체 부품의 이름을 표시하거나 숨깁니다.
- Track : 모든 레이어에 대해 전체 트랙을 표시하거나 숨깁니다.
- Pad : 부품의 패드를 제외한 전체 빈 패드를 표시하거나 숨깁니다.
- Copper Area : copper areas을 제외한 전체 구리 영역의 채우기 영역을 표시하거나 숨깁니다.
- Text : 부품의 텍스트를 제외한 전체 일반 텍스트를 표시하거나 숨깁니다.

참고

보이지 않거나 보이는 레이어와 개체는 실행 취소 및 다시 실행에 적용되지 않습니다.

4.4 레이어 관리자

Layer Manager에서 PCB 레이어의 매개변수를 설정할 수 있습니다.

Top Menu〉 Tools 〉 Layer Manager…를 통하거나 또는 Layers Tool 톱니바퀴 아이콘을 클릭합니다. 또는 Canvas – Layer Manager 메뉴를 마우스 오른쪽 버튼으로 클릭합니다.

레이어 관리자 대화상자:

Layer Manager 설정은 현재 편집 PCB에서만 작동합니다.

Copper Layer: PCB의 "동박 층". EasyEDA는 34개의 구리 레이어를 지원합니다. 구리 층이 많을수록 PCB의 가격은 상승합니다.

TopLayer 및 BottomLayer는 기본 레이어이며 비활성화 할 수 없습니다.
구리 레이어를 4에서 2로 변경하려면 먼저 내부 레이어 개체를 삭제해야 합니다.

Display: 레이어가 "레이어 도구"에 표시되지 않도록 하려면 확인란을 비활성화 할 수 있습니다.

> **주의**
>
> 이 옵션은 "레이어 도구"에서 레이어 이름만 숨깁니다. 숨겨진 레이어의 개체는 여전히 존재하며, Gerber를 생성할 때 표시됩니다.

Name: 레이어 이름. 내부 레이어의 경우 이름을 정의할 수 있습니다.

Type:

- Signal: 동작하는 신호를 의미. 상단 및 하단 레이어와 같음.
- Plane: 내부 레이어 유형이 "Plane(평면)"인 경우, 이 레이어는 구리로 채워지며 구리 영역을 분리하려면 트랙 또는 호를 그릴 수 있습니다.
  이 레이어는 구리 영역만 처리할 수 있지만 구리 영역을 그리는 것보다 쉽습니다. 라우팅한 트랙은 Gerber를 생성할 때 클리어런스를 생성합니다. "평면"은 일반적으로 내부 레이어에 전원 또는 접지 구리를 채우는데 사용됩니다. 평면 영역에 대한 네트를 설정할 수 있습니다.

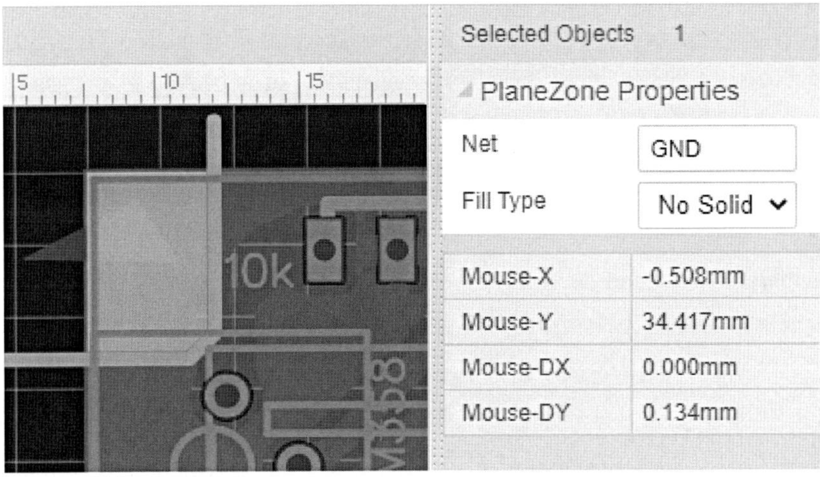

> **주의**
>
> Plane 영역을 분리하기 위해 트랙을 그릴 때, 트랙의 시작점과 끝점은 보드 아웃라인 트랙의 중간선 위에 있어야 합니다. 그렇지 않으면 평면 영역이 분리되지 않습니다. 평면 레이어를 사용할 때 PCB는 두 개의 닫힌 borad 윤곽선이 존재할 수 없으며 하나의 닫힌 기판 윤곽선만 평면 영역을 생성합니다.

- Non-Signal : 실크 스크린, 기계 레이어, 문서 레이어 등과 같음

Color: 각 레이어의 색상을 정의할 수 있습니다.

Transparency: 레이어 투명도를 변경할 수 있습니다.

PCB에서 사용되는 각각의 레이어에대한 간단한 정의는 다음과 같습니다.

- TopLayer/BottomLayer: PCB 기판의 윗면과 아랫면을 의미하며, 일반적으로 동박층으로 구성됩니다.
- InnerLayer: 동박 레이어, 라우팅 트랙 및 구리 채움을 합니다.
- TopSilkLayer/BottomSilkLayer: 보드 실크스크린.
- TopPasteMaskLayer/BottomPasteMaskLayer: 이 레이어는 SMT 패드용 스텐실을 만드는 데 사용되는 레이어로 솔더링을 보다 용이하게 만듭니다. 스텐실을 만드는 데 보드가 필요하지 않은 경우 이 레이어는 생산에 영향을 미치지 않습니다.
- TopSolderMaskLayer/BottomSolderMaskLayer: 보드의 상단 및 하단 커버 레이어는 일반적으로 원치 않는 솔더링을 방지하는 역할을 하는 녹색(그린) 오일로 덮혀 있습니다. 이 레이어는 네거티브 필름 그리기 모드에 속합니다. 녹색오일을 가릴 필요가 없는 전선이나 부분이 있는 경우 해당 위치에 그립니다. PCB가 생성된 후 이 영역은 주석 도금과 같은 작업에 편리한 녹색 오일로 덮이지 않습니다.
- BoardOutline: PCB 보드 모양 정의 레이어. PCB 보드의 실제 크기를 정의하기 위해 PCB 제조업체는 이 모양에 따라 PCB보드를 생산합니다.
- TopAssemblyLayer/BottomAssemblyLayer: 제품 조립 및 수리를 위한 구성 요소의 간략한 개요. PCB 생산에 영향을 미치지 않고 문서 인쇄를 내보내는 데 사용됩니다.
- MechanicalLayer: 기계적인 레이어에 대한 정보를 PCB 설계에 기록하고 정보 기록용으로만 사용합니다. 기본적으로 레이어의 모양은 제작 시 제작되지 않습니다. 일부 보드 제조업체는 생산에 Altium 파일을 사용할 때 기계적 레이어를 사용하여 프레임을 만듭니다. Gerber 파일을 사용할 때 JLCPCB에서 텍스트 식별에만 사용됩니다. 예: 프로세스 매개변수; V 컷 경로 등 EasyEDA에서 이 레이어는 보드의 테두리 모양에 영향을 주지 않습니다.
- DocumentLayer: 기계 레이어와 유사합니다. 그러나 이 레이어는 편집기에서만 볼 수 있으며 Gerber 파일에서는 생성되지 않습니다.
- RatlineLayer: PCB 네트워크 래트라인 디스플레이. 이 레이어는 물리적 의미가 아니며 사용 및 설정 색상을 용이하게 하기 위해 구성을 위해 레이어 관리자에 배치됩니다.

- HoleLayer: RatlineLayer와 유사합니다. 홀(비도금 홀: Non-Plated Hole) 표시용.
- Multi-Layer: RatlineLayer와 유사합니다. 다층 홀(도금 홀: Plated Hole) 디스플레이용. PAD 설정 레이어 속성을 다중 레이어로 설정하면 모든 구리 레이어와 연결됩니다.
- DRCErrorLayer Ratline: 레이어와 유사합니다. DRC(Design Rule Error) 표시 표시용.

4.4.1 단면 PCB의 Layput

EasyEDA의 PCB 구리 레이어는 이중이며 단면 레이아웃을 직접 지원하지 않습니다. 단면 PCB를 레이아웃하려는 경우(예: 맨 아래 레이어의 레이아웃만)는 다음과 같은 두 가지 방법이 있습니다.

방법 1:

- 비아를 배치하지 않고 신호선을 라우팅하고, 맨 아래 레이어를 구리로 채웁니다.
- 다층 패드가 있는 footprint를 사용하는 경우, 상단 및 하단 레이어에 표시되는 모든 다층 패드의 "Plated"를 "No"로 변경해야 합니다.
- Gerber를 생성하고, Gerber zip 파일의 압축을 풀어고, 필요하지 않은 레이어(예: Gerber_TopLayer.GTL, Gerber_TopSilkLayer.GTO, Gerber_TopSolderMaskLayer.GTS, Gerber_TopPasteMaskLayer.GTP)를 삭제합니다.
- 그리고 거버를 zip 파일로 다시 압축해서 주문하세요.

방법 2:

- 한쪽에 PCB를 디자인하고 반대쪽에 패드 등이 있으면 처리할 필요가 없습니다.
- 거버를 생성합니다.
- PCB를 주문할 때 단층 PCB를 주문해야 한다는 언급을 위해 주석을 추가합니다.

4.5 Ratline

PCB에 Track을 Layout할 때, Pad와 Pad 사이는 net name이 같기 때문에 트랙과 연결될 수 있음을 나타내기 위해 자동으로 Ratline이 표시됩니다.

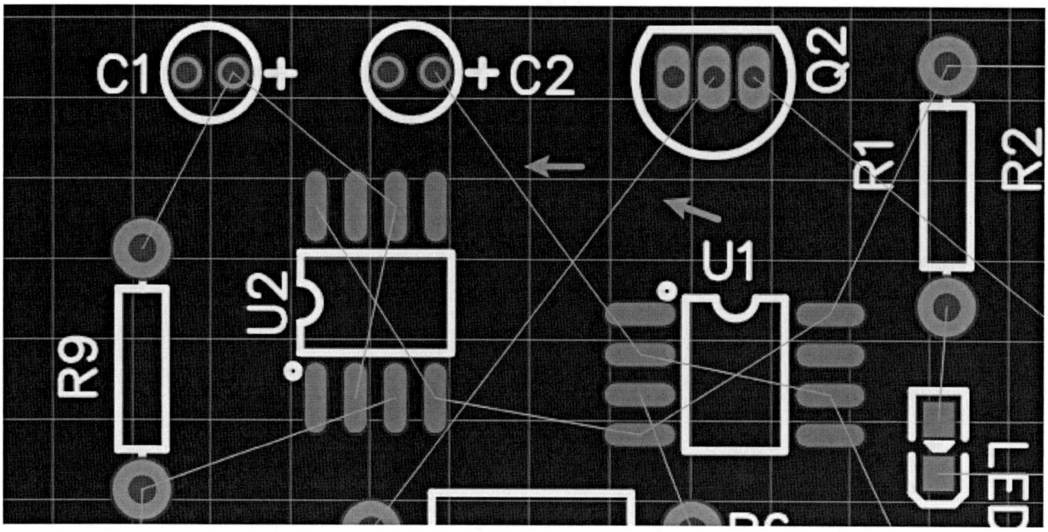

① 하나의 래트라인이 PCB 편집기에 표시되지 않도록 하려면 아래와 같이 +5V를 선택 해제하는 것처럼 디자인 관리자에서 네트를 선택 해제할 수 있습니다. 선택을 해제한 후에도 +5V로 트랙을 그리는 경우 캔버스에 이 트랙과 래트라인이 표시되지 않지만 아래와 같이 +5V가 포함된 네트 텍스트가 표시됩니다.

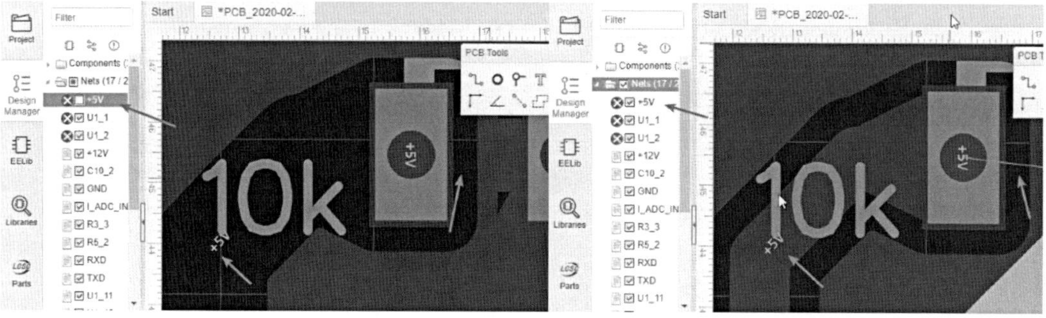

이 기술을 기반으로 PCB의 Copper 영역 앞에 GND net을 놓을 필요가 없습니다.

② 강조된 Ratlines를 확인하고 싶다면 아래와 같이 Ratlines Layer에서 연필을 클릭하면 Layer Manager에서 Ratline의 색상을 변경할 수 있습니다.

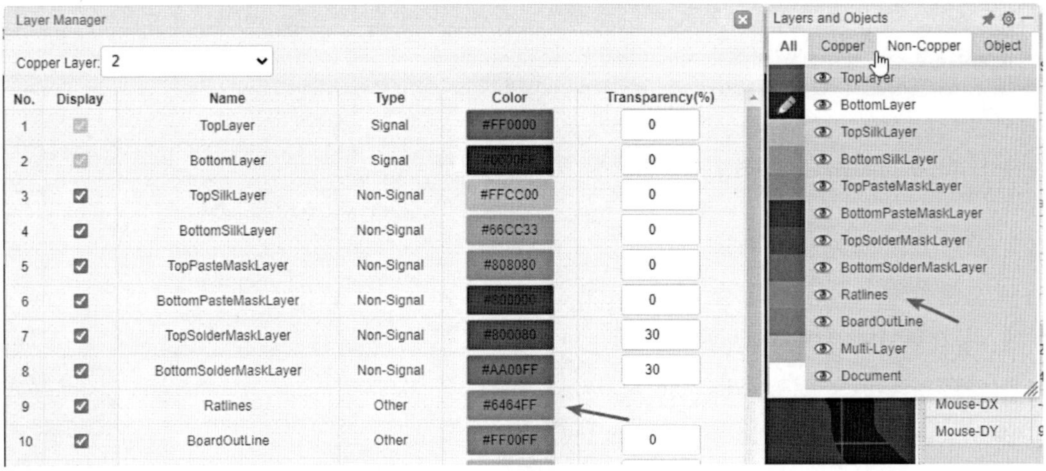

③ 항상 하나의 래트라인을 강조 표시하려면 패드를 클릭하고 단축키 H를 누른 다음 강조 표시를 해제하려면 다시 누르십시오.

④ 하나의 래트라인 색상을 변경하려면 Tools - Net Color에서 설정할 수 있습니다. 색상을 설정한 후 오른쪽에 있는 더하기 아이콘을 클릭해야 합니다. 색상은 래트라인 레이어의 색상에 영향을 받지 않습니다.

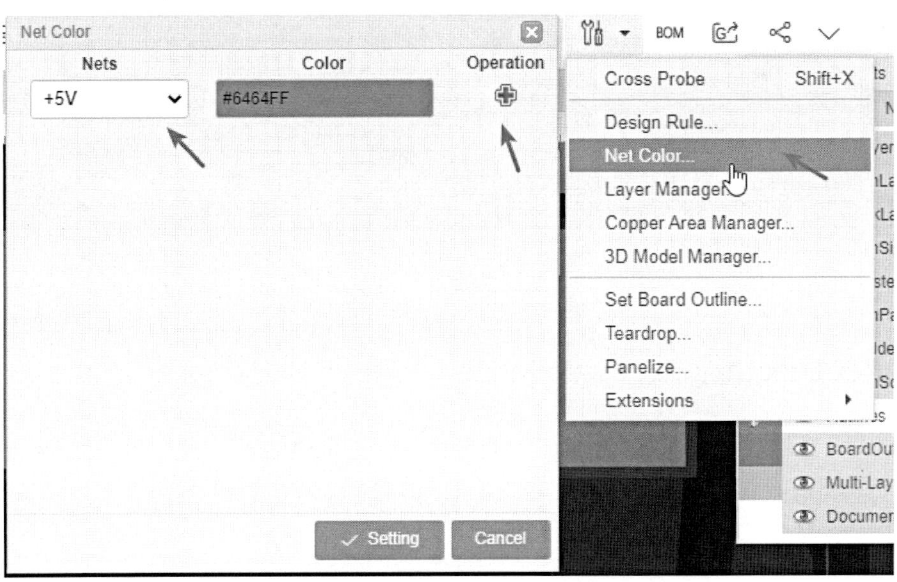

⑤ 하나의 래틀라인을 제거하려면 해당 객체의 네트를 제거하면 됩니다.

4.6 PCB Net

4.6.1 Net Name Visible

PCB 편집기는 트랙이나 패드에 네트 이름을 표시할 수 있습니다. 이 기능이 필요하지 않은 경우 다음을 통해 비활성화하면 됩니다.

Top Menu 〉 View 〉 PCB Net Visible 또는 단축키 Ctrl+Q를 누릅니다.

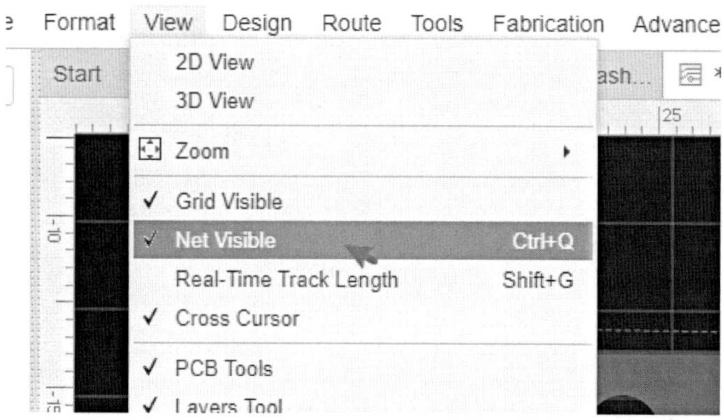

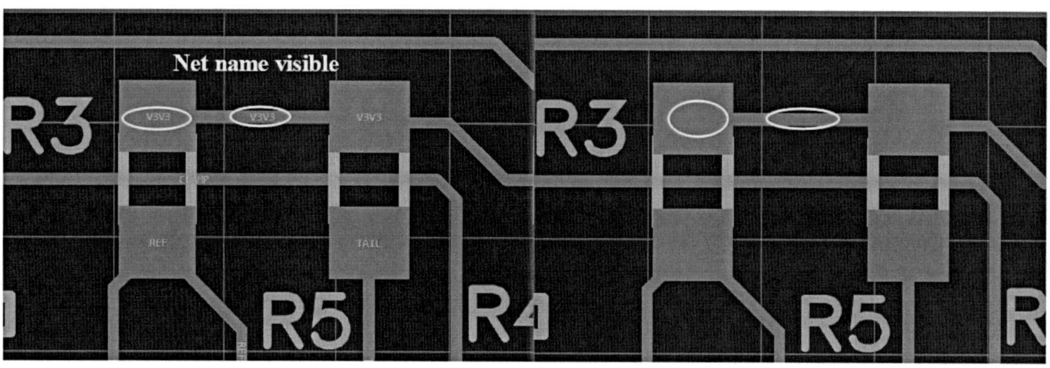

4.6.2 Net Length

트랙을 선택한 다음 H 키를 누르거나 Design Manager에서 해당 네트를 클릭하면 EasyEDA가 아래 이미지처럼 전체 네트를 강조 표시하고 전체 네트 길이를 알려주는 메시지 상자를 표시합니다.

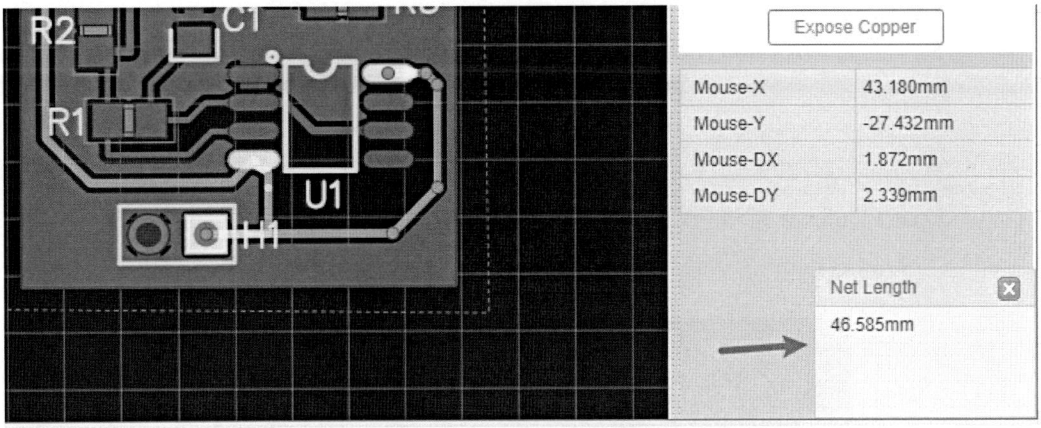

4.6.3 Net Color

Ratline 또는 Net의 색상을 변경하려면 Top Menu-Tools – Net Color에서 설정할 수 있습니다. 색상을 설정한 후 오른쪽에 있는 더하기 아이콘을 클릭해야 합니다. 색상은 Ratline 레이어의 색상에 영향을 받지 않습니다.

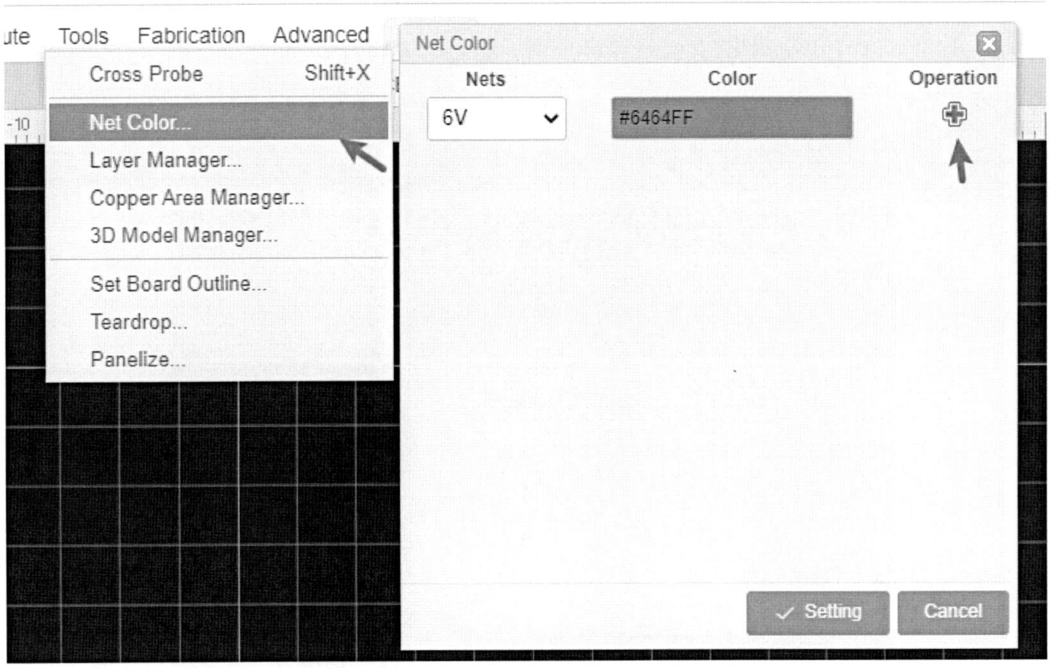

네트의 색상을 설정할 때 + 버튼을 눌러야 작동합니다.

4.7 보드 아웃라인(Board Outline)

Footprints을 배치하기 전에 실제 만들어질 기판의 형태, 즉, 윤곽을 만들어야 합니다. 보드 아웃라인은 Board OutLine 레이어에 그려야 합니다. 따라서 먼저 Board OutLine을 활성 레이어로 설정한 다음 PCB Tools 팔레트에서 Track 및 Arc를 사용하여 기판 윤곽을 그립니다.

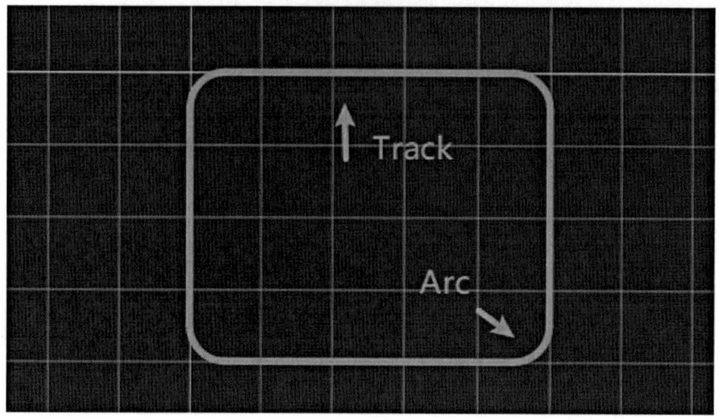

Schematic을 PCB로 변환할 때 EasyEDA는 보드 아웃라인을 자동으로 생성하려고 시도합니다.

기본 보드 아웃라인 영역의 면적은 모든 footprint 면적의 1.5배로 설정되므로, 트랙을 위해 약간의 여유를 두고 이 보드 아웃라인에 모든 발자국을 배치할 수 있습니다. 보드 아웃라인이 마음에 들지 않으면 구성 요소를 제거하고 직접 그릴 수 있습니다.

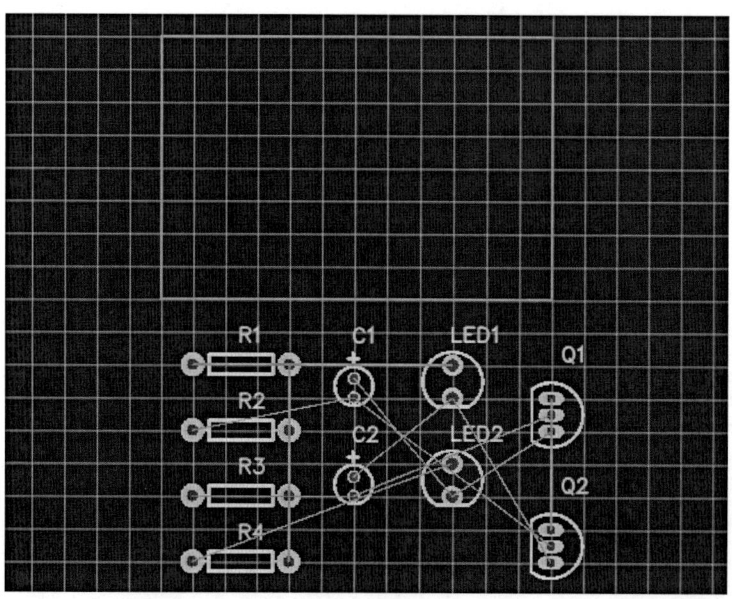

간단한 직사각형 보드 아웃라인을 생성하기 위해, 이 호를 제거하고 선 X 및 Y 끝점을 편집할 수 있습니다(속성 패널에서 직접 또는 선 끝을 끌어 직사각형을 닫음).

그리고 EasyEDA는 Board outline wizard를 제공하므로 매우 쉽게 보드 아웃라인를 작성할 수 있습니다. Top Menu 〉 Tools 〉 Set Board Outline, 또는 도구 모음에서 찾을 수 있습니다.

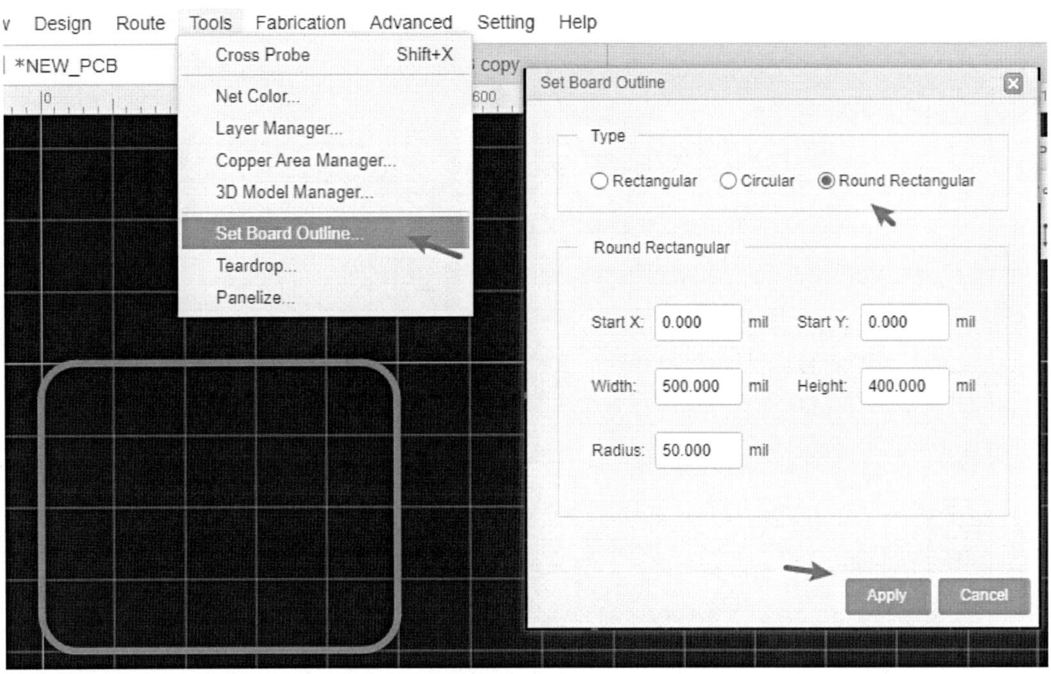

이 대화 상자에는 Rectangular, Circular, Round Rect의 3가지 유형의 보드 아웃라인이 있습니다. 더 복잡한 다른 보드 아웃라인이 필요한 경우 DXF 파일을 가져와야 합니다.

주의

- Gerber를 생성할 때 보드 아웃라인이 닫히지 않거나 보드 아웃라인 트랙이 겹치면 EasyEDA에서 오류를 표시합니다.
- 보드 아웃라인을 이용하여 홀을 잘라낼 수도 있고, 보드 아웃라인 대신 Hole 또는 Solid Region(Type: Board Cutout)을 사용하여 홀을 생성할 수도 있습니다.
- 트랙이나 원을 마우스 오른쪽 버튼으로 클릭하여 보드 컷아웃으로 변환할 수 있습니다.
- 보드 아웃라인이 닫히지 않으면 구리 주입(Copper pour)이 표시되지 않습니다.

4.8 Route Tracks

회로도 편집기에서 와이어 또는 Ⓦ핫키를 사용하여 핀을 연결하고 PCB 편집기에서 유사한 방식으로 트랙을 사용하여 패드를 연결합니다. 트랙을 사용하면 PCB 트랙을 그릴 수 있으며 PCB 도구 팔레트에서 또는 Ⓦ핫키(Ⓣ 아님)를 사용하여 찾을 수 있습니다.

트랙에 대한 몇 가지 팁

• 트랙을 그리기 시작하려면 한 번 클릭하십시오. 다시 한 번 클릭하여 트랙을 캔버스에 고정하고 해당 지점에서 계속합니다. 트랙을 끝내려면 마우스 오른쪽 버튼을 클릭합니다. 트랙 모드를 종료하려면 마우스 오른쪽 버튼을 두 번 클릭합니다.

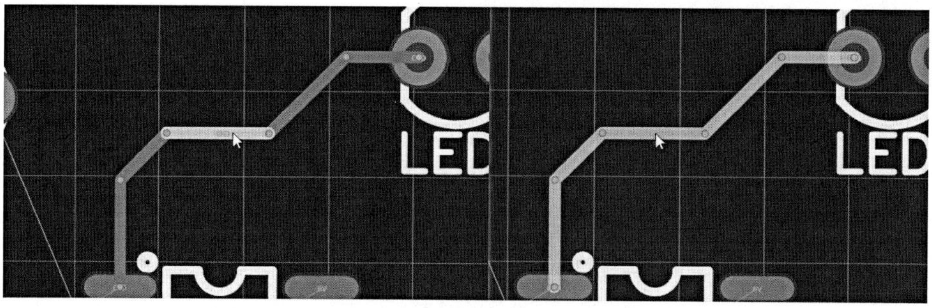

• 활성 레이어를 변경하기 위해 핫키(예: 핫키 B)를 사용하는 것과 동시에 트랙을 그리면 자동으로 Via가 삽입됩니다.

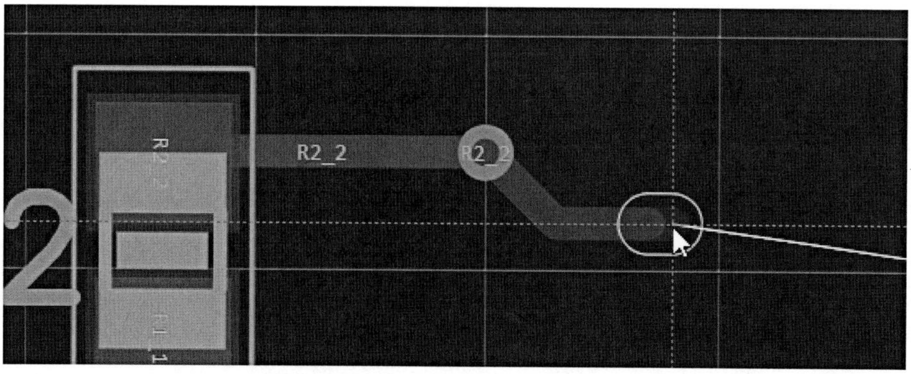

상위 레이어에서 트랙 그리기를 시작하면 빨간색으로 그려지는 것을 볼 수 있습니다. 그런 다음 B 키를 눌러 맨 아래 레이어로 변경하면 EasyEDA가 회색 비아를 삽입한 다음 트랙이 계속 그려집니다.

- 트랙을 그릴 때 + 또는 - 단축키를 누르면 트랙의 너비가 즉석에서 변경됩니다. 트랙 너비를 변경하려면 단축키 TAB을 사용하십시오.

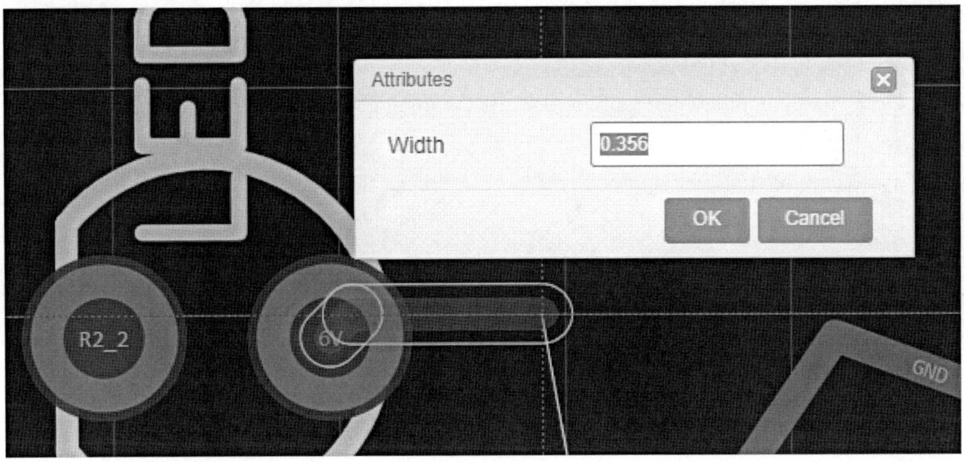

- 트랙의 그려진 부분을 두 번 클릭하면 해당 지점에 새 정점(vertex)이 추가됩니다. 정점을 끌어 새 모서리를 형성할 수 있으며, 포인트를 마우스 오른쪽 버튼으로 클릭하고 삭제할 수도 있습니다.

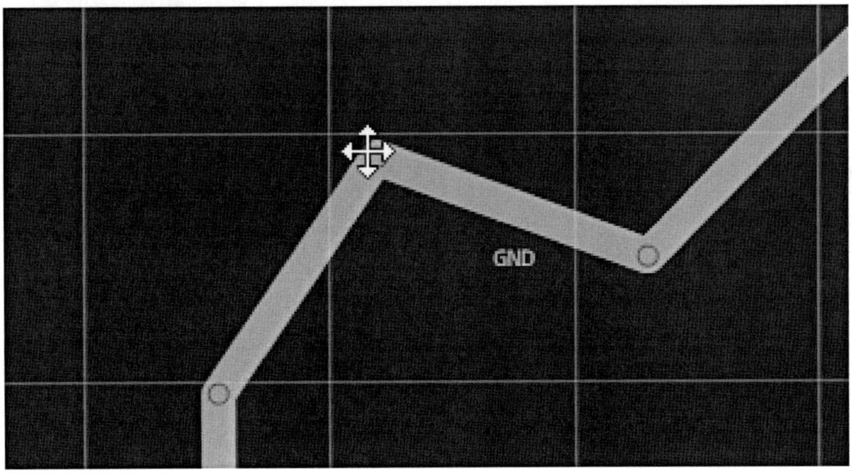

• 트랙을 클릭하여 선택한 다음 트랙의 세그먼트를 클릭하고 끌어 정점 사이의 세그먼트를 조정합니다.

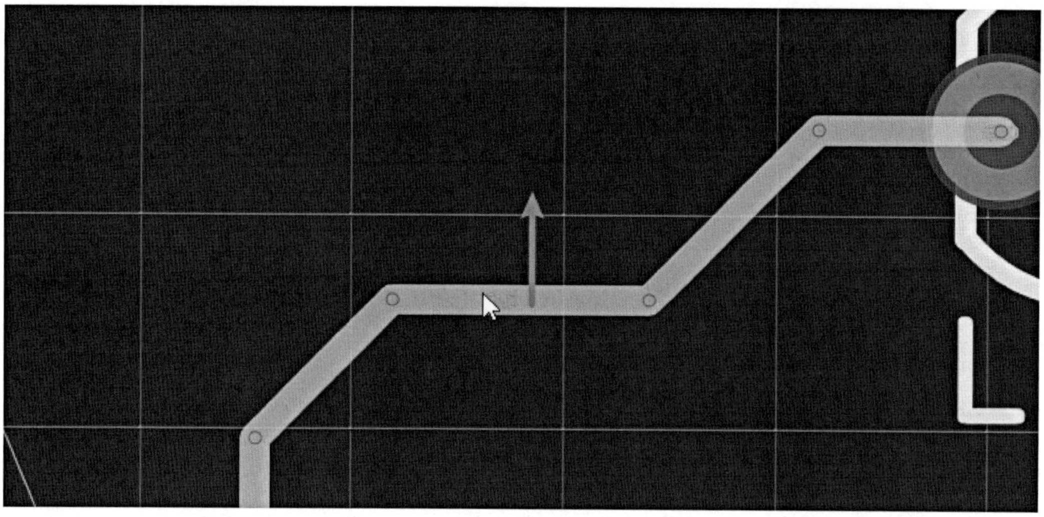

• 트랙의 모서리가 Right Angle인 경우 오른쪽 Angle 노드 옆에 있는 트랙을 드래그하여 경사를 만듭니다. 노드를 직접 드래그하는 대신 노드를 직접 드래그하면 전체 트랙이 드래그됩니다.

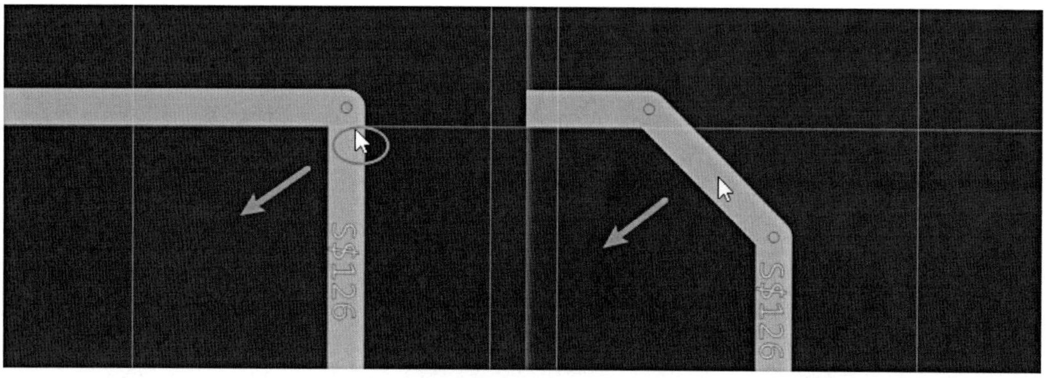

• 트랙을 선택하면 노드 포인트를 삭제할 수 있습니다.

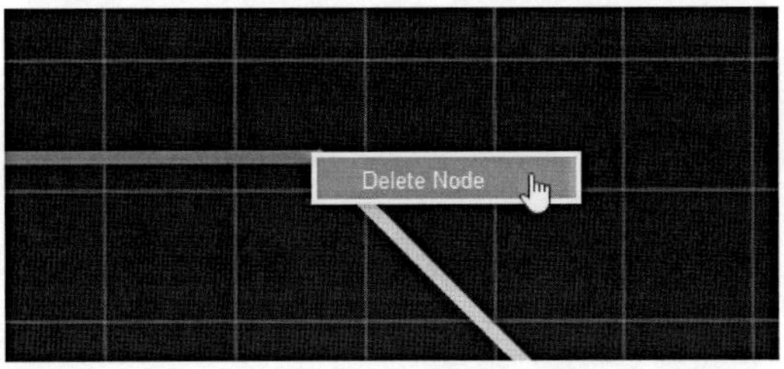

• 트랙을 그릴 때 L 단축키를 누르면 트랙의 루트 각도가 즉석에서 변경됩니다. 그리고 다음 그리기 전에 오른쪽 패널의 Canvas Attributes에서 Route Angle을 변경할 수 있습니다.

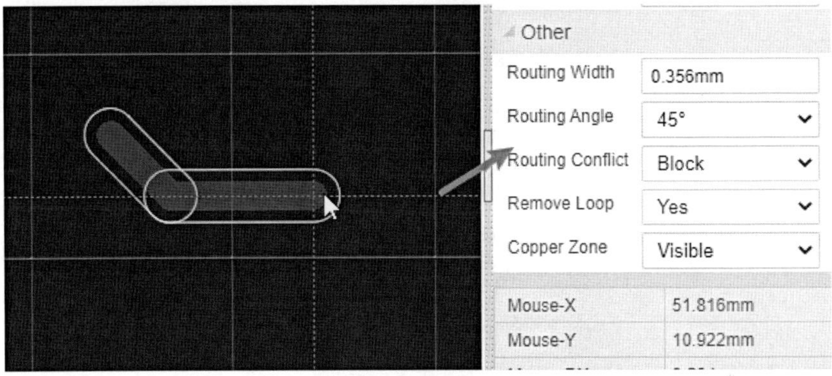

• 라우팅할 때 굴절 방향을 변경할 수 있습니다. Space Bar 키를 누르기만 하면 됩니다.

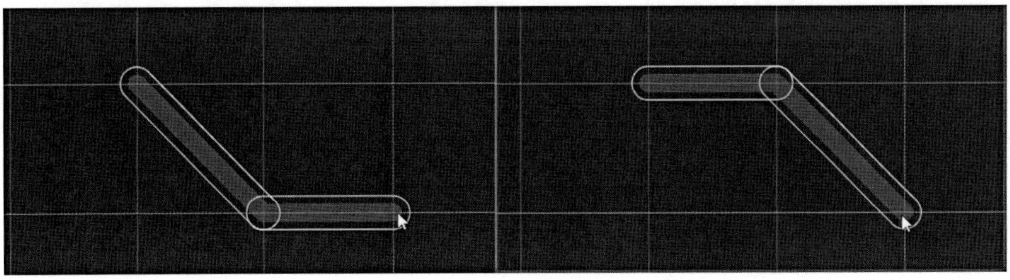

- 트랙을 라우팅하고 L을 사용한 다음 +를 누르면 두 개의 다른 크기의 트랙 세그먼트가 생성됩니다. 또는 Shift+W 를 눌러도 됩니다.

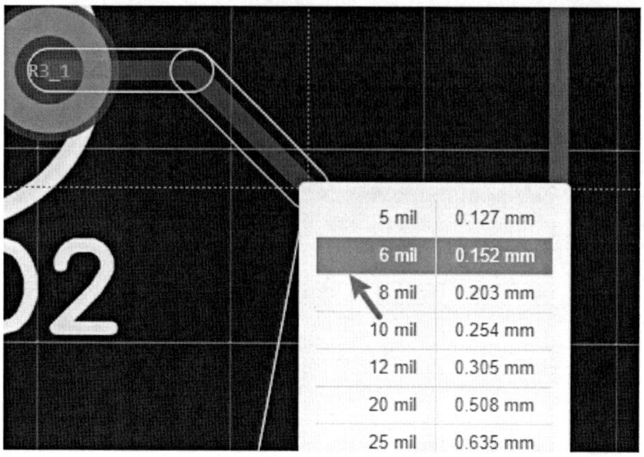

- 트랙에 대하여 솔더 마스크 개구(aperture)를 생성하려면 오른쪽 패널에서 트랙을 선택할 때 "Expose Copper"을 사용할 수 있습니다. 솔더 마스크는 트랙보다 4mil 더 커집니다.

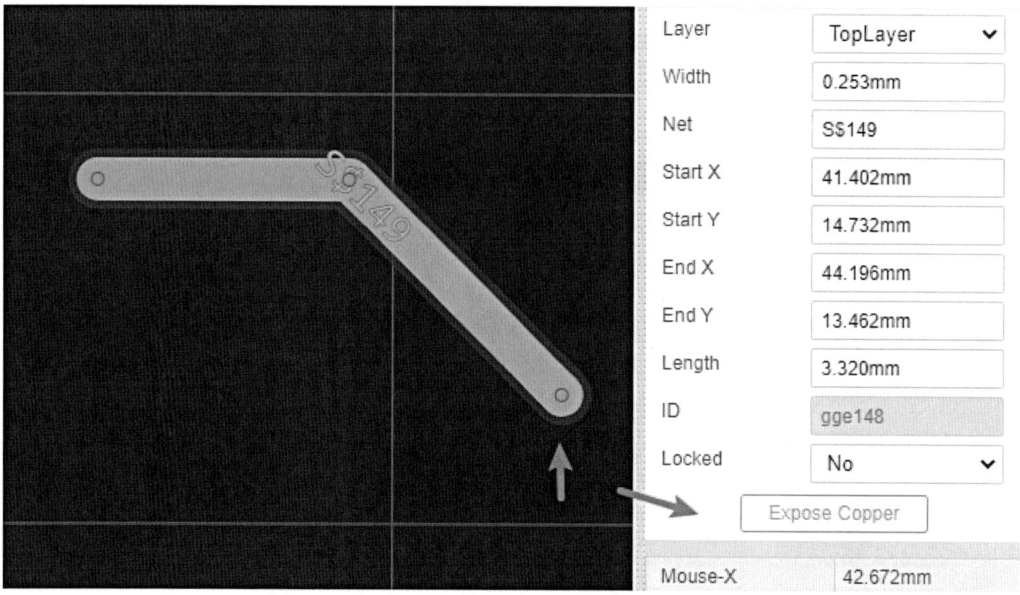

• 슬롯 구멍을 만들려면 트랙을 라우팅한 다음 "Convert to Board Cutout" 메뉴를 마우스 오른쪽 버튼으로 클릭합니다.

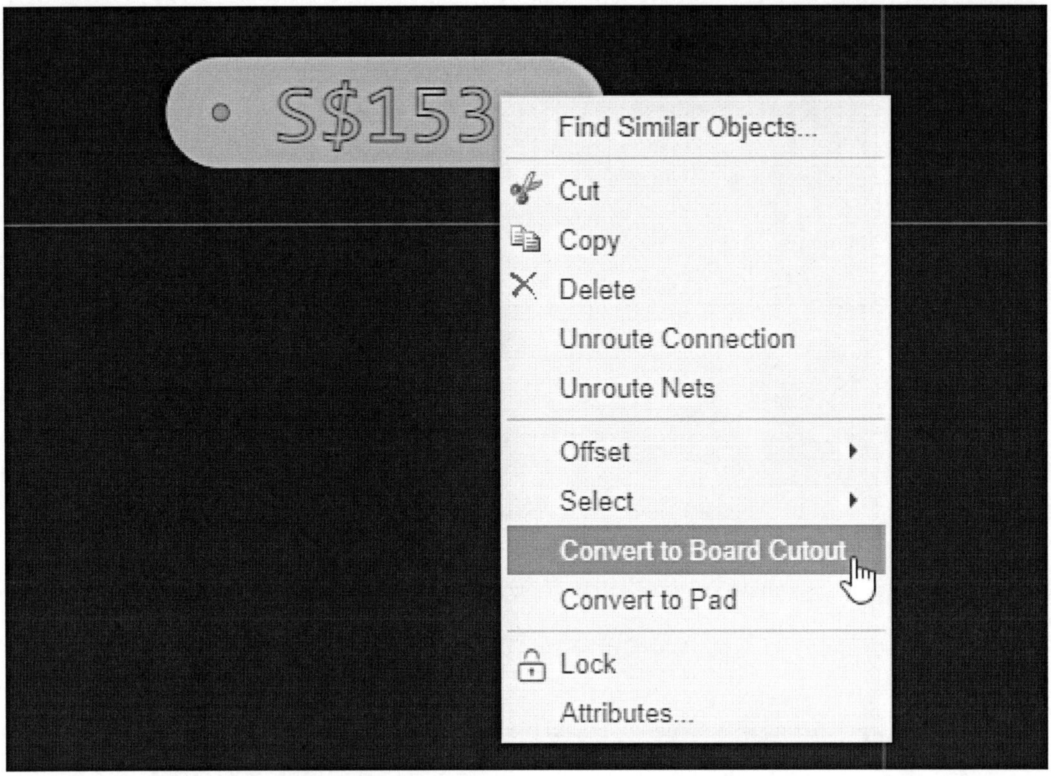

• 디자인 룰(DRC) 옵션을 활성화한 후 트랙 라우팅 너비가 디자인 룰을 따르도록 할 수 있습니다.

• 트랙을 마우스 오른쪽 버튼으로 클릭하면 트랙 연결 또는 전체 동일한 네트 트랙을 선택할 수 있습니다.

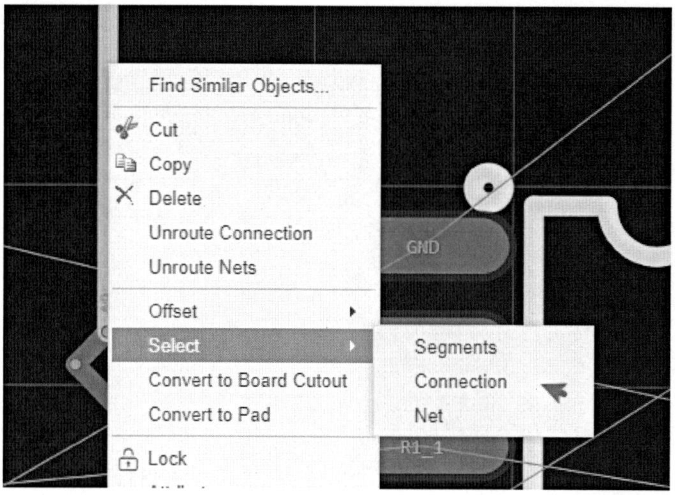

• 전체 트랙을 원하면 SHIFT를 누르고 이동할 수 있습니다.

• Desgin 규칙에서 DRC 경계를 비활성화할 수 있습니다. 크기는 규칙을 따릅니다.

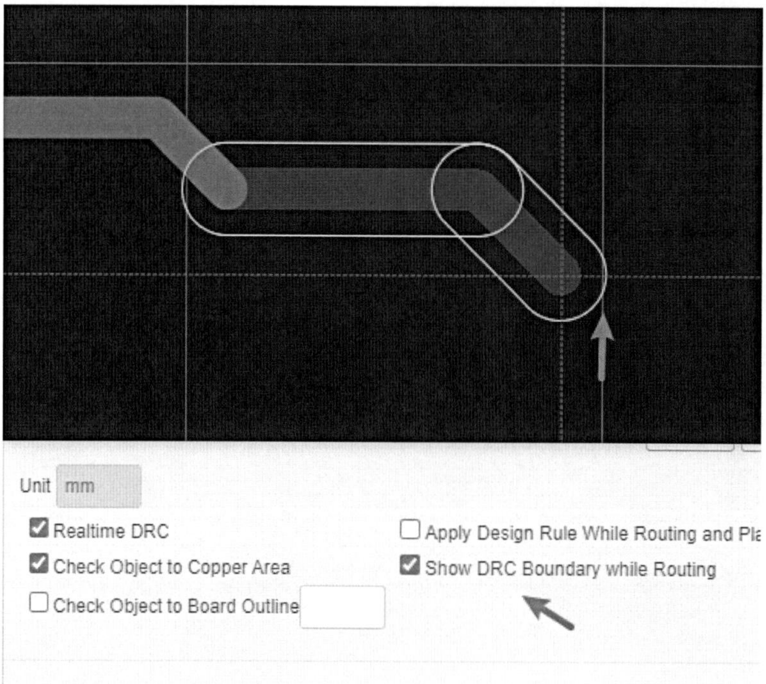

• 네트에 대한 라우팅을 계속하려면 "Setting - System Setting - PCB"에서 "Terminate Routing Automatically" 옵션을 비활성화할 수 있습니다.

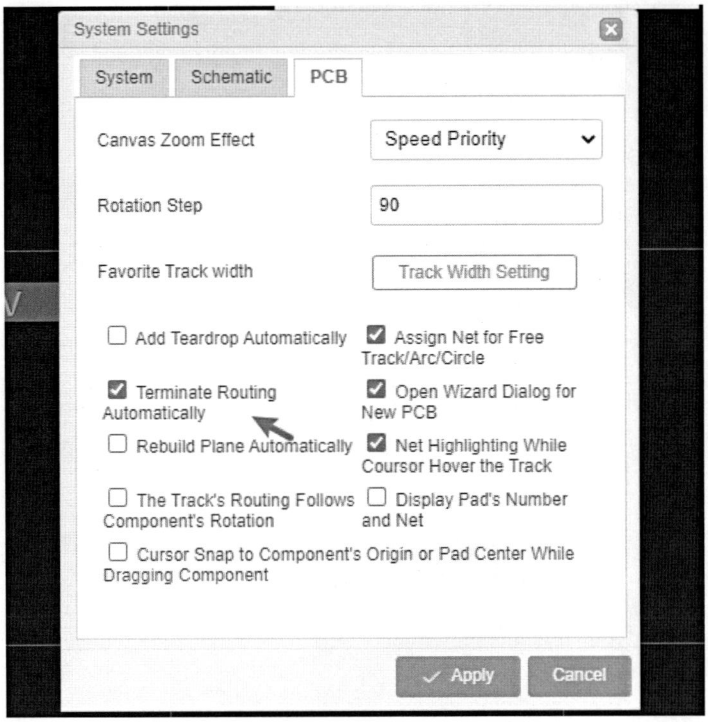

• 라우팅하는 동안 루프 제거를 설정하면 구리 레이어에서만 작동합니다.

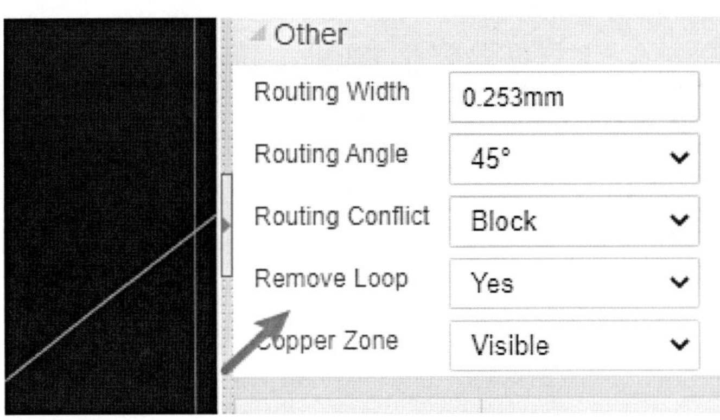

• 라우팅 충돌을 "RoundTrack"으로 사용하면 라우팅을 빠르게 완료하는 데 도움이 됩니다.

• Footprint 문서를 편집할 때 실크스크린 트랙이 패드와 겹치지 않도록 "Cut Silkscreen"를 설정할 수 있습니다.

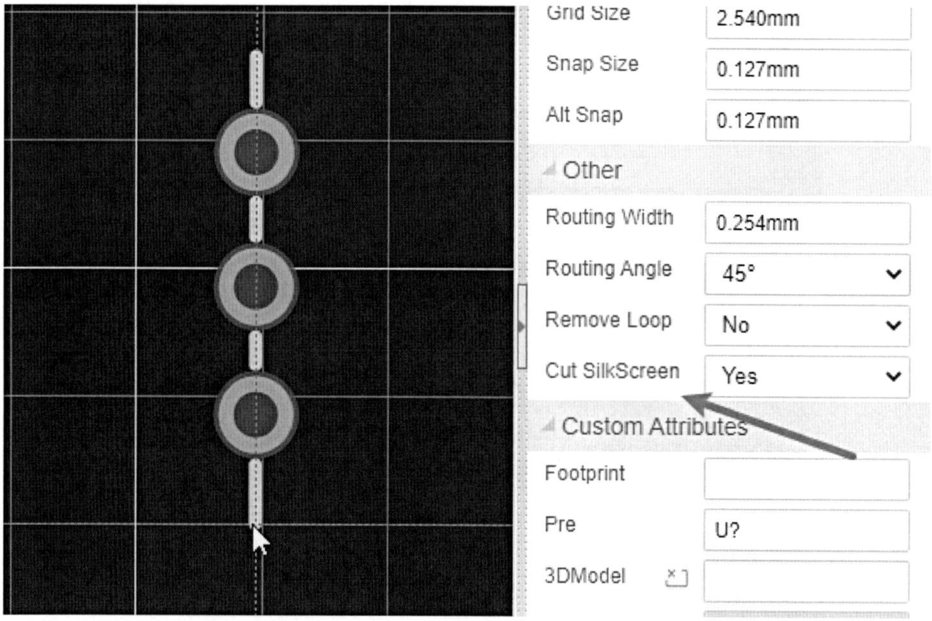

Track Length

- 트랙을 선택하면 오른쪽 패널에서 길이 속성을 찾을 수 있습니다.

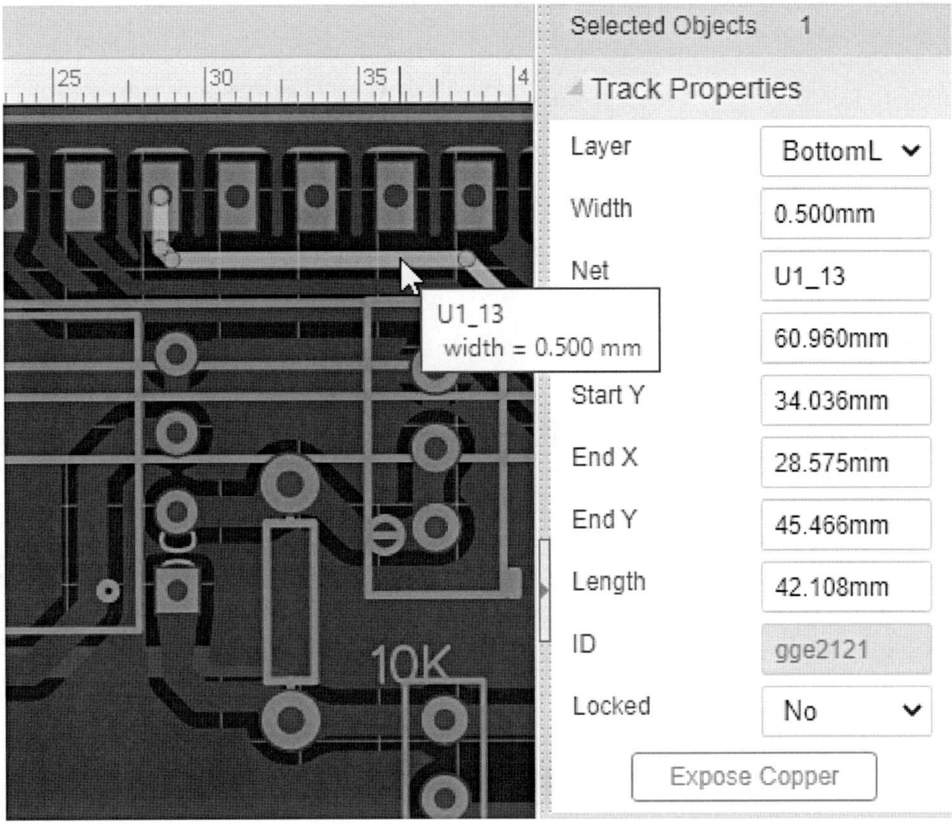

- 왼쪽 디자인 관리자에서 네트를 클릭하면 이 네트 트랙 길이를 표시하는 대화 상자가 나타납니다.
- 트랙을 클릭하고 단축키 H를 누르면 이 트랙과 네트가 강조 표시되고 이 네트의 길이가 표시됩니다.

트랙에서 세그먼트 삭제

- 라우팅하는 동안 이전 트랙 경로를 취소하려면 Delete 또는 Backspace 키를 누를 수 있습니다.
- 삭제하려는 세그먼트로 마우스를 이동하고 클릭한 다음 SHIFT 키를 누른 상태에서 더블 클릭합니다. 세그먼트가 제거됩니다. 또는 노드 삭제를 마우스 오른쪽 버튼으로 클릭합니다.
- 트랙 노드를 마우스 오른쪽 버튼으로 클릭하여 트랙 삭제할 수 있습니다.
- 트랙을 클릭하거나 마우스 오른쪽 버튼을 클릭하여 삭제하거나 Delete 키를 직접 누릅니다.

DRC 윤곽선(DRC outline)

신호 레이어에서 트랙을 라우팅할 때 첫 번째 트랙 주위에 윤곽선이 표시되는데, 이것을 DRC 윤곽선이라고 하며 윤곽선에서 트랙 가장자리까지의 간격은 디자인 규칙(DRC) 간격 설정에 따라 다릅니다.

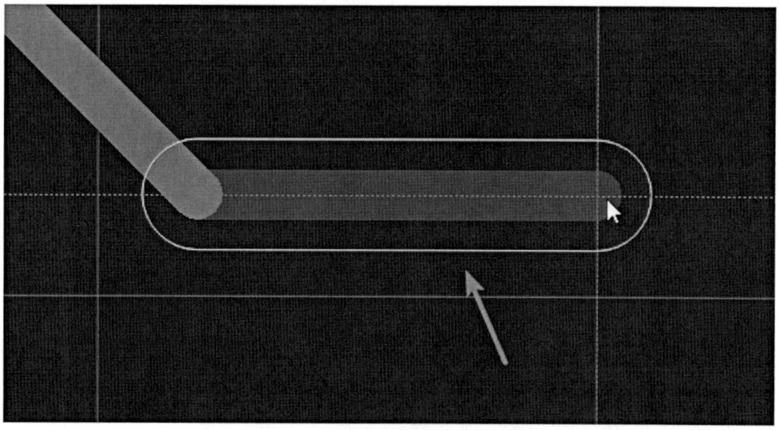

4.8.1 라우팅 충돌(Routing Conflict)

PCB가 변환된 회로도에서 만들어 졌다면, "Routing Conflict – Block"이 자동으로 열립니다. 오른쪽 속성 패널 - 기타에서 "Routing Conflict" 옵션을 찾을 수 있습니다.

- Ignore: 다른 네트 이름 개체가 겹치는 트랙을 라우팅할 수 있습니다.
- Block: 트랙 네트 이름이 다른 개체와 다른 경우 이 트랙은 라우팅 시 차단됩니다.
- RoundTrack: 경로를 지정하는 동안 트랙은 다른 네트 개체를 따라 우회할 것입니다.
- Push : 이 기능은 아직 지원하지 않습니다.

4.8.2 차동 페어 라우팅(Differential Pair Routing)

EasyEDA는 차동 페어 라우팅을 위한 간단한 기능을 제공합니다. (Top Menu – Route – Differential Pair Routing)

차동 페어 네트 이름은 XXX_N, XXX_P 또는 XXX+,XXX-여야 합니다. 그리고 "Top Menu – Tool – Design Rule"에서 Differential Pair net rule을 먼저 설정해야 합니다.

차동 페어 신호선을 라우팅하는 방법은 다음과 같습니다.

① Differential Pair net 이름을 XXX_N, XXX_P 또는 XXX+,XXX-로 설정하고 "Design Rule"에서 Differential Pair net에 대한 규칙을 설정합니다.
② Top Menu - Route - Differential Pair Routing메뉴를 클릭합니다.
③ 차동 페어 패드 중 하나의 패드를 클릭합니다.
④ 라우팅을 합니다.

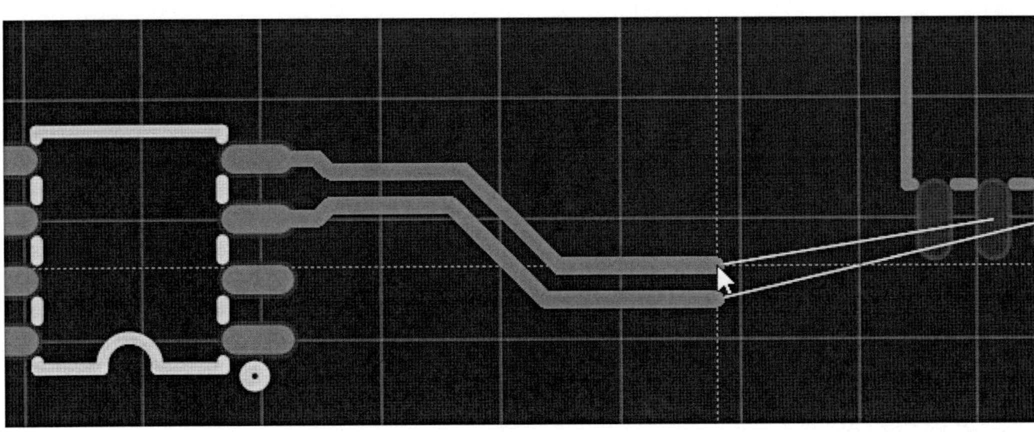

주의

- 45도 라우팅의 경우에만 가능하며, 단축키 L 및 Space Bar 키를 지원하지 않습니다.
- 팬아웃 라우팅을 아직 지원하지 않으며, DRC 차단도 아직 지원하지 않습니다.

알려진 문제:

- 마지막 패드와 너무 가깝게 이전 라우팅 위치를 완료하면 트랙이 추가 세그먼트를 생성하므로 마지막 패드에서 멀리 떨어진 이전 위치에서 완료하기 바랍니다.

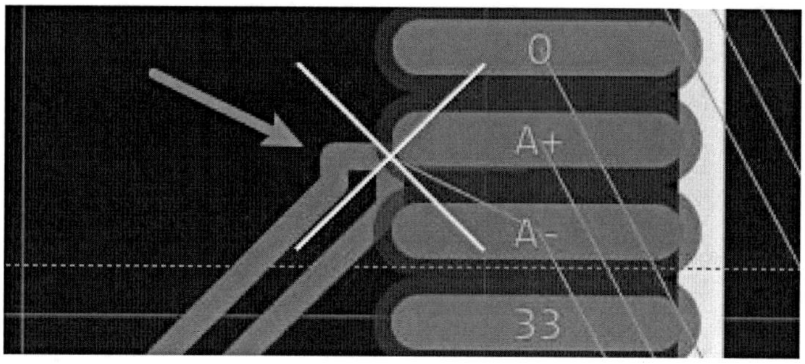

4.8.3 트랙 길이 조정(Track length Tunning)

편집기에서 트랙을 매우 쉽게 조정할 수 있습니다. (Top Menu – Route – Track length Tuning)

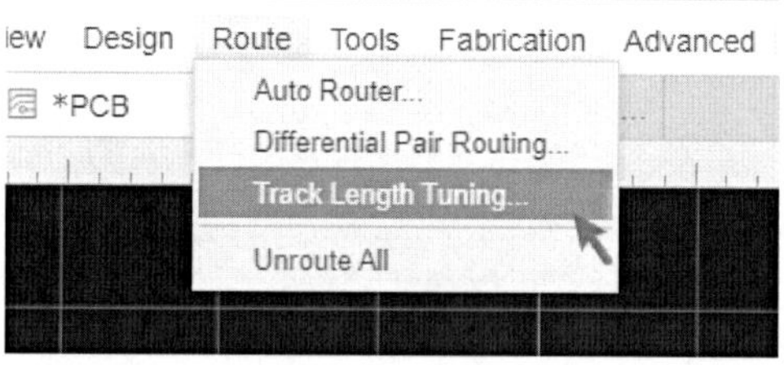

트랙의 길이를 조정하는 방법은 다음과 같습니다.

① 튜닝할 트랙을 선택합니다.

② Top Menu - Route - Track length Tunning메뉴를 클릭합니다.

③ 매개변수를 설정하고 라우팅을 시작합니다.

④ 시작하려는 트랙을 마우스 왼쪽 버튼으로 클릭한 다음 마우스를 이동합니다.

⑤ 트랙 길이가 설정을 닫으면 실행이 중지됩니다.

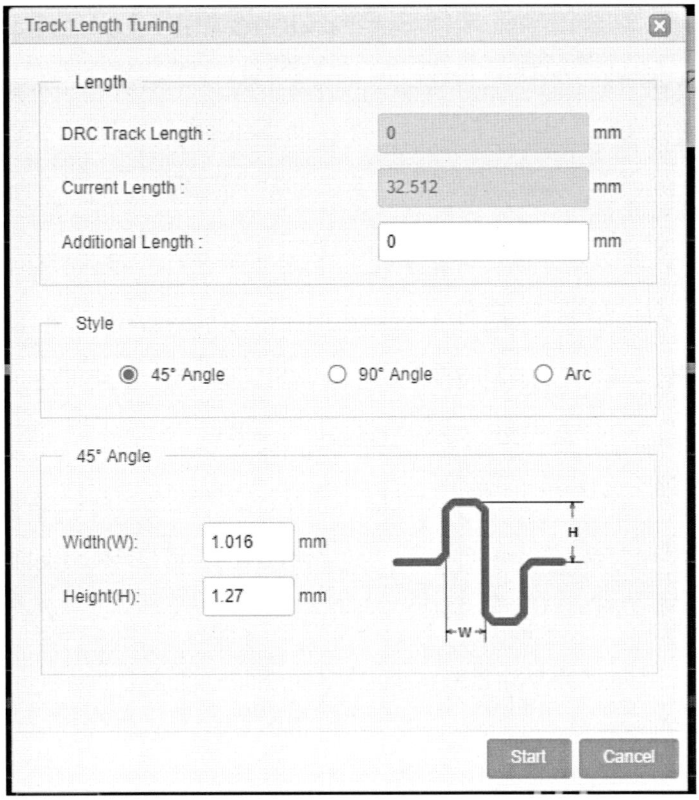

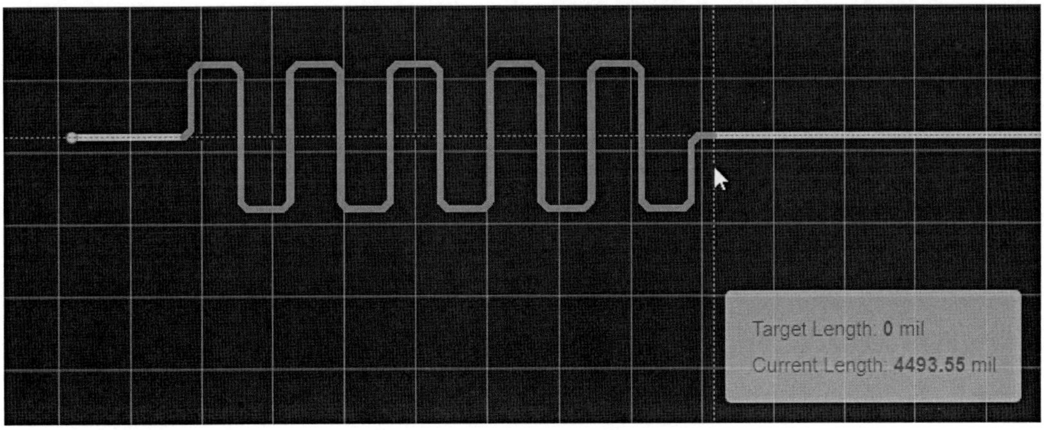

주의

- 아직 트랙에 대한 단 방향 튜닝은 지원하지 않습니다
- 자동 푸시나 주변 트랙을 회피하는 것은 지원하지 않습니다.

4.8.4 클라우드 자동 라우터(Cloud Auto Router)

일부 단순하거나 또는 프로토타입 PCB의 경우 시간을 절약하기 위해 자동 라우터 기능을 사용할 수 있습니다.

레이아웃은 시간이 많이 걸리고 지루한 작업입니다. EasyEDA는 이러한 기능을 제공하기 자동 라우터 기능을 제공하고 있습니다. 자동 라우터를 사용하기 전에 PCB에 대한 보드 아웃라인을 설정해야 합니다.

자동 라우터만으로는 완벽하지 않습니다! 수동으로 라우팅하는 것을 더 추천 드립니다!

단계

1. Top Menu"Top Menu> Route > Auto Router"에서 Auto Router 버튼을 클릭합니다.
2. 자동 라우터 설정합니다.

해당 버튼을 클릭하면 아래 이미지와 같은 구성 대화 상자가 나타납니다.

구성 대화 상자에서 몇 가지 규칙을 설정하여 자동 라우터 결과를 전문적으로 만들 수 있습니다. 이 규칙은 DRC 설정 이상이어야 합니다.

일반 옵션

- Unit: 단위는 PCB 캔버스 단위를 따릅니다.
- Track width: The auto-route track width.
- Clearance: The clearance of the objects.
- Via Diameter/Via Drill Diameter: The via placing by auto-router.
- Realtime Display: 선택하면 실시간 라우팅 상태가 표시됩니다.
- Router Server:
  - Cloud: EasyEDA 온라인 서버 사용합니다.
  - Local: 로컬 자동 라우터 서버를 사용합니다. 자동 라우터 아이콘을 클릭하면 편집기에서 로컬 라우터 서버의 사용 가능 여부를 자동으로 확인합니다.
- Router Layers: 내부 레이어를 라우팅하려면 먼저 내부 레이어를 활성화해야 합니다.
- Special Nets: 전원 공급 장치 트랙의 경우 더 크게 만들 수 있으므로 몇 가지 특별한 규칙을 추가할 수 있습니다.
- Skip Nets: 연결이 없는 네트를 유지하고 싶다면 건너뛸 수 있습니다. 예를 들어 구리 영역을 사용하여 GND 네트를 연결하려면 GND 네트를 건너뛸 수 있습니다. 라우트된 트랙을 예약하려면 'Skip Routed Nets'를 선택해야 합니다.

3. 실행합니다.

"실행(Run)" 버튼을 클릭한 후 실시간 확인란을 통해 진행 상황을 확인할 수 있지만 프로세스가 약간 느려집니다

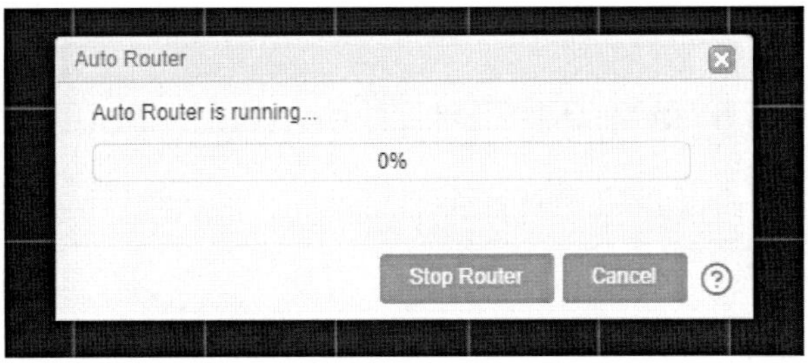

몇 분 동안 기다리면 하단 및 상단 구리 영역을 추가한 후 완성된 PCB 보드를 얻을 수 있습니다. 완료되면 다음과 같은 창이 팝업됩니다.

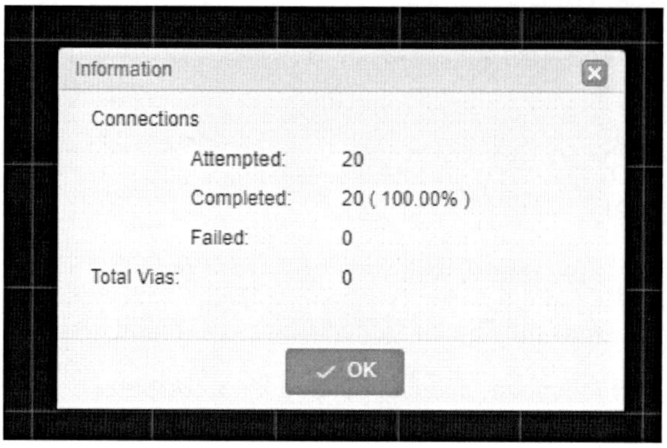

연결은 트랙 연결 시간을 의미합니다.

주의

매개변수는 DRC 규칙보다 작을 수 없으며, 그렇지 않으면 오류를 보고합니다.

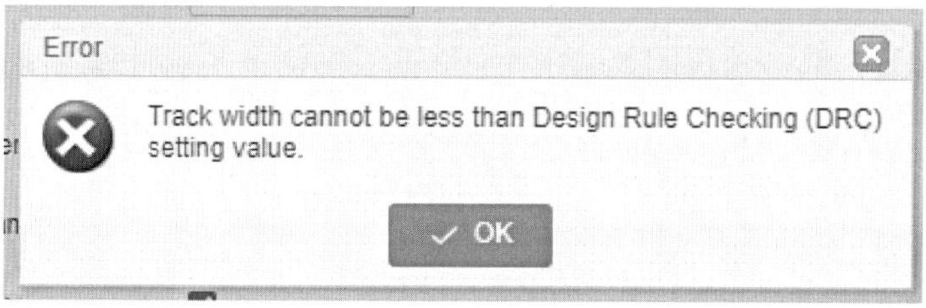

4.8.5 로컬 자동 라우터(Local Auto Router)

EasyEDA는 많은 사용자가 클라우드 서버를 사용하면 클라우드 자동 라우터가 실패하기 때문에 클라우드 서버를 사용하는 것보다 로컬 자동 라우터를 사용하는 것이 좋습니다. 64비트 시스템만 지원합니다.

로컬 자동 라우터 설치와 실행은 다음과 같습니다.

1. 로컬 자동 라우터 서버를 다운로드합니다.
   EasyEDA : EasyEDA Router.zip (134MB)
   (https://image.easyeda.com/files/EasyEDA-Router-v0.8.11.zip)

지원 OS:

– Windows7(x64) or later 64bit Windows

– Ubuntu17.04(x64) or other 64bit Linux, Linux recommend Deepin

– macOS(x64)

[2] 드라이버 D와 같은 사용자 폴더에 압축을 풉니다.

[3] 브라우저를 구성합니다.

주의

최신 크롬이나 파이어폭스를 이용해주세요!!!

1. Chrome

   Chrome 브라우저는 구성할 필요가 없습니다. 로컬 자동 라우터를 사용할 수 없는 경우 Chrome을 버전 60.0.3112.78 이상으로 업그레이드해야 합니다.

2. Firefox

   주소 표시줄에 "about:config"를 입력한 다음 Enter 키를 누릅니다.

   아래와 같이 옵션을 검색하고 더블 클릭합니다(값을 "true"로 변경).

network.websocket.allowInsecureFromHTTPS

security.mixed_content.block_active_content

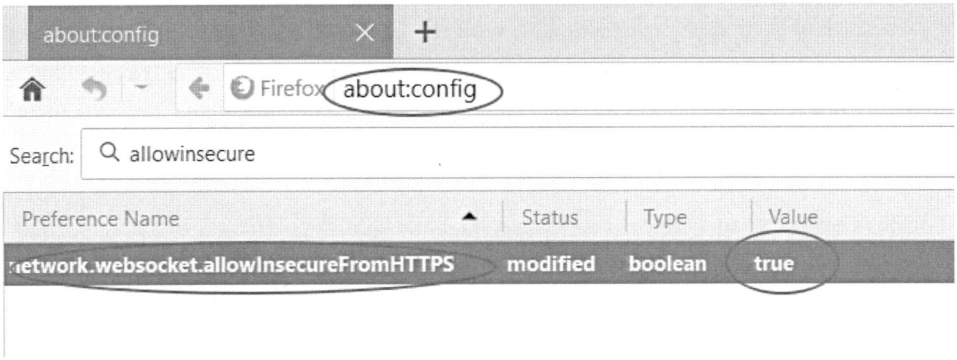

Firefox를 다시 엽니다.

4 압축 해제 폴더를 열고 로컬 자동 라우터를 시작합니다 (설치할 필요 없이 실행하고 명령 창을 열어 두십시오):

□ Windows에서 win64.bat를 두 번 클릭합니다.

□ Linux의 명령 터미널에서 sh lin64.sh를 실행합니다. 터미널을 열고 cd 명령을 사용하여 디렉토리를 lin64.sh 위치로 변경하고 sh lin64.sh를 입력한 다음 입력합니다.

□ MacOS의 명령 프롬프트에서 sh mac64.sh를 실행합니다. 터미널을 열고 cd 명령을 사용하여 디렉토리를 mac64.sh 위치로 변경하고 sh mac64.sh를 입력한 다음 입력합니다.

5 편집기를 열고 PCB를 연 다음 편집기에서 Auto Router 아이콘을 클릭하여 자동 라우터를 시작합니다. 로컬 라우터 서버를 사용할 수 있는 경우 대화 상자에서 알려줍니다. Run 버튼을 클릭하면 대화 상자에 프로세스가 표시됩니다.

때때로, 자동 라우터가 완료할 수 없는 경우, 다음의 방법들을 시도해 보기 바랍니다.

- PCB 네트에 다음과 같은 특수 문자(~ \ / [ ] = 등)가 포함되어 있지 않은지 확인하십시오. 글자 - 및_가 지원됩니다.
- 보드 아웃라인이 겹침 상황이나 닫혀 있는지 확인하십시오.
- 두 개의 다른 네트워크 패드가 겹치거나 풋프린트 내 동일한 위치에 있는 다른 네트 패드와 같은 DRC 클리어런스 오류(단락 문제)가 없는지 확인하십시오.
- 보드 아웃라인 외부에 footprint이 없는지 확인하십시오.
- PCB 규칙에 소수점 이하 3자리가 없는지 확인합니다. EasyEDA 자동 라우터는 소수점 이하 2자리만 지원합니다.
- GND 네트를 건너뛰고 GND 네트에 구리 영역을 추가합니다.
- 작은 트랙과 작은 간격을 사용하되 값이 6mil 이상인지 확인하십시오.
- 자동 라우팅 전에 일부 주요 트랙을 수동으로 라우팅하고 자동 라우팅 시 이를 무시합니다.
- 더 많은 레이어, 4 레이어 또는 6 레이어를 추가하면 PCB의 단가가 더 올라갑니다.
- 부품의 레이아웃을 변경하여 서로 더 많은 공간을 확보하십시오.
- 비아/패드/솔리드 영역이 다른 네트 개체와 겹치도록 하지 마십시오.

일부 전문가들은 자동 라우터가 전문적이지 않다고 생각하기 때문에 자동 라우터를 좋아하지 않지만 자동 라우터를 사용하여 배치를 확인하여 PCB의 밀도를 확인할 수 있습니다.

4.9 Copper Pour

4.9.1 Copper Area

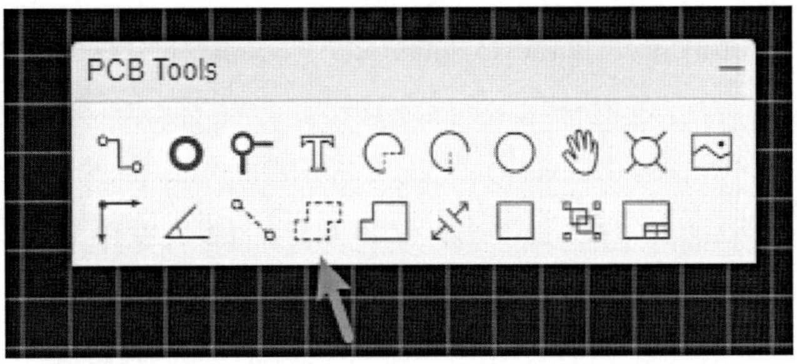

때때로 동(구리)으로 특정 영역을 채우고(Copper Pour) 싶을 것입니다. 일반적으로 구리 영역을 그린 후 연결할 네트를 설정합니다(플로팅 구리 영역은 EMC 및 SI(신호 무결성) 문제를 일으킬 수 있으므로 권장하지 않습니다).

Copper Area를 사용하기 전에 PCB보드 아웃라인이 닫혀있는(closed) 보드 아웃라인으로 되어 있는지 확인하십시오!

일반적으로 이 구리 영역은 GND 또는 전원 공급 레일과 같은 네트에 연결됩니다. PCB 도구 팔레트에서 Copper Area 버튼을 사용하여 영역의 아웃라인을 그릴 수 있습니다.

4.9.1.1 Copper Area 속성

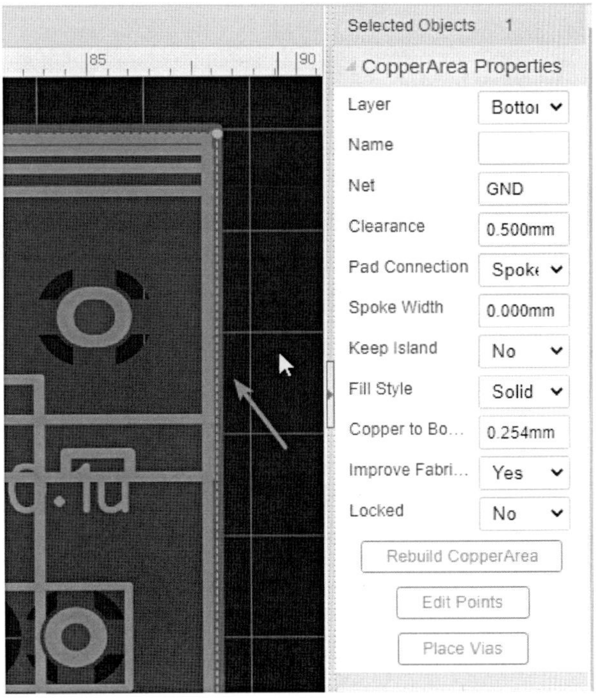

구리 영역 윤곽선을 선택할 때 오른쪽 **속성** 패널에서 속성을 찾을 수 있습니다.

- Layer: Bottom, Top, Inner1, Inner2, Inner3, Inner4 etc.
- Net: 구리 영역이 연결될 네트;
- Name: 이름을 설정합니다.
- Clearance: clearance of the copper area from other nets and floods;
- Pad Connection: 직접 또는 스포크(spoke, 즉, 십자형 히트 션트);

- Spoke Width: 패드 연결이 스포크일 때 패드와 구리 영역 채우기 연결인 스포크 너비를 설정할 수 있습니다.
- Keep Island: Yes/No. 이것은 영역을 채우는 과정의 일부로 생성된 격리된 구리 영역을 유지하거나 제거하는 것을 의미합니다. PCB에 구리(구리 균형)가 더 고르게 분포되도록 실제로 필요한 경우가 아니면 일반적으로 이를 제거하는 것이 좋습니다.
- Fill Style: Solid/No Solid/Grid. No Solid을 선택하면 트랙을 더 명확하게 볼 수 있도록 채우기가 제거됩니다. 격자 선택 시, 격자 간격과 격자 너비를 설정할 수 있습니다.
- Copper to BoardOutline: 보드 아웃라인과 구리 사이의 간격(clearance)을 설정합니다.
- Improve Fabrcation: Yes/No. No로 설정하면 PCB 제작에 좋지 않은 많은 날카로운 구리 모서리가 보일 것입니다.
- Rebuild CopperArea: 변경 사항이 있는 경우 버튼을 클릭하여 구리 영역 업데이트합니다.
- Edit Points: 구리 영역 모양을 원하는 대로 수동으로 편집할 수 있습니다.
- Add/Remove Vias: 동일한 네트를 가진 두 개 이상의 레이어에 구리 영역을 추가할 때 구리 채우기 영역에 대해 여러 개의 비아를 추가할 수 있습니다. Add/Remove Via 버튼을 클릭한 다음 비아 매개변수를 설정합니다. 비아가 DRC와 충돌하는 경우 비아는 객체를 피합니다.

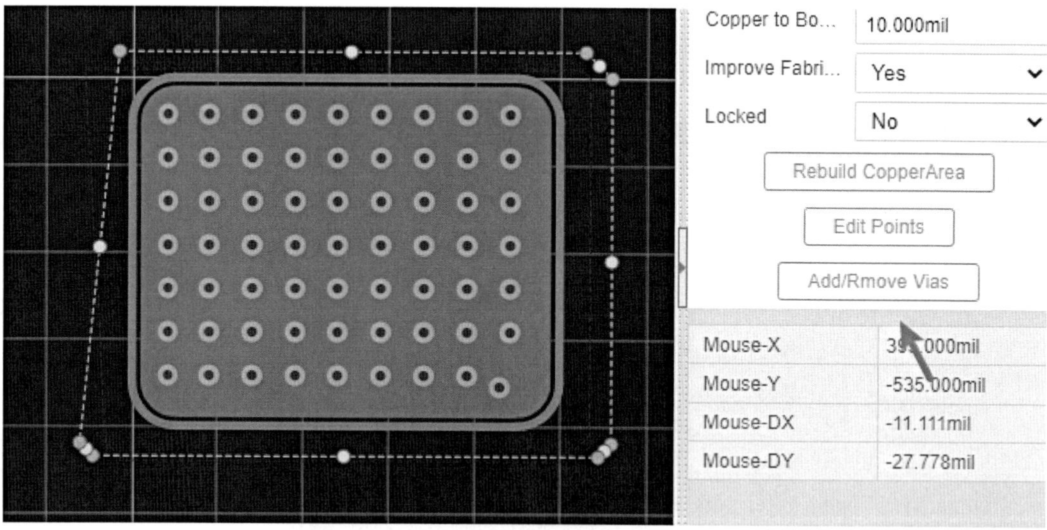

4.9.1.2 유용한 팁들...

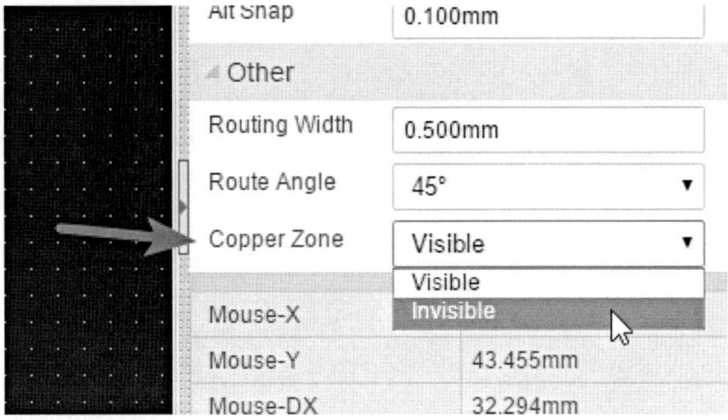

- 단축키 E: 구리 영역 그리기를 시작
- 단축키 L: 그리기 유형 변경(90도 또는 45도 또는 Arc)
- 단축키 Shift+B : 모든 구리 영역 업데이트(rebuild).
- 단축키 Shift+M : 구리 채우기 영역을 숨기기. 구리 윤곽선만 표시하면 됩니다.
- 단축키 Del or BackSpace : 이전 단계의 반복.
- Copper pour후 구리 영역이 표시되지 않으면 PCB 네트와 동일한 네트로 설정하거나 아일랜드를 YES로 유지하고 Rebuild Copper Area 버튼 또는 Shift+B를 통해 구리 영역을 재구축, 업데이트해야 합니다.
- 구리 영역을 숨기고 라우팅 트랙을 유지하려면 오른쪽 패널에서 구리 영역을 보이지 않게 설정할 수 있습니다.
- 일부 구리 모서리를 잘라내려면 "Solid Region - No Solid"를 사용하고, 다른 네트를 설정하여 구리 영역을 다시 만들 수 있습니다.

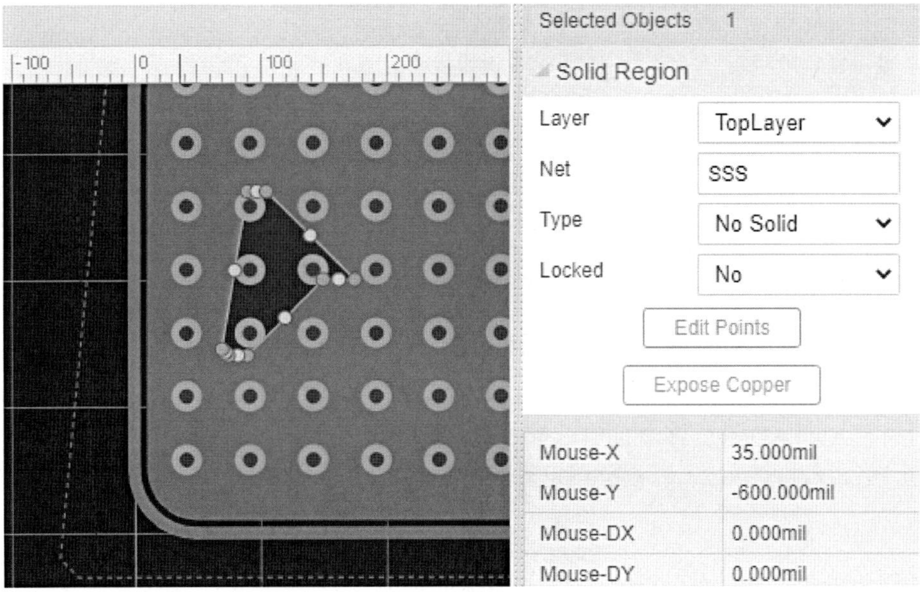

4.9.1.3 주의사항

- 브라우저의 성능 문제로 인해 EasyEDA는 실시간 copper pour를 지원하지 않습니다. PCB 수정 후 핫키 Shift+B를 통해 구리 영역을 다시 빌드하십시오.
- EasyEDA는 구리 영역 클릭을 지원하지 않습니다. 구리 윤곽선을 클릭하여 선택해야 합니다.
- 구리로 채워진 데이터는 클라이언트나 브라우저에 저장되며(일부 구리로 채워진 데이터는 너무 커서 서버에 저장할 수 없기 때문입니다), 구리 영역 아웃라인 데이터는 파일에 저장됩니다. 따라서 PCB가 처음 열릴 때 구리 영역이 채워진 데이터가 자동으로 로컬에서 채워지고 두 번째 PCB가 열릴 때 채워진 데이터가 로컬 저장소에서 자동으로 로드됩니다. 금지된 동박 영역을 그려야 하는 경우 "Fill Type"의 "No Solid" 속성을 사용하여 동(구리) 영역을 잘라내고 다시 작성하십시오. 금지된 구리 채움 영역을 만들기 위한 와이어 또는 원으로 영역을 그린 다음 제거하는 작업을 사용하지 마십시오.

4.9.1.4 FAQ

때때로 Copper pour하는데 시간이 오래 걸리는 이유는 다음과 같습니다.

- 일반적으로 PCB에서 가져온 Altium Design 파일에 나타나는 많은 수의 폴리곤 패드가 PCB에 있는지 확인하고, 그렇다면 수동으로 원형 또는 직사각형 패드로 수정하십시오.

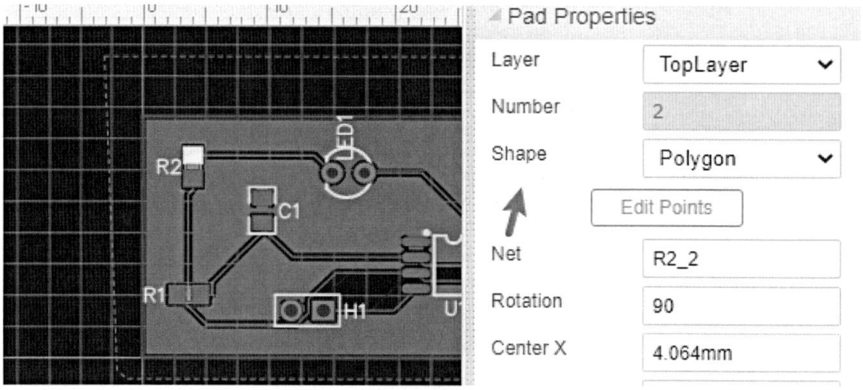

- 가져온 Altium Design PCB에 일반적으로 나타나는 많은 수의 와이어 아크가 있는지 확인하십시오. Altium Design 그림은 많은 수의 트랙 세그먼트가 결합되어 있으므로 수동으로 제거해야 합니다.
- 보드 아웃라인이 복잡하거나 윤곽선이 겹치고 있는지 확인하고 수동으로 조정하여 보드 외곽선 수를 줄이십시오.

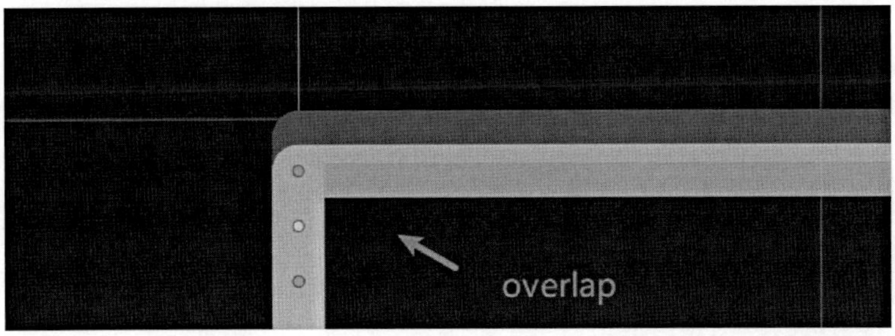

Copper pour후 구리 채우기를 표시하지 않은 이유

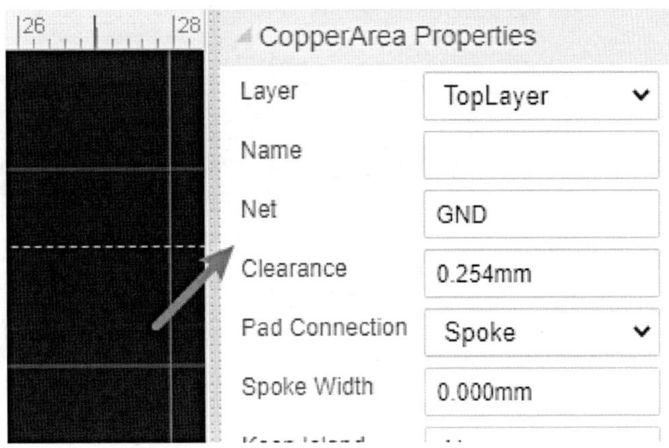

- 구리 영역 네트에는 현재 레이어와 동일한 패드 또는 비아가 있어야 합니다. 그렇지 않으면 제거할 아일랜드(island)으로 간주됩니다. 구리 와이어 프레임을 클릭하여 오른쪽 속성 패널에서 네트를 수정합니다. 예를 들어 패드 네트는 VCC이고 구리 네트는 VCC로 설정해야 합니다.

- 구리 영역을 변경하지 않으면 구리 아웃라인을 클릭하고 오른쪽 속성 패널에서 "Keep Island" 속성을 예로 수정할 수 있습니다. EasyEAD의 구리 영역 논리는 연결 여부에 따라 아일랜드(island)인지 여부를 결정하며 동일한 네트에 부품 연결이 없으면 구리 영역은 아일랜드(island)로 간주됩니다.
- 편집기 버전이 위의 6.3이상인지 확인하십시오. 버전 6.2에서 열린 6.3 PCB 보드는 구리를 제대로 채울 수 없습니다.
  CTRL+F5 새로고침 편집기 페이지를 6.3으로 업그레이드하세요. 6.3으로 업그레이드할 수 없는 것이 사실이라면 구리 영역을 제거하고 다시 그려야 합니다.

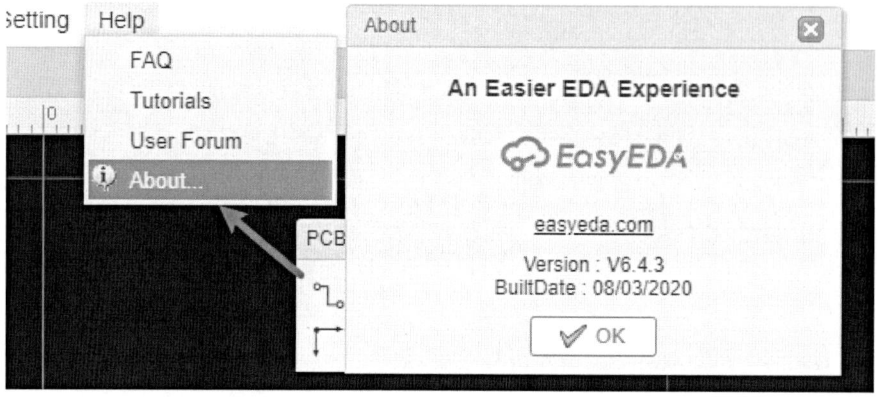

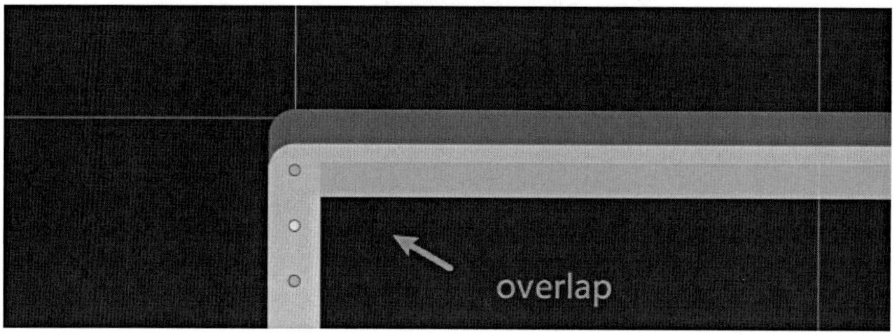

• 보드 아웃라인이 닫혀 있고 끝점이 트랙 사이에 닫혀 있어야 하는지, 보드 아웃라인의 겹치는 부분이 있는지 확인합니다(일반적으로 가져온 PCB 내부). 모든 레이어를 숨길 수 있게 되면 보드 아웃라인 레이어 보기만 표시되고 각 세그먼트를 주의 깊게 검사합니다.

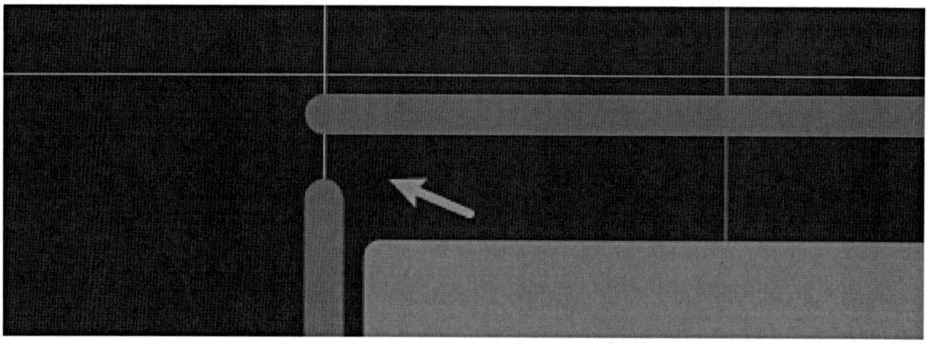

• 구리 영역 속성이 No Solid 유형으로 설정되어 있고 Solid 또는 Grid로 설정해야 하는지 확인하십시오.

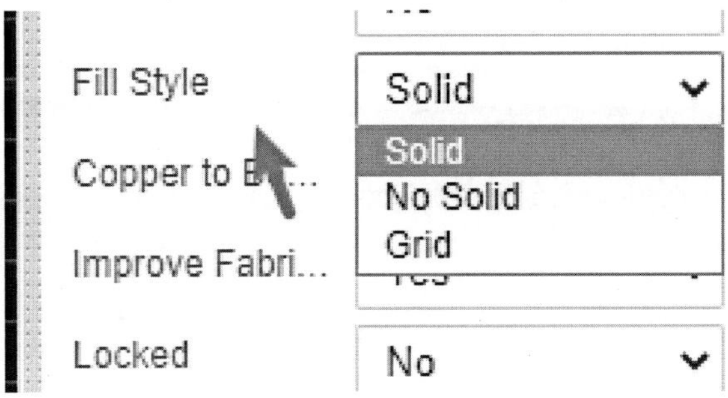

• 구리 영역을 보이지 않게 할지 여부는 캔버스 오른쪽에서 구리 영역을 Visible로 설정합니다.

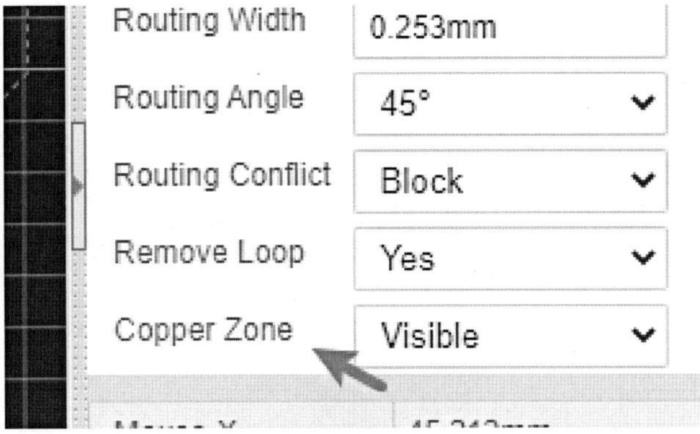

동일한 네트인 두 구리 영역이 겹칠 때 래트라인이 사라지지 않는 이유

• 현재로서는 이를 지원하지 않으므로 래트라인 생성이 매우 느려집니다. 이러한 구리 영역을 연결하려면 수동으로 트랙을 라우팅하십시오.

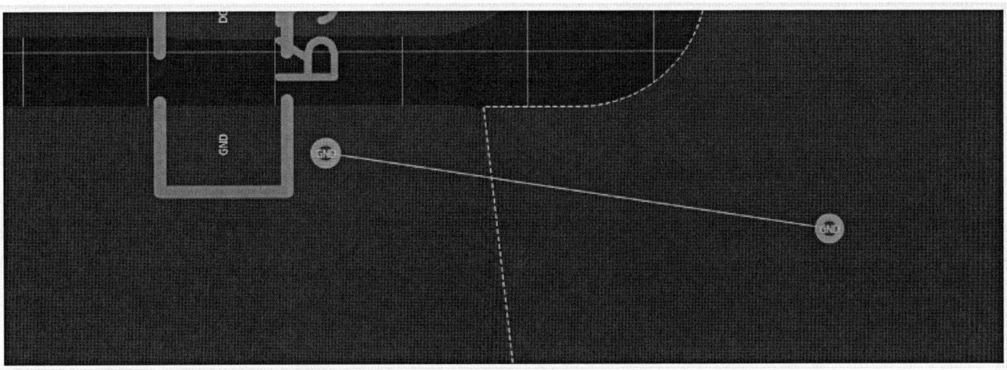

4.9.2 구리 영역 관리자(Copper Area Manager)

EasyEDA는 구리 영역 관리자를 지원합니다. 구리 영역의 순서를 설정하고 적용할 수 있습니다. 순방향 구리 영역이 먼저 채워질 것입니다. (Top Menu – Tools – Copper Area Manager)

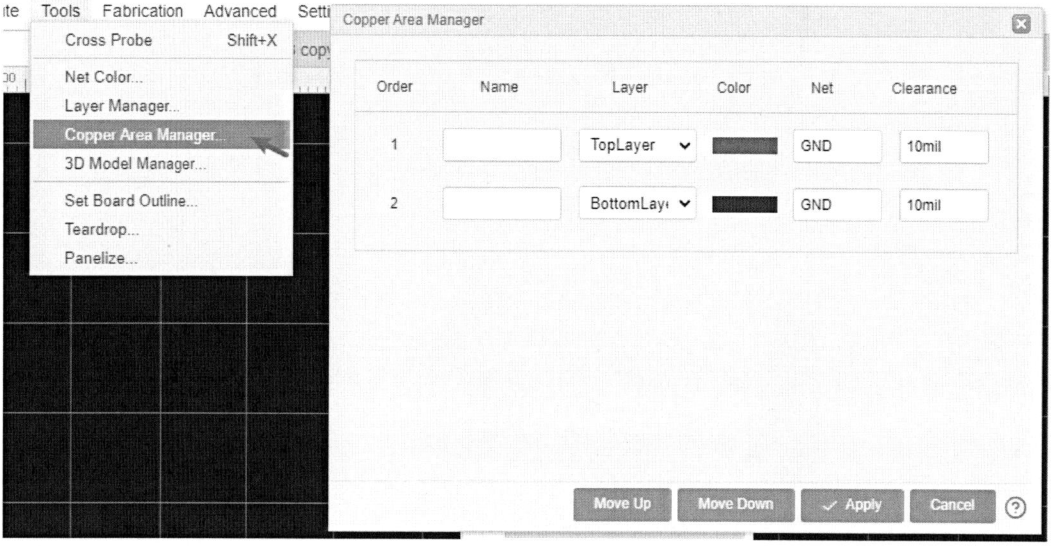

예를 들어, 상단의 GND와 상단의 VCC를 보면 클리어런스가 다른 것을 볼 수 있습니다.

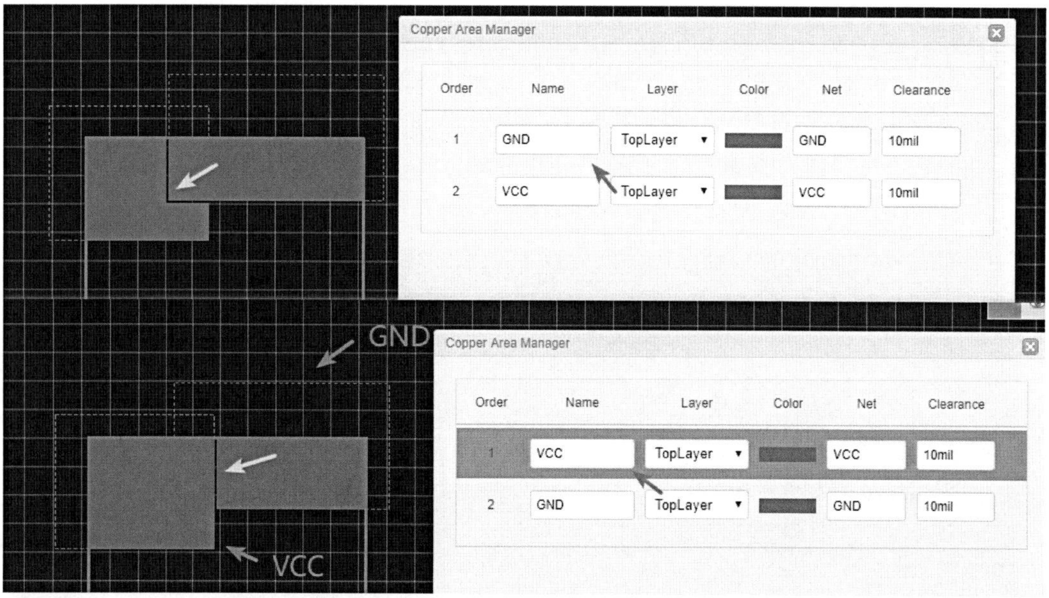

05

PCB 풋프린트 라이브러리 (PCB Footprint Library)

5.1 Footprint 만들기

5.1.1 Footprint 만들기

EasyEDA 라이브러리에 없는 PCB footprint가 필요할 때가 있습니다.

5.1.1.1 Footprint 도구

자신의 Footprints를 만드는 과정은 자신의 Schematic Libs에 대한 기호를 만드는 방법과 매우 유사합니다. Footprint 도구는 일부 기능이 부족할 뿐 PCB 도구와 거의 동일합니다.

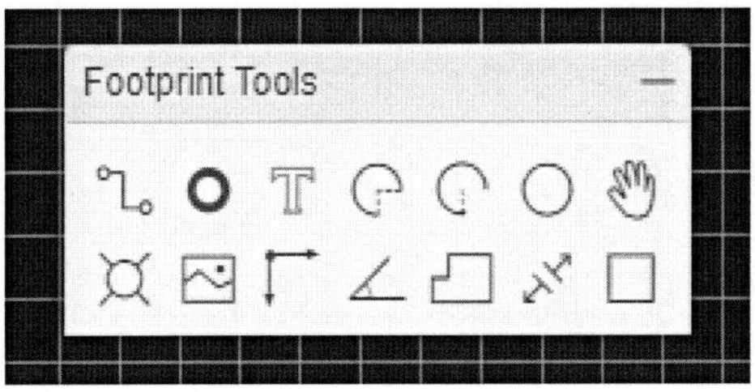

5.1.1.2 Footprint 만들기

아래와 같이 또는 다음을 수행하여 새 Footprint를 시작합니다. (File 〉 New 〉 Footprint)

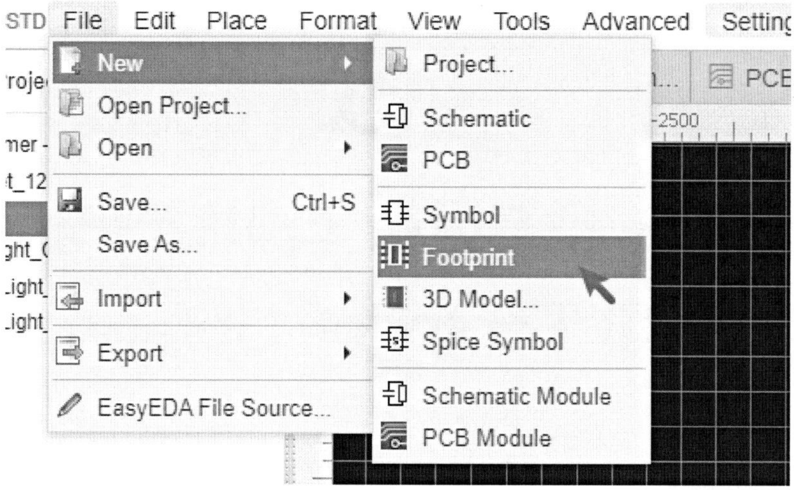

그러면 새 Footprint편집기가 열립니다.

5.1.1.3 그리기 단계

① SOIC-8과 같은 Footprint을 그리는 데 필요한 데이터시트를 다운로드합니다.
예: PDF:UC2844BD1R2G
(https://image.easyeda.com/files/ON-Semicon-ON-UC2844BD1R2G_C77262.pdf)

② 데이터 시트를 읽고 Footprint의 0도를 확인하십시오 (0도는 회전하지 않고 PCB에 놓을 때 Footprint의 방향입니다). 오른쪽 0도는 PCB SMT에 도움이 됩니다.

③ Footprint크기, 패드/핀 방향, 극성을 확인한 후 패드를 캔버스에 올려 놓습니다. 실제 사용 상황에 따라 패드 크기를 조정할 수 있습니다.

- 부품IC의 핀 방향(1페이지).

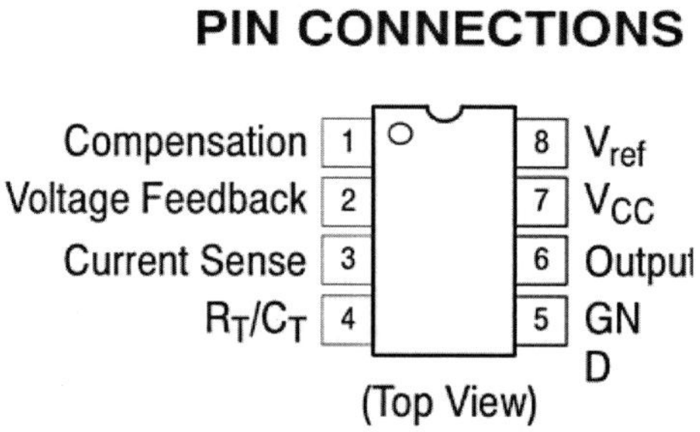

• Footprint 극성,(1 &18페이지).

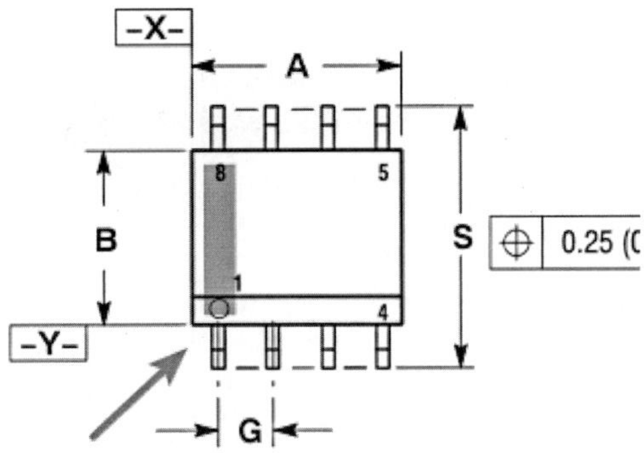

• 18페이지에 따라 맨 위 레이어의 캔버스에 하나의 패드를 놓고 패드 번호, 크기, 모양 유형 등을 변경한 다음, 그에 대한 좌표를 설정하고 더 적은 패드를 배치하면 "Top Menu - Align" 도구를 사용하여 위치에 맞게 패드를 정렬합니다. 마우스나 방향키로 패드를 조금씩 움직이고 싶다면 오른쪽 패널에서 새로운 스냅 크기를 설정할 수 있습니다.

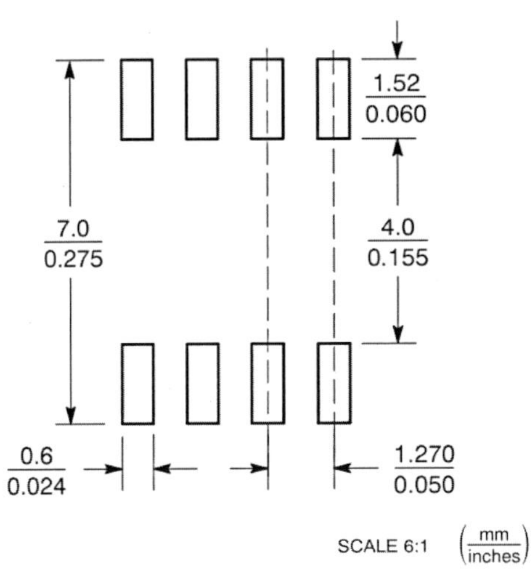

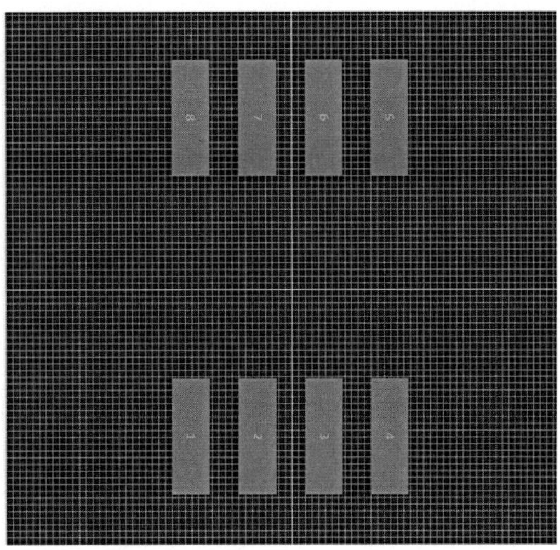

④ Footprint 실크 스크린 그리기. 때로는 기계 또는 문서 레이어에 표시와 텍스트를 추가할 수 있습니다.

• 레이어를 TopSlikLayer로 전환

• 트랙과 호를 사용하여 실크 스크린을 그립니다. 에디터는 현재 retangle 실크 스크린 그리기를 지원하지 않습니다.

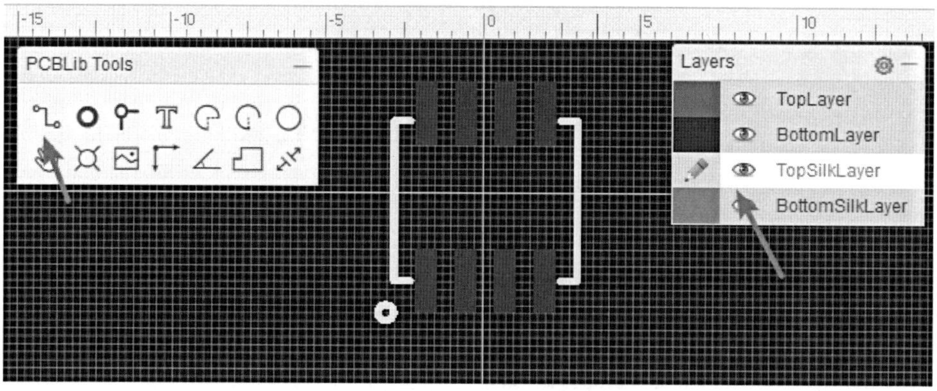

⑤ 오른쪽 "Custom Attributes"에 footprint제목과 접두어를 입력한 다음 저장합니다. 저장할 때 태그, 설명, footprint 데이터시트 링크 및 footprint크기를 추가하도록 제안하는 설명을 채우십시오. 이는 디자인에 사용할 수 있는지 여부를 귀하 또는 다른 사람들이 이 footprint를 인식하는 데 도움이 될 수 있습니다.

⑥ 치수 도구를 사용하여 Top Menu - Tools - Check Dimension을 통해 footprint 크기를 확인합니다.

⑧ 원점을 설정합니다. "Top Menu - Place - Set Canvas Origin - By Center of Pads"를 통해 원점을 설정할 수 있습니다.

⑨ 저장합니다.

그런 다음 PCB footprint 생성이 완료됩니다.

주의

- 원점. 심볼을 캔버스에 배치할 때 회전을 단순화하려면 모든 심볼이 해당 지점을 중심으로 최대한 가깝게 생성되었는지 확인하십시오. Footprint 중심을 원점으로 제안합니다. 캔버스에 놓을 때 회전에 도움이 되며 SMT를 더 빨리 수행하는 데 도움이 됩니다.
- 그리드에 하나 이상의 중심점을 제안하는 패드 센터는 트랙을 연결하기 어려운 문제를 일으키는 PCB에 놓을 때 피하십시오.
- 패드 번호는 숫자 및 알파벳으로 설정할 수 있으며 SchematicLib의 핀 번호와 일치해야 합니다. 그렇지 않으면 이 Footprint에 할당된 부품이 Footprint 관리자에서 오류를 경고하고 회로도를 PCB로 변환할 수 없습니다.
- 마우스로 놓으면 패드 번호가 늘어나는데 복사해서 붙여넣기 하면 숫자가 늘어나지 않습니다.

Others

- 완성된 footprint의 패드가 그리드에 정확히 스냅되도록 하고 네트를 연결하려면 올바른 스냅 및 그리드 크기를 설정하는 것이 중요합니다. 예를 들어, DIP footprint를 생성하는 경우 그리드 크기를 100mil로 설정합니다.
- TopSilkLayer에 구성 요소 윤곽선 및 연결된 핀 식별 표시 또는 텍스트와 같은 다른 모든 모양을 유지합니다. EasyEDA는 PCB에 footprint를 배치할 때 실제 레이어 할당을 자동으로 처리합니다.
- Ctrl+S를 눌러 footprint를 저장하면 왼쪽 탐색 패널의 Libraries > Classes: Footprint > Personal > Created 섹션에 저장된 디자인을 찾을 수 있습니다.
- 패드/비아의 환형 링이 너무 작습니다. 환형 링(>= 4mil)을 유지하십시오. 이 경우 '구멍'을 추가할 수 있습니다.

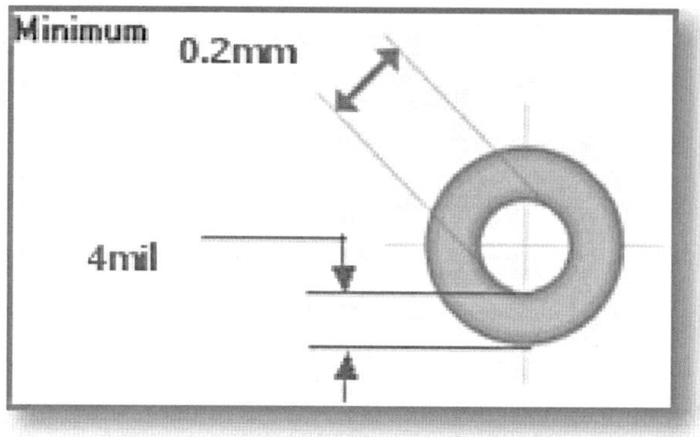

5.1.2 패드 속성

Footprint Tools 팔레트에서 Pads 버튼을 사용하거나 P 단축키를 사용하여 패드를 추가할 수 있습니다. 패드 중 하나를 선택한 후 오른쪽 속성 패널에서 속성을 보고 조정할 수 있습니다.

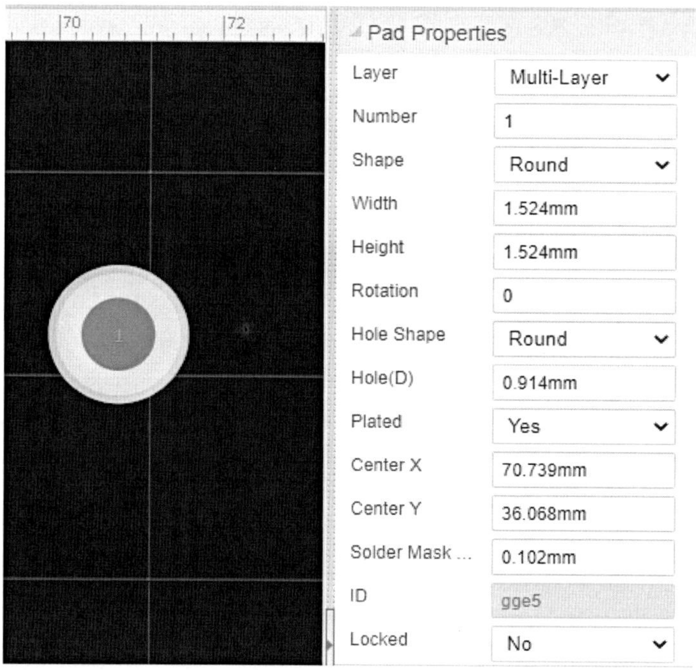

Number: 회로도 기호에 설정한 핀 번호 기억: 해당 회로도 기호 핀을 PCB footprint의 패드에 연결하려면 여기 footprint에 설정한 패드 번호가 동일해야 합니다.

Shape: Round , Rectangular , Oval and Polygon.

EasyEDA는 Round , Rectangular , OVAL 및 POLYGON의 네 가지 모양을 지원합니다.

- OVAL PAD가 더 많은 공간을 제공합니다.
- POLYGON PAD를 사용하면 이상한 패드를 만들 수 있습니다.

아래 이미지와 같이 POLYGON PAD를 선택하면 PAD의 포인트를 편집할 수 있습니다.

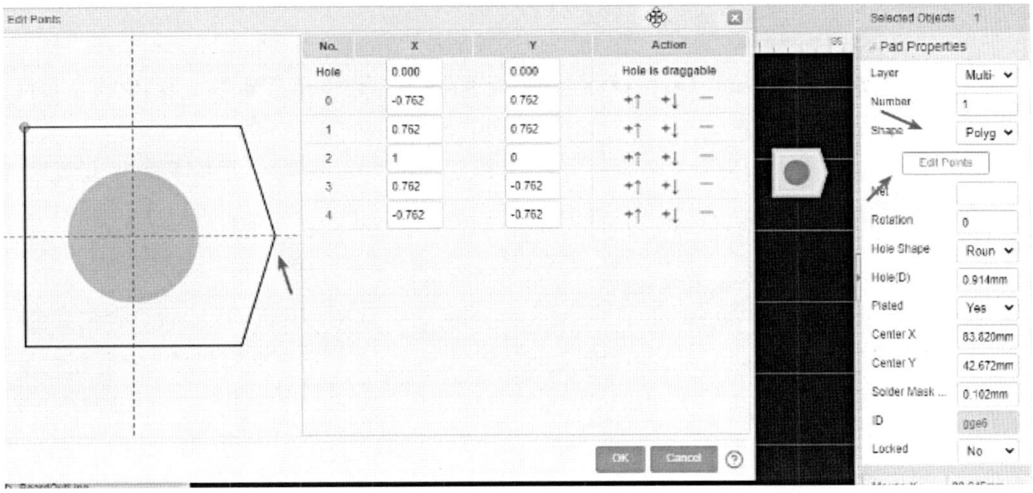

Layer: 패드가 SMD footprint의 일부인 경우 Top layer 또는 Bottom layer로 설정할 수 있습니다. 관통 구멍(through-hole) 부품의 경우 Multi-Layer로 설정해야 합니다.

Net: 현재 이 footprint는 회로의 어떤 것과도 연결되어 있지 않기 때문에 여기에 아무 것도 입력할 필요가 없습니다.

Width and Height: 모양이 원형으로 설정되면 너비는 높이와 같습니다.

Rotation: 여기서 패드의 회전을 원하는 대로 설정할 수 있습니다.

Hole(D): 관통 구멍 패드용 드릴 구멍 직경입니다. SMD 패드의 경우 0으로 설정합니다.

Center-X and Center-Y: 이 두 가지 속성을 이용하면 마우스를 사용하는 것보다 더 정확하게 패드의 위치를 설정할 수 있습니다.

Plated: Yes or No. 패드가 다층 패드일 때 도금을 하지 않으면 이 패드의 윗면과 아랫면이 서로 연결되지 않습니다.

5.2 Footprint 편집

5.2.1 라이브러리에서 footprint 편집

Footprints(footprint)를 찾았지만 디자인이 마음에 들지 않는 경우에는 개인 PCB Footprint로 저장하여 편집할 수 있습니다.

(Library 〉 Footprint 〉 Search Component/Personal/LCSC/System 〉 Select footprint 〉 Edit)

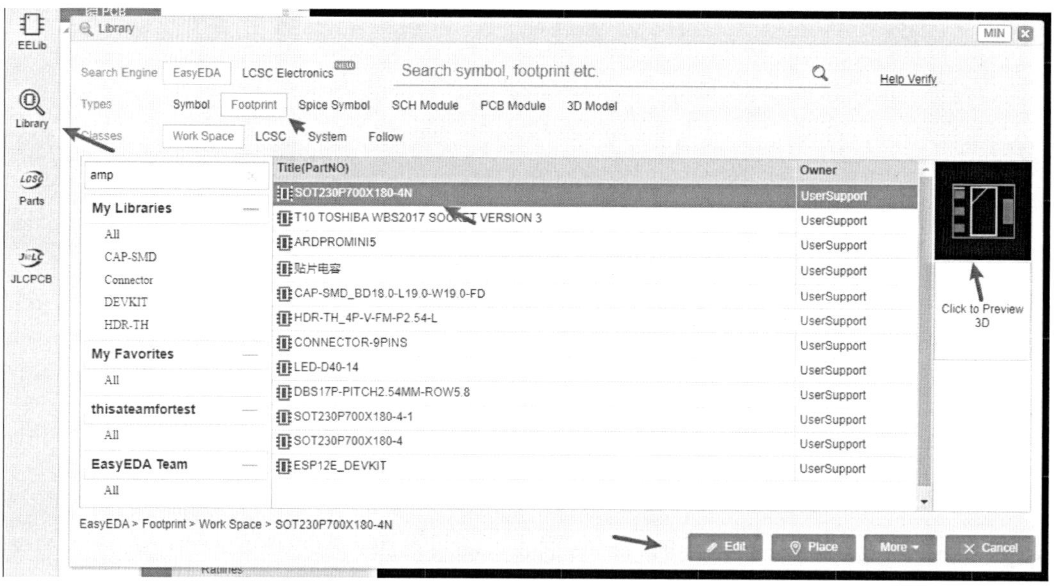

패드 크기, 모양 윤곽 등을 편집할 수 있습니다. 완료하고 저장하면 "Created" 개인 라이브러리에 저장되고 개인 라이브러리가 됩니다.

Fotoprint를 저장할 때 footprint에 대한 태그를 추가할 수 있습니다.

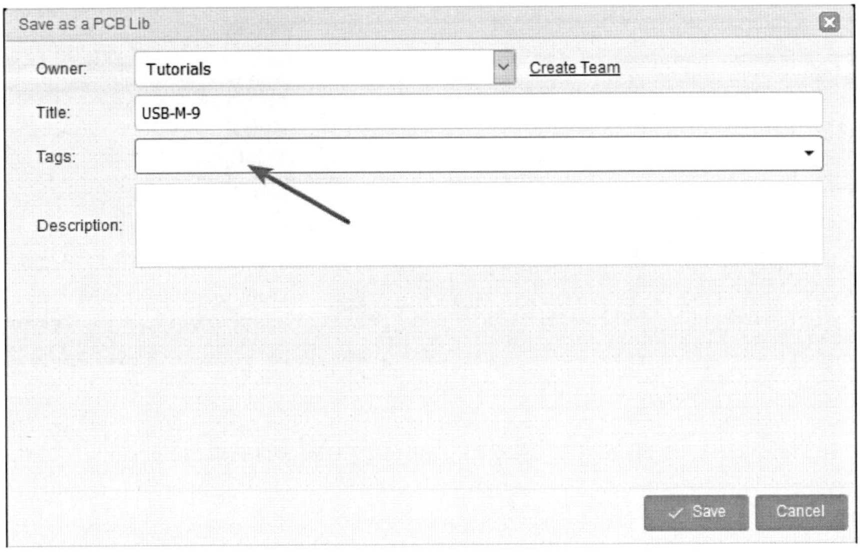

"Library" 부품 목록에서 저장된 Footprint 태그를 수정합니다.

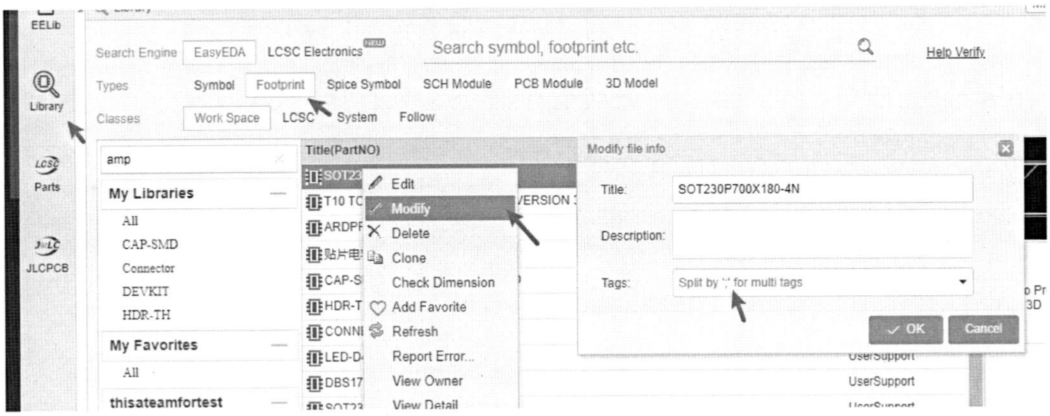

5.2.2 PCB에서의 Fotoprint 편집

PCB에서 패키지(footprint)를 수정하고자 한다면 회로도와 같은 Ungroup/Group 기능을 사용하면 됩니다. PCB **도구** 팔레트에는 Group/Ungroup Symbol… 버튼이 있습니다.

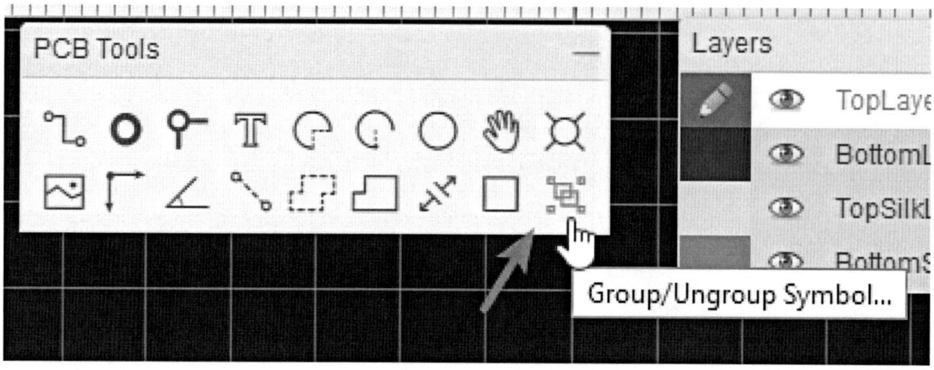

이 도구는 라이브러리 기호를 빠르게 생성하거나 편집하기 위한 것입니다.

① Footprint를 선택합니다.

② Group/Ungroup Symbol… 버튼을 클릭합니다.

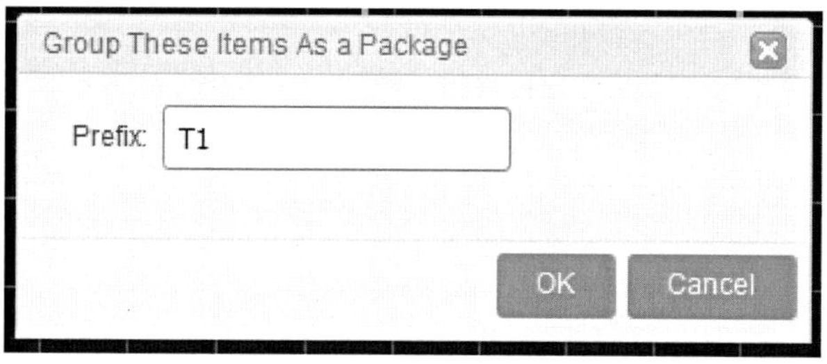

여기까지는 서로 특별한 연관이 없는 별도의 항목인 분리된 패드 모음, 그려진 실크 레이어 트랙 및 일부 텍스트가 있습니다.

① 변경하려는 모양 또는 패드 편집합니다.

② 모든 항목을 선택하고 Group/Ungroup Symbol… 버튼을 클릭하면, 다음과 같은 대화상자가 열립니다.

확인을 클릭하면 이러한 모든 개별 요소가 함께 그룹화되어 PCB에서 직접 새 기호를 형성합니다. 그룹 기능을 사용하여 Schematic/PCB의 모든 기호를 쉽고 빠르게 생성/편집할 수 있습니다.

참고

- Footprint를 그룹 해제하기 전에 먼저 레이어를 Toplayer로 변경하십시오.
- 그룹화 후 footprint는 Toplayer에 있기 때문입니다.

5.3 3D 모델 가져오기

5.3.1 3D 파일 가져오기

EasyEDA는 3D 모델 가져오기를 지원하며 PCB는 3D 미리보기를 수행할 때 멋진 3D 모델을 볼 수 있습니다. PCB 3D 모델 파일 내보내기는 아직 지원되지 않습니다.

5.3.1.1 3D 모델 그리기 또는 다운로드

참고: 현재 "WRL(VRML)" 및 "obj"의 3D 모델만 지원됩니다. WRL은 압축 없이 직접 가져올 수 있습니다. Obj는 MLT 파일과 함께 zip 파일로 압축한 다음 가져와야 하며, 일반적으로 obj 파일을 다운로드할 때 MLT 파일을 가져옵니다. 다른 형식의 3D 파일은 향후 지원될 예정입니다.

파일 접미사(Suffixes)는 대문자로 사용할 수 없습니다.

다운로드 주소는 다음과 같습니다:

- https://library.io/explore/3dmodels
  (MLT 파일은 obj 파일을 다운로드할 때 자동으로 다운로드됩니다.)
- https://github.com/KiCad/kicad-packages3D
- https://www.traceparts.com/zh
- https://www.3dcontentcentral.com/
- https://grabcad.com/

5.3.1.2. 새 3D 라이브러리 만들기

Top Meun – New – PCB 3D Lib에서 시작합니다.

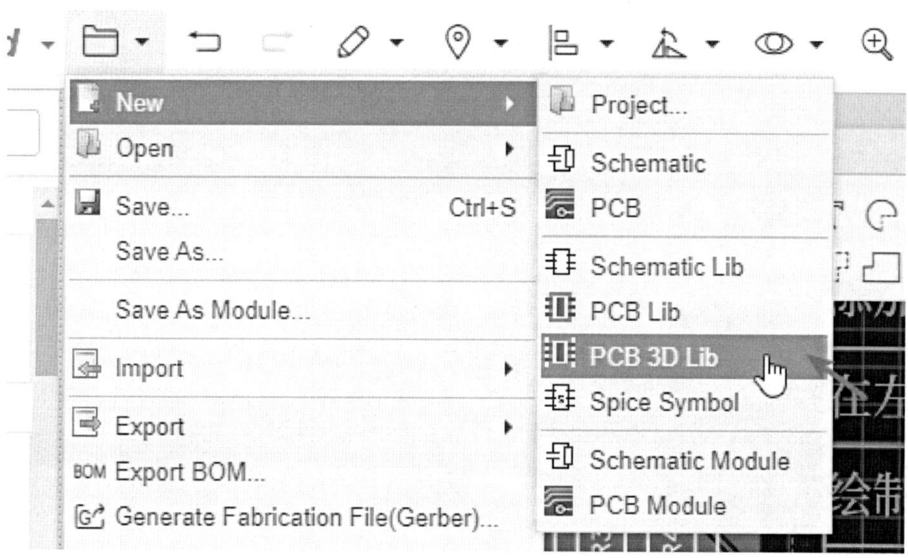

3D 라이브러리가 많은 경우 가져올 zip 파일로 압축할 수 있습니다. 하나의 zip 파일에 WRL 파일이 10개 이하입니다. 그렇지 않으면 가져오기에 실패합니다. OBJ 형식은 하나의 파일에 많은 3D 모델이 포함되어 있으므로 압축할 필요가 없습니다.

5.3.1.3. 3D model 가져오기.

가져올 3D 모델을 확인할 수 있습니다.

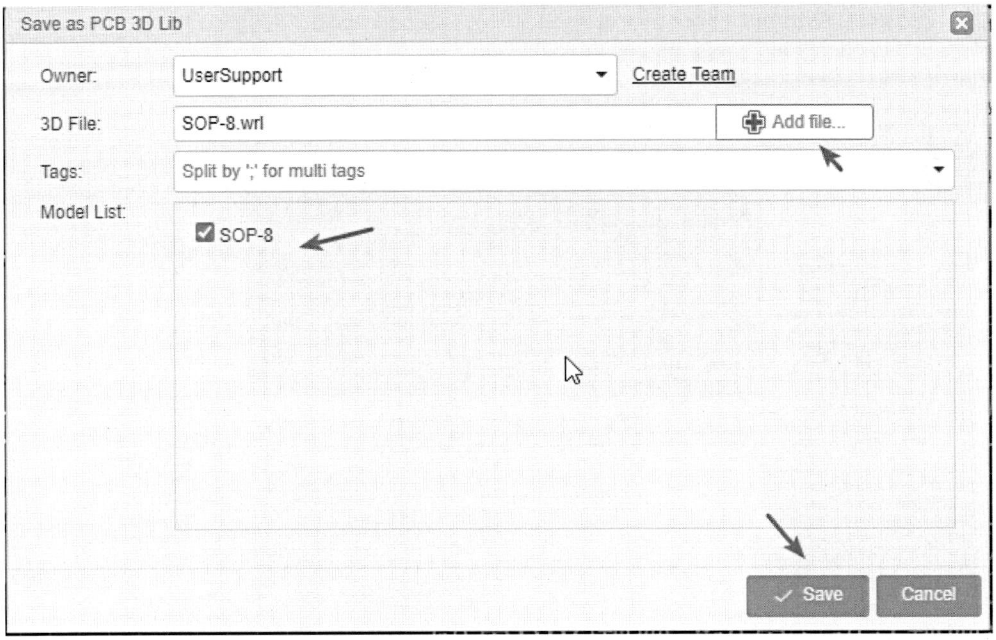

5.3.1.4. 3D 모델 지정

• PCB 또는 Footprint를 열고 "- Tools - 3D Model Manager"를 찾습니다.

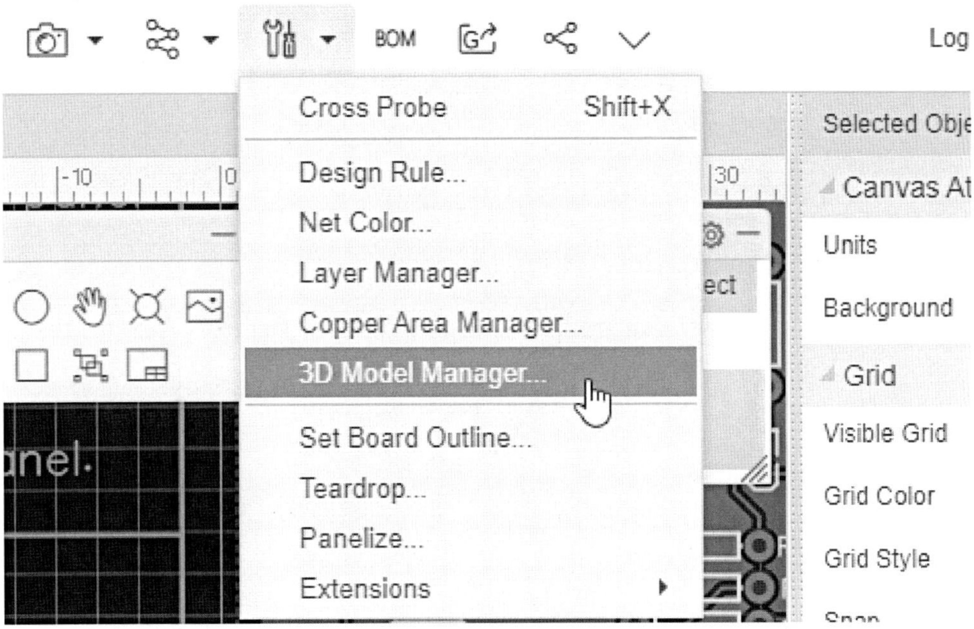

• 기본적으로 footprint 관리자 작업과 일치하는 해당 footprint 에 대해 가져온 3D 모델을 지정합니다.

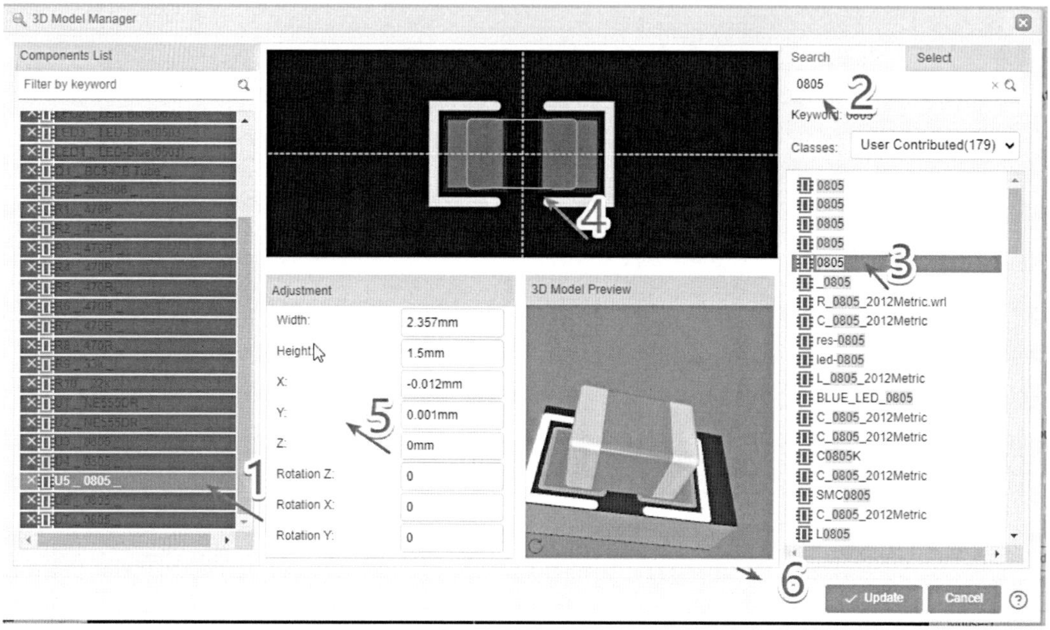

• 3D 모델과 PCB 패키징 간의 위치 및 매개변수 관계를 조정하고 업데이트를 클릭합니다.

• 지정된 3D 모델을 모두 완료한 후 전체 PCB의 3D 미리보기를 시작할 수 있습니다.

5.3.2 3D 라이브러리 편집

① Shift+F 단축키는 부품 라이브러리 대화 상자를 엽니다.

② "PCB 3D library" 및 "WorkSpace"로 전환

③ 마우스 오른쪽 버튼을 클릭하면 3D 라이브러리를 편집 및 삭제할 수 있습니다.

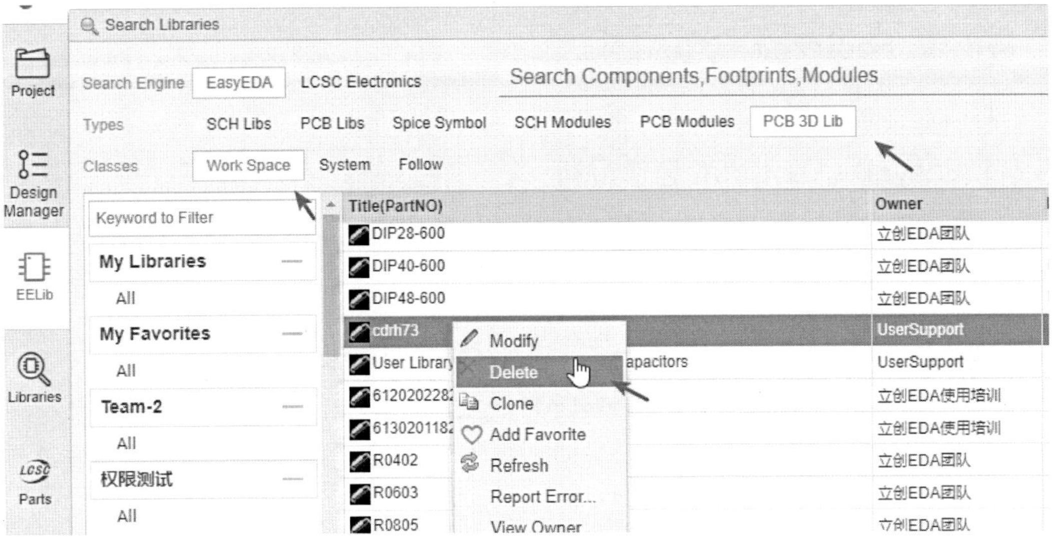

FAQ :

Q : 공식 footprint 라이브러리가 3D 모델을 먼저 지정할 수 있습니까?

A : 예, 나중에 공식 라이브러리에서 3D 모델을 지정할 것입니다. 현재 PCB 또는 PCB footprint 를 지정해야 합니다.

Q : EasyEDA는 구조 설계를 위해 전체 PCB 3D 형식을 내보낼 수 있습니까?

A : 앞으로 단계별로 지원될 예정이며, 향후에는 단계 형식 가져오기를 직접 지원할 예정입니다. 이 형식은 더 복잡하고 공부하는 데 시간이 필요합니다.

Q : EasyEDA는 향후 3D 모델 그리기를 지원합니까?

A : 현재는 지원하지 않습니다. 현재 많은 3D 렌더링 도구가 매우 성숙하거나(Auto CAD, CAXA, SolidWorks 등) 오픈 소스가 무료(FreeCAD, LibreCAD)입니다. 온라인 3D 설계 도구(onshape)도 사용할 수 있습니다.

5.4 Footprint 명명 규칙

5.4.1 EasyEDA Footprint 명명 규칙

방대한 수의 전자 엔지니어가 Footprint 이름 명명 문제에 직면할 것이며 이제 EasyEDA는 모든 사람에게 참조 체계를 제공할 것이라고 믿습니다.

각 회사는 고유한 Footprint 명명 사양이 있어야 합니다. EasyEDA도 예외는 아닙니다. EasyEDA에는 180,000개 이상의 공식 라이브러리(LCSC 라이브러리), Footprint 구성에 여러 엔지니어가 있으며, 라이브러리 일관성 및 발자국 재사용을 보장하기 위해 더 많은 통합 라이브러리 규칙 및 Footprint 명명 규칙이 필요합니다.

LCSC 엔지니어링 부서와 EasyEDA 팀이 작성한 1년 간의 실행 끝에 이제 "EasyEDA Footprint Naming Rule Reference"를 출시하게 되어 매우 기쁩니다.

EasyEDA는 반년 이상 새로운 Footprint 명명 사양 "Footprints"에 따라 설립되었으며 EasyEDA는 이 규칙에 따라 계속해서 새로운 라이브러리를 그릴 것입니다.

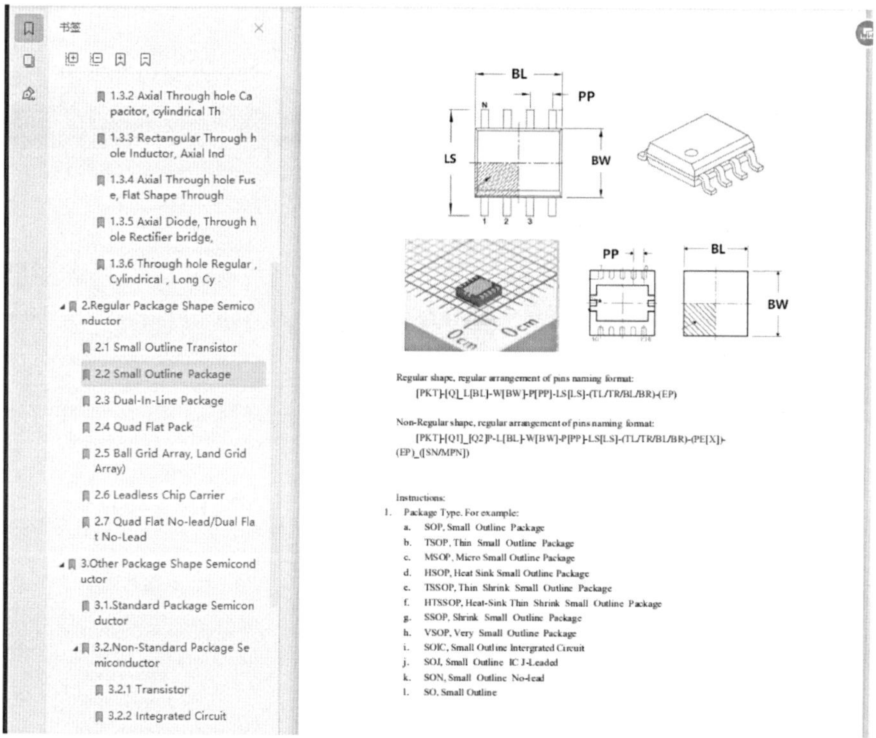

대부분의 EasyEDA 사용자는 다음 규칙을 따를 수도 있습니다.

- 지정된 패키지 유형의 구성요소를 찾으십시오.
- 이 규칙에 따라 자신이나 팀 또는 회사의 발자국을 만드십시오.
- 공식 발자국을 빠르게 재사용하십시오.

주요 특징은 다음과 같습니다:

- "package type feet number - body width - foot distance - body length - foot azimuth - polarity direction series name"의 규칙을 채택하여 사용자가 대부분의 정보를 빠르고 명확하게 풋프린트 할 수 있습니다.
- 가장 일반적인 구성 요소 분류 및 캡슐화 유형을 다루며 빠르게 찾고 질의(quert)할 수 있습니다.
- 새로운 구성 요소 또는 패키징 유형에 따라 새로운 명명 규칙을 지속적으로 확장하고 지속적으로 업데이트 및 유지 관리합니다.
- 개인 및 기업 모두 무료로 배포하는 공개 배포

EastEDA의 통합 라이브러리 규칙 및 Footprint 명명 규칙은 다음의 URL에서 확인해 볼 수 있습니다.

- EasyEDA Footprint Naming Rule Reference.pdf
- https://easyeda.com/forum/topic/EasyEDA-Footprint-Naming-Rule-Reference-9b470b52aeca46228b446f1fc0e323f0

06

가져오기

6.1 이미지 가져오기

6.1.1 Schematic으로 이미지 가져오기

그리기 도구 팔레트에서 이미지를 선택하면 이미지 자리 표시자가 캔버스에 삽입됩니다.

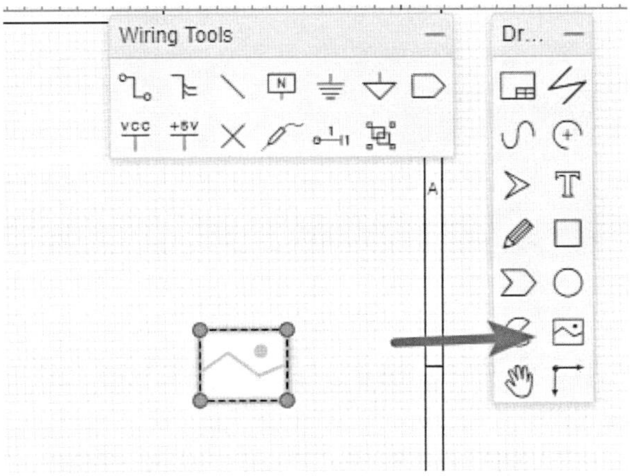

오른쪽 속성 패널에서 이미지의 속성을 볼 수 있도록 자리 표시자를 선택합니다.

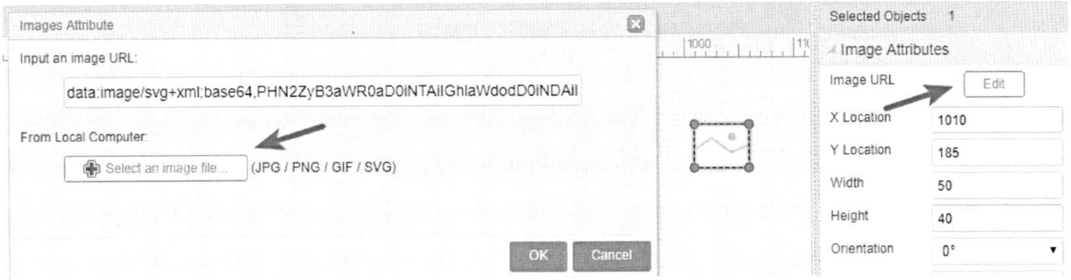

이미지의 URL을 설정합니다. 예를 들어 URL을 다음과 같이 설정합니다.

- http://upload.wikimedia.org/wikipedia/commons/thumb/c/c7/555_Pinout.svg/220px-555_Pinout.svg.png

이미지가 다음과 같이 보이게 됩니다.

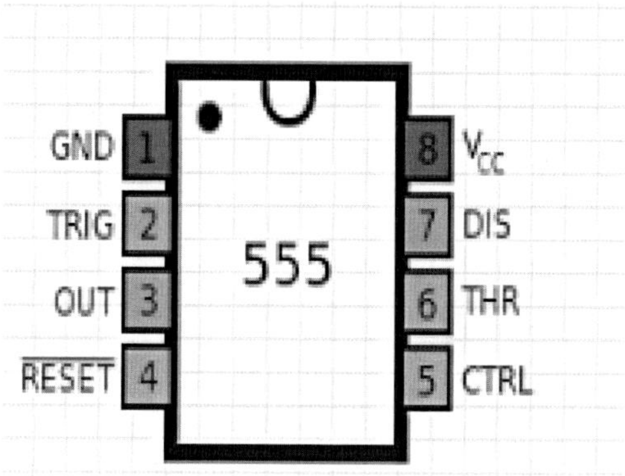

참고

현재 EasyEDA는 이미지를 호스팅할 수 없으므로 http://www.imgur.com과 같은 이미지 공유 사이트에 이미지를 업로드해야 합니다.

6.1.2 PCB로 이미지 가져오기

PCB 및 Footprint 편집기에는 PCB 도구 모음에 멋진 기능이 있습니다.

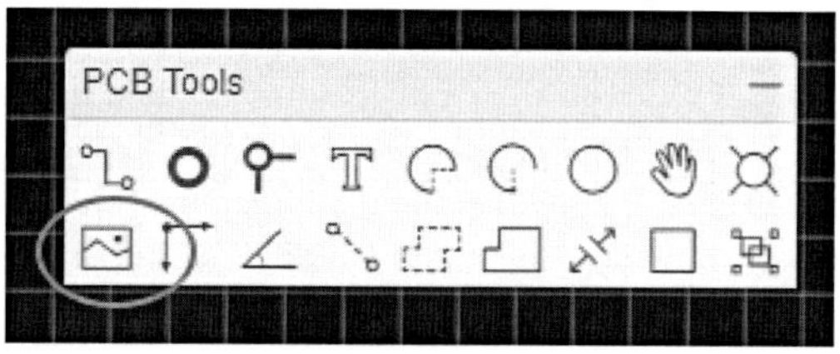

이미지 아이콘을 클릭하면 다음과 같은 이미지 삽입 창이 나타납니다.

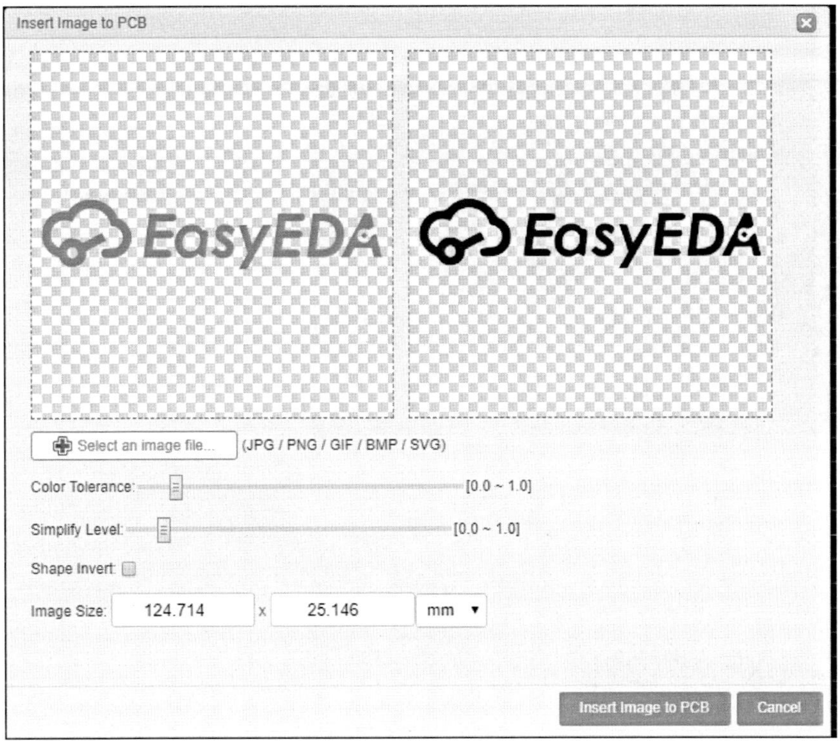

이 대화 상자에서 좋아하는 이미지를 선택할 수 있습니다. EasyEDA는 'JPG', 'BMP', 'PNG', 'GIF', 'SVG'를 지원합니다. 흑백 비트맵 이미지만 지원하는 다른 EDA 도구와 달리 EasyEDA는 풀 컬러를 지원하지만 흑백 비트맵은 환영합니다.

색상 허용 오차를 조정하고 레벨을 단순화하고 이미지 크기를 재설정할 수 있으며, 모양 반전을 선택할 수 있습니다.

이미지는 활성 레이어에 삽입됩니다. 이미지가 올바르지 않으면 TopSilkLayer와 같은 속성을 변경할 수 있습니다.

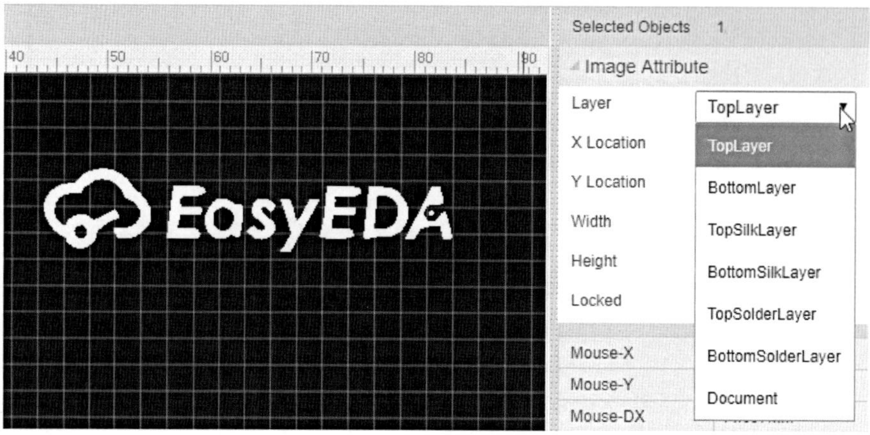

6.2 DXF 가져오기

EasyEDA에서 불규칙한 보드 아웃라인 또는 복잡한 보드 아웃라인은 어떻게 만들 수 있을까요?

이것은 곡선 프로파일 또는 설계해야 하는 기타 불가피한 기계적 기능이 있는 인클로저용 PCB를 설계할 때 때때로 필요합니다.

EasyEDA는 DXF를 PCB로 가져오는 것을 지원합니다. 파일 메뉴에서 DXF 가져오기 메뉴를 찾습니다. (File – Import - DXF)

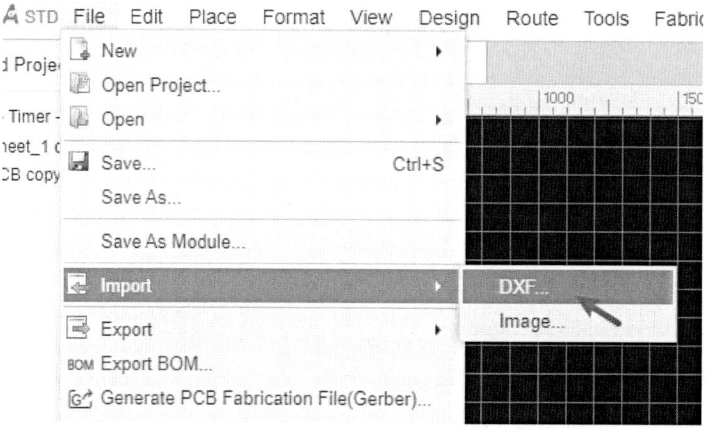

DXF 파일을 선택하면 아래 이미지와 같은 대화 상자가 나타납니다.

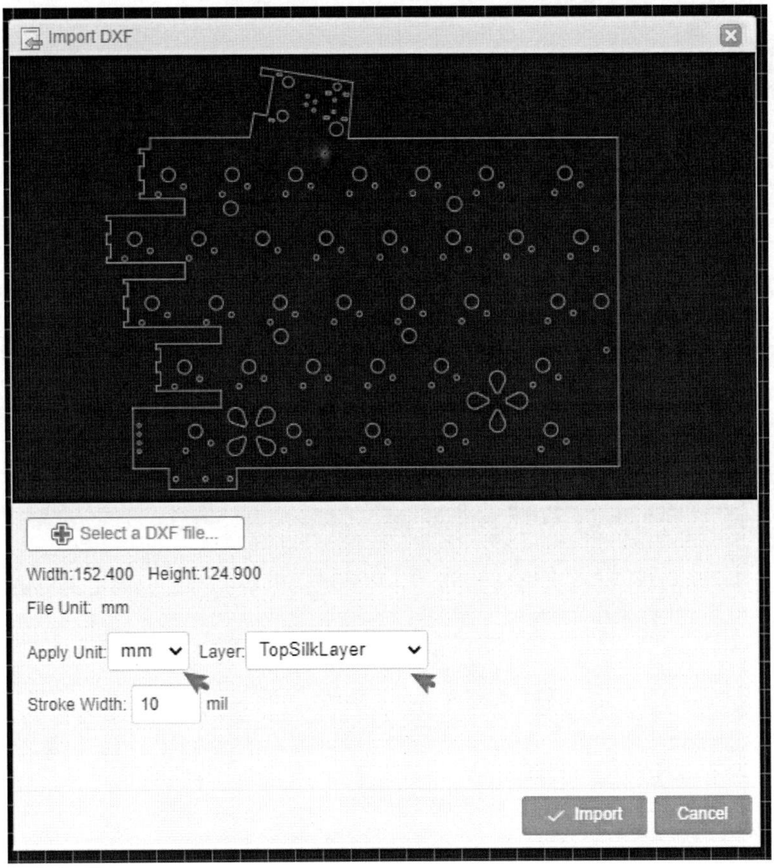

EasyEDA는 몇 가지 옵션, 단위(mm, cm, mil, inch)를 제공하고 모양을 적용할 레이어를 선택합니다. DXF를 회로도 또는 기호로 가져오는 경우 단위는 픽셀입니다.

가져오기 버튼을 클릭하면 PCB 캔버스에서 찾을 수 있습니다.

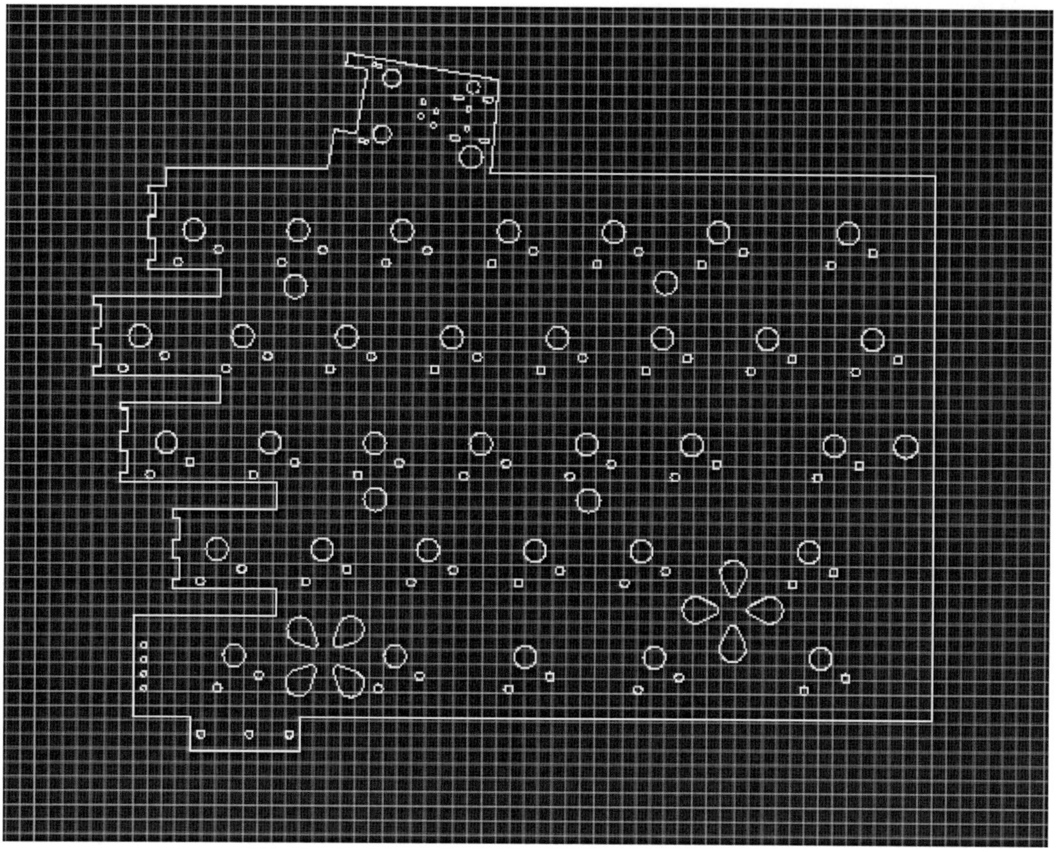

이 예제를 직접 가져오기 위해 시도해 볼 수 있습니다.

DXF 예:https://image.easyeda.com/files/test.dxf

다음을 참고하기 바랍니다.

- 파일의 확장자는 *.dxf여야 합니다.
- 레이어를 보드 윤곽선으로 선택하면 원이 구멍으로 변환됩니다.
- 지원되지 않는 항목이 있습니다. 거울, 나선형 선 등과 같은.
- DXF 개체가 그룹화된 경우 가져오기 전에 그룹을 해제하십시오.
- 큰 DXF를 구리 레이어로 직접 가져오지 마십시오. 그러면 편집기가 잠시 멈추게 됩니다.

6.3 Altium Designer가져오기

가져오기 기능은 현재 베타 버전이므로 가져오기 후에 모든 부품들을 잘 확인하기 바랍니다. 일부 설계 규칙 EasyEDA는 아직 지원하지 않습니다.

6.3.1 Schematic 회로도 및 PCB 가져오기

- Altium Designer의 Schematic 및 PCB 파일을 EasyEDA로 가져올 수 있지만 ASCII 파일에서만 가능하므로 이와 같이 설계를 Ascii 파일로 저장해야 합니다.

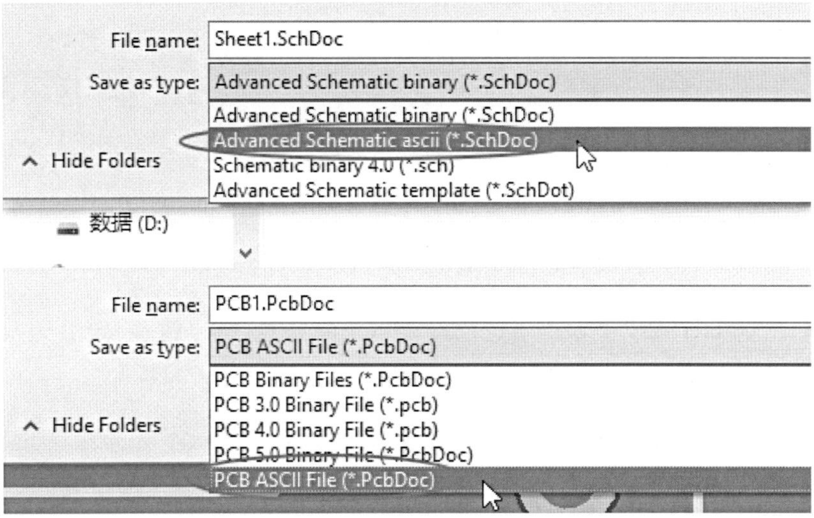

- 그런 다음 File – Open – Altium…을 통해 회로도나 PCB화일을 가져옵니다.

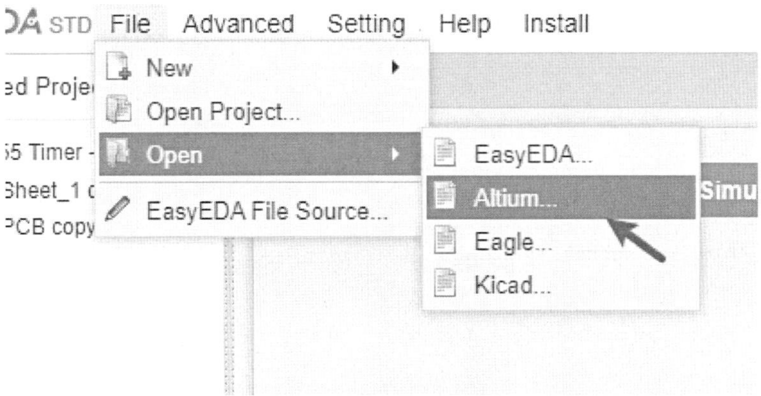

EasyEDA는 Altium Designer에서 가져온 회로도의 아래 이미지에서 볼 수 있듯이 Alitum Designer의 회로도 및 PCB를 가져오는 데 탁월한 경험을 제공합니다.

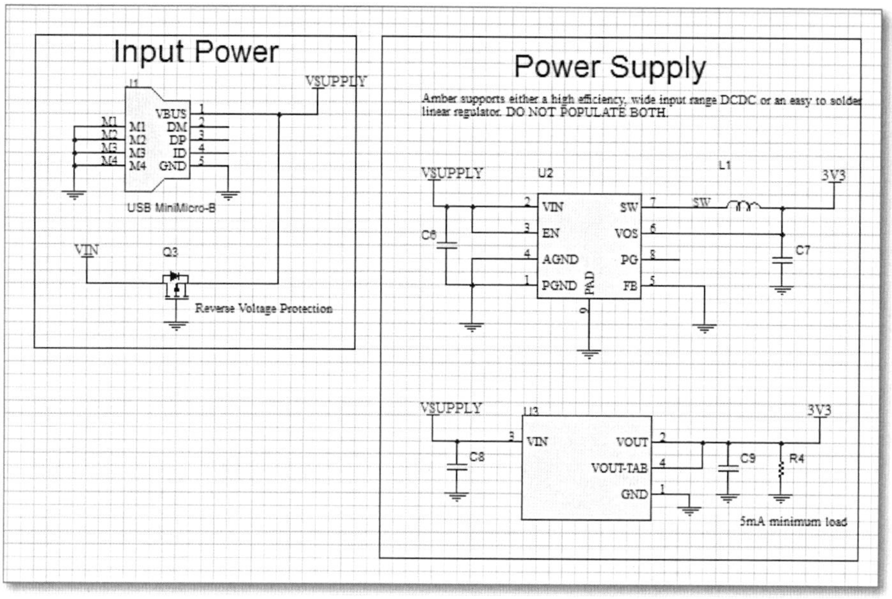

회로도와 PCB가 Protel 99se 형식 파일인 경우 Altium Designer에서 열고 ASCII 형식으로 저장한 다음 가져오십시오. EasyEDA는 Protel 99se 파일 형식을 직접 지원하지 않습니다.

- Altium 회로도를 가져오면 일부 텍스트가 연결할 수 없는 코드가 된 것을 발견하면 ASCII 파일을 UTF-8로 인코딩하십시오.

참고

- EasyEDA는 현재 Altium PCB 규칙 가져오기를 지원하지 않습니다.
- EasyEDA는 Altium PCB 내부 평면 레이어 가져오기를 지원하지 않습니다. 가져온 후 수동으로 수정하십시오.
- EasyEDA는 현재 회로도의 Altium IEEE 기호 가져오기를 지원하지 않습니다.
- 디자인을 Alitum으로 내보내고 반복해서 가져오지 마십시오. 그러면 일부 세부 사항이 누락될 수 있습니다!!!
- Alitum 파일이 매우 커서 가져오기에 오랜 시간이 소요되는 경우 가져오기 전에 먼저 구리를 제거하는 것이 좋습니다.

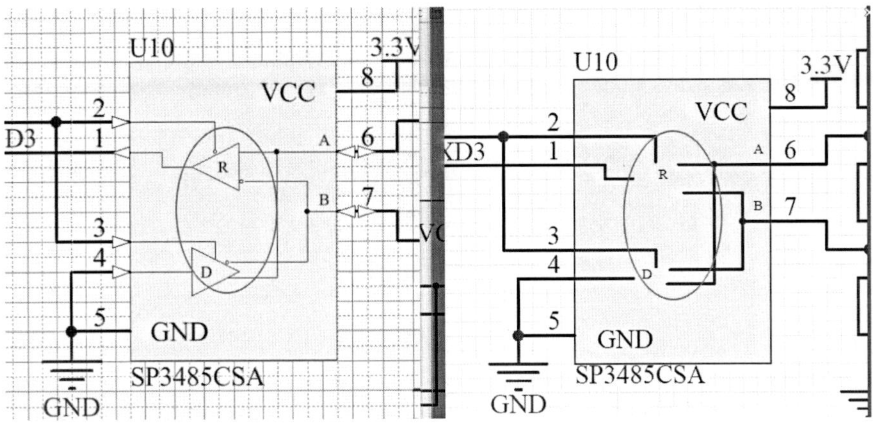

6.3.2 Altium 라이브러리 가져오기

Altium Designer의 Schematic 및 Footprint 라이브러리는 ASCII 파일로 사용할 수 없으며 EasyEDA에서 직접 가져올 수 없지만, 다음과 같은 방법으로 가져올 수 있습니다.

파일 작업 오른쪽에 있는 컴퓨터에서 파일 가져오기 대화 상자에서; 'Extract Libs' 옵션을 선택하면 EasyEDA가 Schematic 파일 또는 PCB 파일에서 모든 libs를 추출합니다.

따라서 Altium Designer의 라이브러리를 가져오려면 Altium Designer Schematic 또는 PCB에 추가한 다음 EasyEDA 라이브러리로 다시 추출할 수 있습니다.

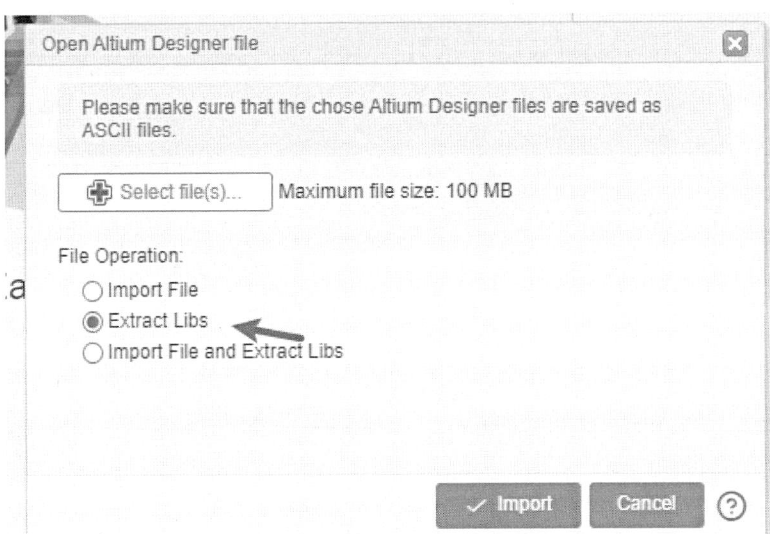

6.4 Eagle 화일 가져오기

Eagle Schematic/PCB/libs를 가져올 수 있지만 EasyEDA는 버전 6 Eagle이 기본 파일 형식으로 ASCII XML 데이터 구조를 채택했을 때 버전 6 이상(6+)만 지원할 수 있습니다.

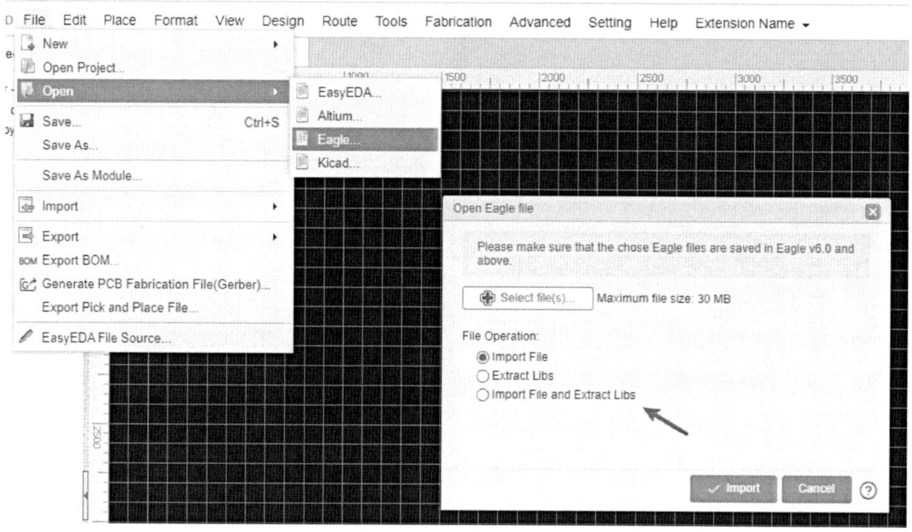

Eagle 파일을 Eagle에서 열 수 있지만 EasyEDA에서 가져올 수 없는 경우 최신 Eagle을 사용하여 복사본으로 저장한 다음 가져올 수 있습니다.

v6.0 이상에서 사본으로 저장했음을 확인했지만 여전히 가져오기에 실패하면 텍스트 편집기에서 Eagle 파일을 편집하고 Garbled 문자를 찾아 제거한 후 다시 시도하십시오.

회로도가 PCB를 업데이트해야 하는 경우 "Import File and Extract Libs" 옵션을 사용하고 모든 라이브러리를 먼저 가져왔는지 확인하십시오.

일부 규칙이나 프리미티브는 지원하지 않습니다. 가져오기 후 잘 확인하시기 바랍니다.

6.5 KiCAD 화일 가져오기

EasyEDA 지원은 KiCAD v4.06 이상 버전 KiCAD 파일 가져오기를 지원합니다. KiCAD 파일 버전이 v4.06 미만인 경우 최신 KiCAD에서 파일을 열고 새 파일로 저장한 다음 가져오십시오. KiCAD 프로젝트 파일은 가져오기 전에 zip 파일로 압축해야 합니다.

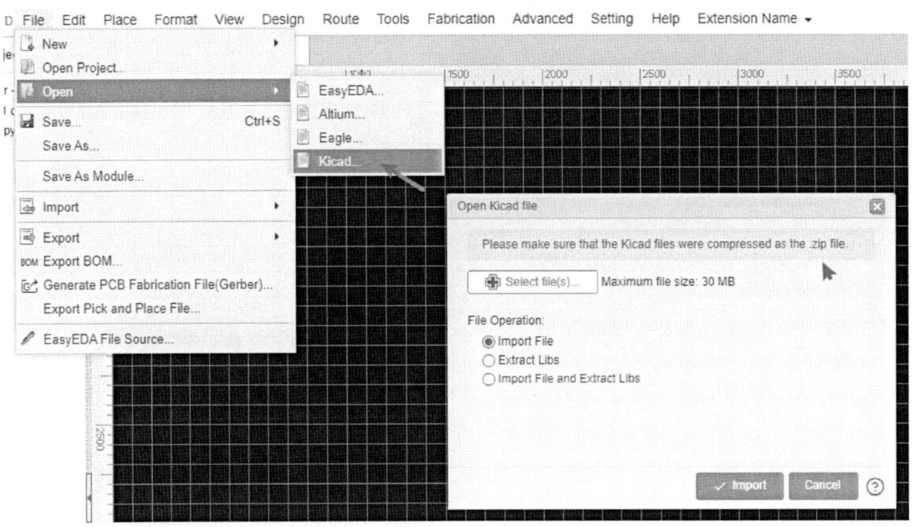

- PCB만 가져오려면 PCB 파일을 ZIP한 다음 가져오기만 하면 됩니다.
- 회로도를 가져오려면 KiCAD에서 프로젝트를 열 때 KiCAD 아카이브 도구를 사용하여 제안된 회로도와 기호를 함께 ZIP해야 하며 ZIP 파일에 기호가 자동으로 포함됩니다.

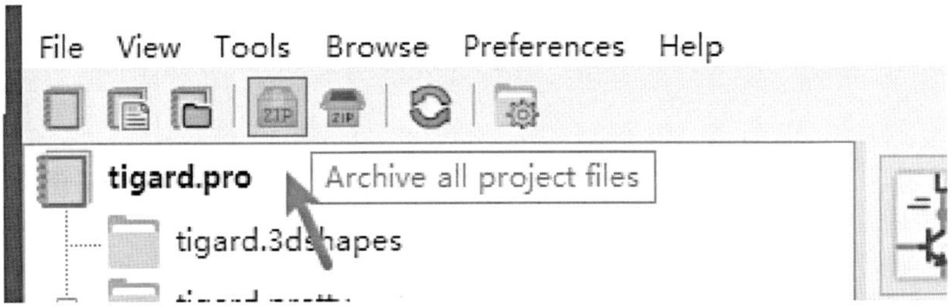

참고

- 전원 기호(Power Flag(PWR_FLAG))와 같은 KiCAD 특수 기호의 경우 EasyEDA에서 Netflag가 아닌 기호로 변환하므로 필요하지 않은 경우 삭제할 수 있습니다.
- PCB 설계 규칙은 아직 지원하지 않습니다.
- KiCAD는 KiCad v5.1.3부터 업데이트된 문서 형식이므로 가져오기에 실패할 경우 하위 버전을 시도하십시오. 고정을 기다리고 있습니다.

07

내보내기

7.1 Schematic 내보내기

7.1.1 PDF/PNG/SVG로 Schematic 내보내기

Top Menu 〉 File 〉 Export 〉 PDF/PNG/SVG…을 선택하면,

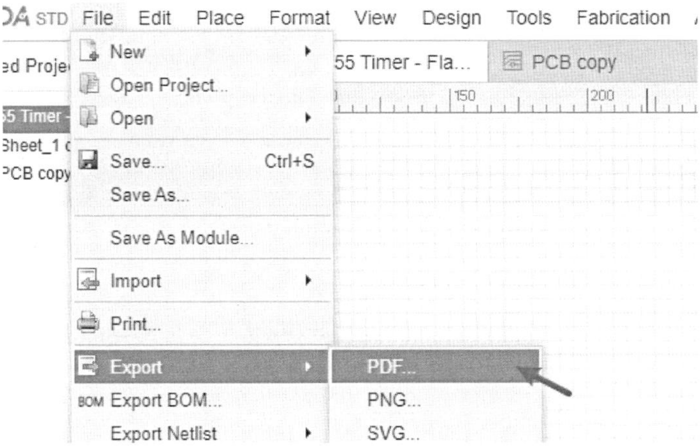

다음과 같은 대화 상자가 열립니다.

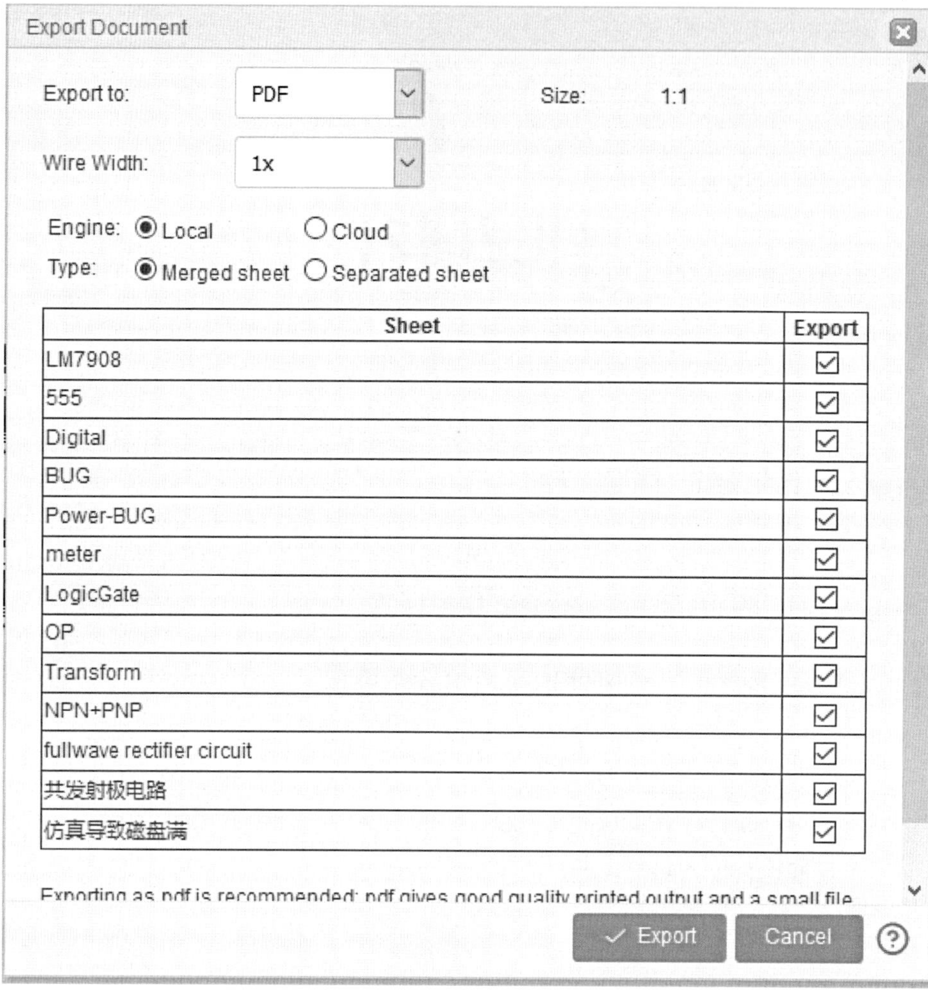

- Export to: 여기에서 디자인을 SVG, PNG 및 PDF 파일 형식으로 내보내도록 선택할 수 있습니다.

- Size: PNG 및 SVG에만 해당합니다. 이것은 이미지의 너비입니다. 예를 들어 크기를 1x로 설정하면 내보낸 PNG의 너비는 600픽셀이고 크기를 2x로 설정하면 너비는 내보낸 PNG의 1200픽셀이 됩니다.

- Wire Width: 2x로 설정하면 선폭이 2배로 늘어납니다. 이것은 아래 이미지에 설명되어 있습니다.

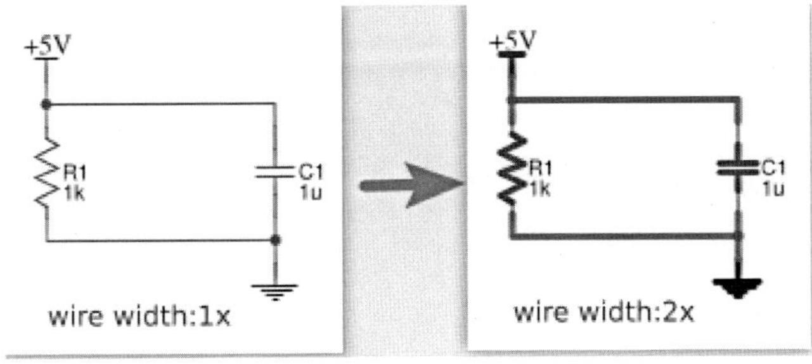

- Engine:
  - Local: 편집기에서 생성한 PDF
  - Cloud: Cloud Server에 의해 생성된 PDF, 향후 EasyEDA는 이 옵션을 제거할 것입니다.
- Type:
  - Merged sheet: 회로도에 여러 시트가 있는 경우 하나의 파일로 병합됩니다.
- Separated sheet: 회로도에 여러 시트가 있는 경우 여러 파일로 생성됩니다.

7.1.2 Altium Designer 형식으로 회로도 내보내기

EasyEDA는 Altium Designer 형식으로 회로도 내보내기를 지원합니다. “File > Export > Altium…”을 통해 “Download now”를 클릭하면 .schdoc 파일이 생성됩니다.

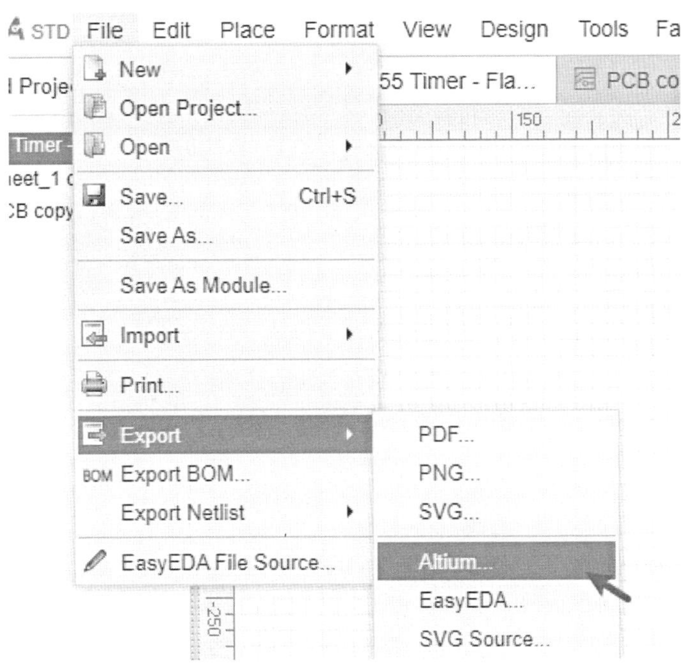

7.1.3 Schematic 인쇄

File > Print를 통해 웹 페이지를 열고 인쇄 대화 상자를 열면 원하는 대로 인쇄할 수 있습니다.

EasyEDA 클라이언트를 사용하는 경우, 시트 가장자리를 확인해야 합니다. 페이지 가장자리를 넘을 수 있으므로 PDF 내보내기 및 인쇄를 권장합니다.

Chrome을 사용하는 경우 가장자리에 맞게 인쇄 옵션을 조정해야 합니다. "Headers and footers" 옵션을 비활성화 합니다. 그렇지 않으면 A4 크기는 인쇄 후 용지를 하나 더 사용합니다.

7.2 PCB 내보내기

7.2.1 PDF/PNG/SVG로 PCB 내보내기

EasyEDA에서 PCB 설계 또는 footprint를 내보내는 것은 Schematic 또는 Symbol을 내보내는 것과 매우 유사합니다. (File 〉 Export 〉 PDF/PNG/SVG…)

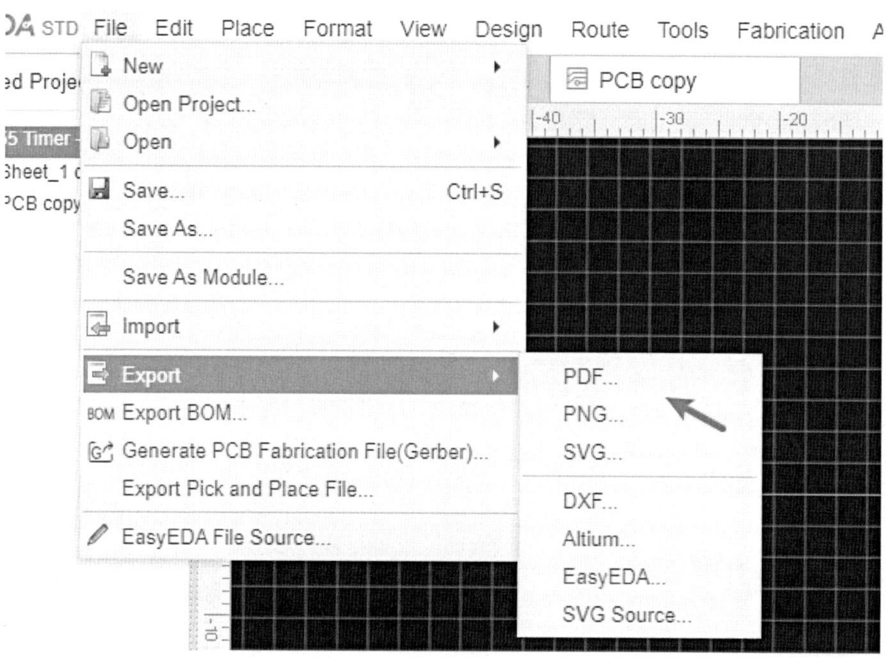

원하는 내보내기를 선택하면, 다음과 같은 대화 상자가 열립니다.

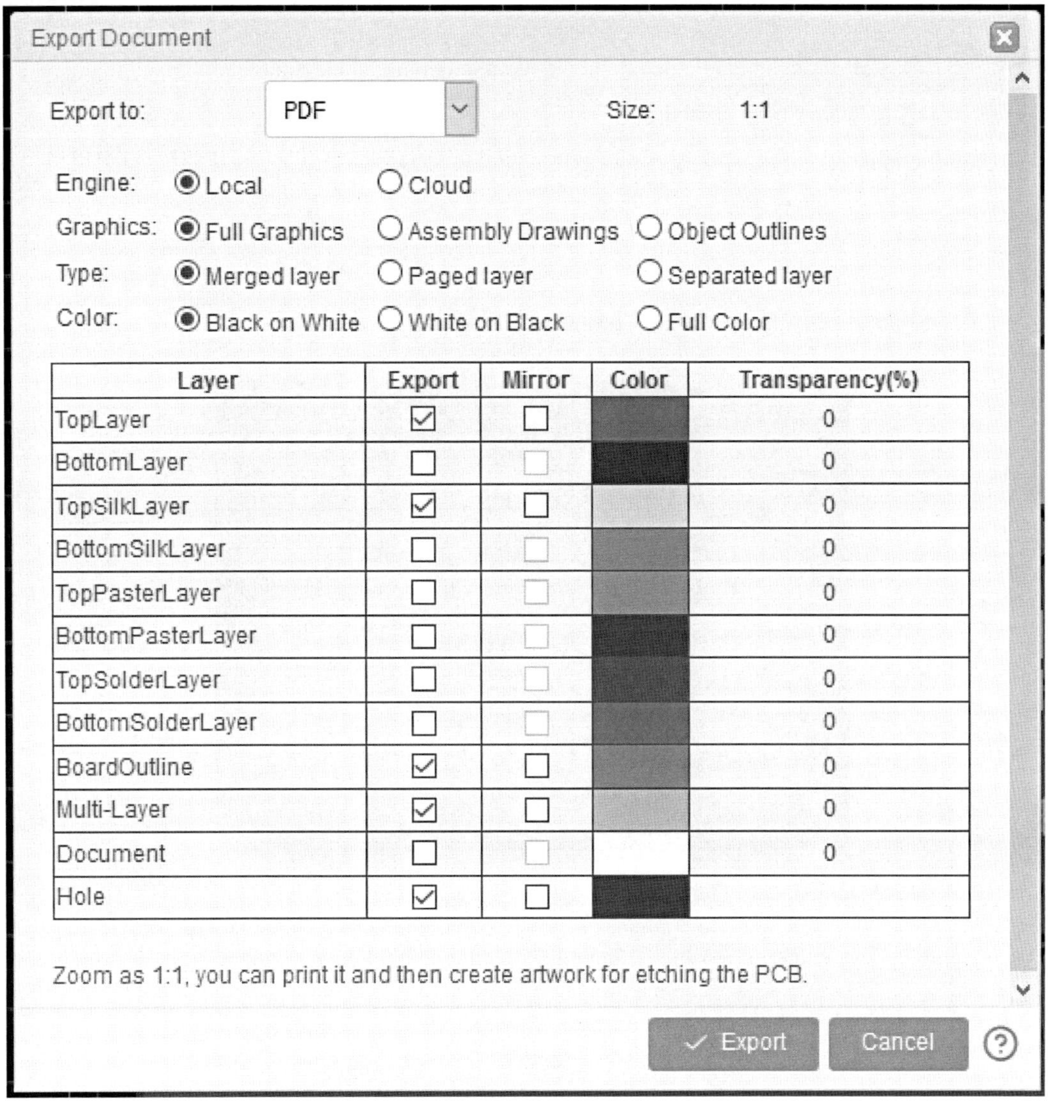

PDF, PNG 또는 SVG 형식으로 내보내도록 선택할 수 있습니다.

참고

PDF 크기는 PCB와 1:1로 확대됩니다.

- Export to: PDF, PNG, SVG로 내보내기를 지원합니다. PCB를 1:1로 인쇄하려면 PDF를 선택하십시오.

- Engine:
  - Local: 편집기에서 생성한 PDF
  - Cloud: Cloud Server에 의해 생성된 PDF, 향후 EasyEDA는 이 옵션을 제거할 것입니다.

- Graphics:
  - Full Graphics: 모든 그래픽, 개체가 내보내집니다.

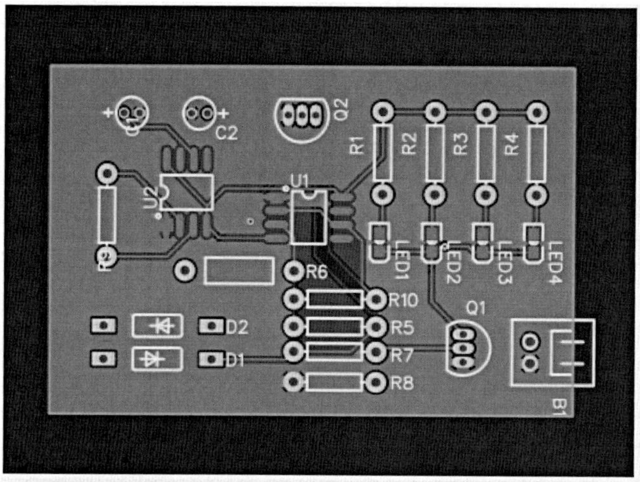

  - Assembley Drawings: 부품의 접두어와 위치, 구멍 등만 내보내기. 부품 조립용입니다.

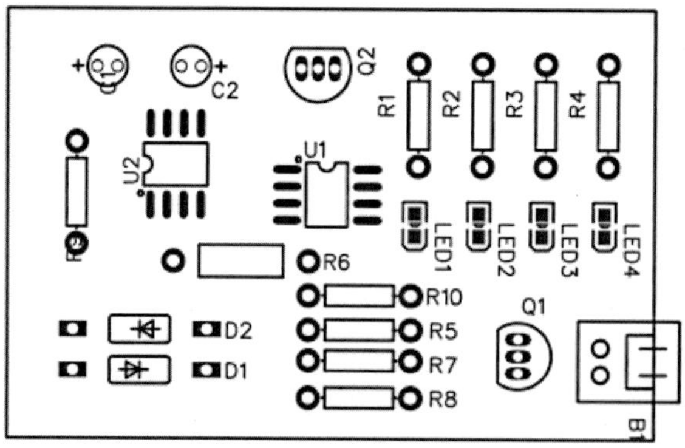

– Object Outline: Pad 및 실크스크린 외곽선과 같은 개체 외곽선만 내보내기.

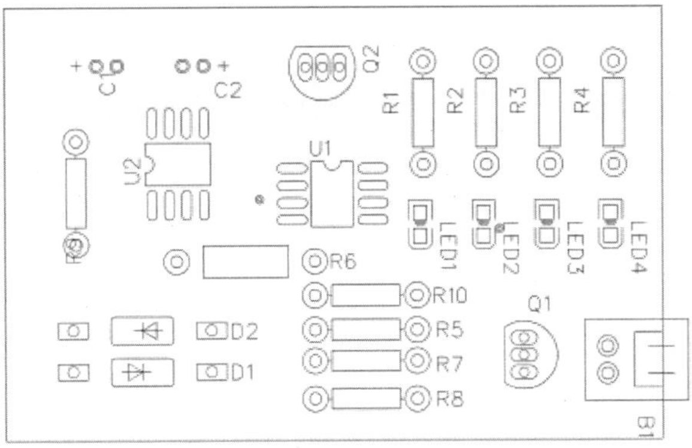

- Type:
  - Merged layer: 내보내려는 선택한 모든 레이어가 한 페이지에 병합됩니다.
  - Paged layer: 내보내려는 선택한 모든 레이어가 하나의 파일에 페이지화됩니다.
  - Separated layer: 내보내려는 선택한 모든 레이어가 여러 파일로 분리됩니다. ZIP 파일로 내보냅니다.
- Color: "Black on White", "White on Black", "Full Color"를 선택할 수 있습니다.
- Layer: 개별 레이어 또는 선택한 레이어를 단일 파일로 병합하여 인쇄하도록 선택할 수 있습니다.
- Mirror: 예를 들어 하단 레이어를 쉽게 읽을 수 있는 방향으로 표시하기 위해 선택한 레이어를 미러링하는 것도 가능합니다. 선택한 모든 레이어가 하단 유형인 경우 이 옵션을 활성화할 수 있습니다.

7.2.2 PCB 및 Etching인쇄

EasyEDA는 PCB 직접 인쇄를 지원하지 않습니다. PDF를 내보내고 인쇄하십시오.

EasyEDA에서 PCB를 주문하고 싶지 않다면 단면 및 양면 PCB 설계의 경우 집에서 만든 PCB 기술을 사용하는 것과 같이 시도해 볼 수 있습니다.

http://hackaday.com/2012/12/10/10-ways-to-etch-pcbs-at-home/

PCB 레이어를 레이어별로 인쇄한 다음 PCB에 에칭하는 방법은 다음과 같습니다.

① 단계) File > Export > PDF…를 사용하여 PDF로 내보냅니다.

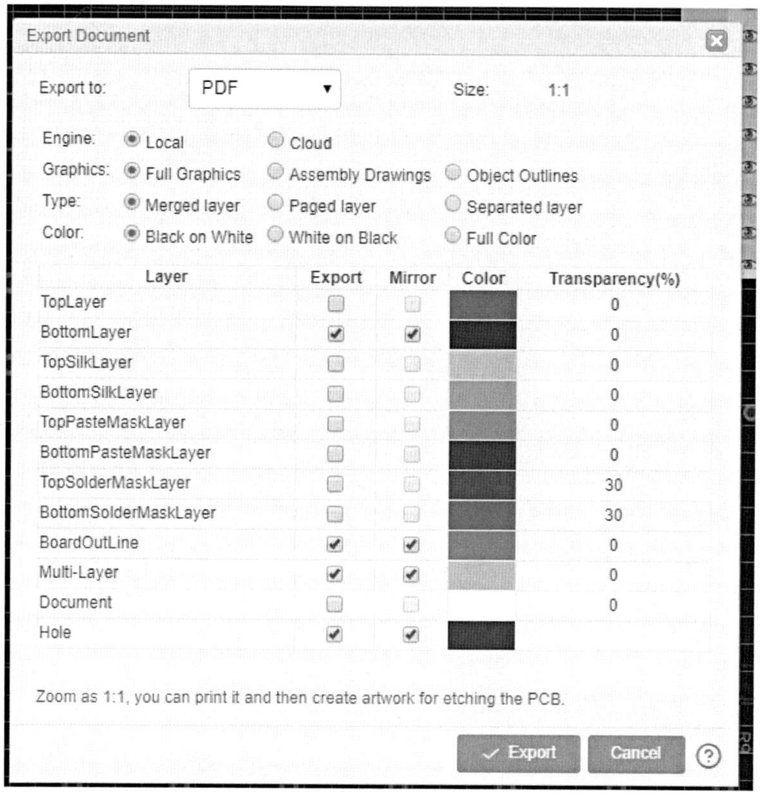

참고

색상이 "Black on White"인지 확인하세요.

일반적으로 맨 아래 레이어를 선택합니다. 필요에 따라 내보내기를 미러링하려면 선택합니다.

최상위 레이어에 라우팅된 PCB 트랙이 있는 경우 최상위 레이어를 선택해야 합니다. 에칭 PCB는 일반적으로 내보내기 인쇄를 미러링해야 합니다.

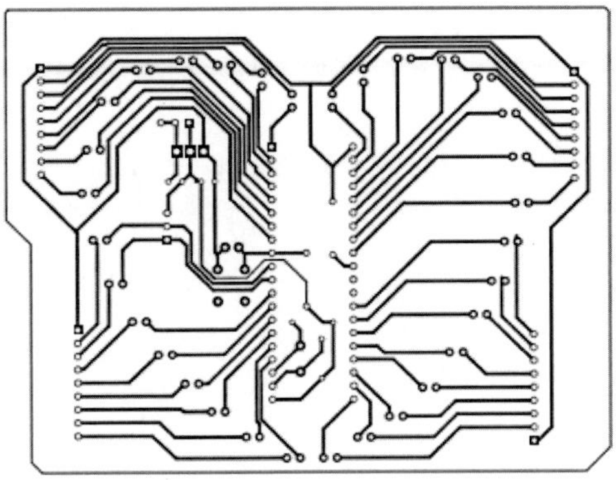

② 단계) 뷰어에서 pdf 파일 열기

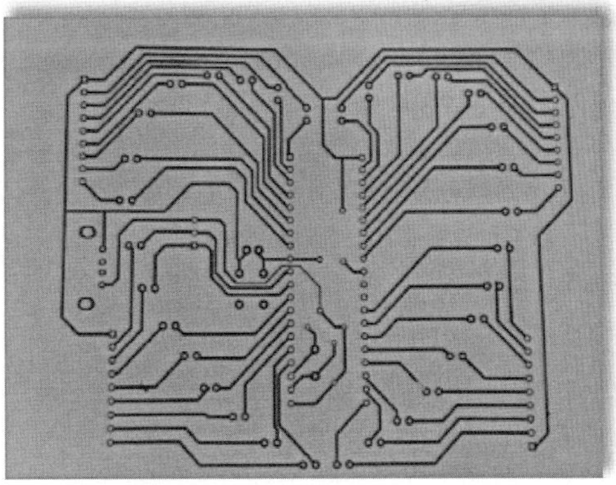

③ 단계) 종이에 인쇄하기

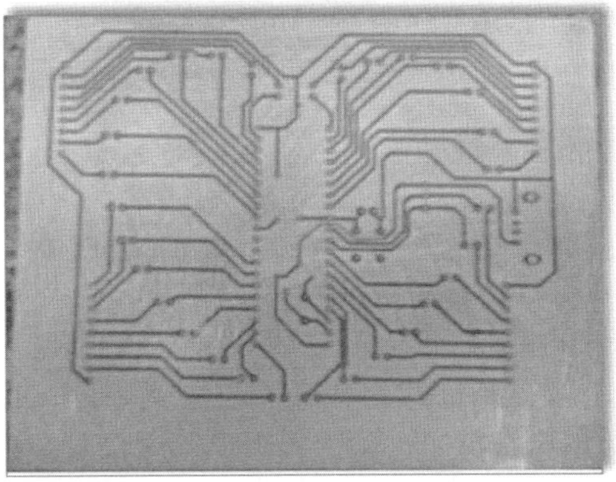

④ 단계) 동에 복사

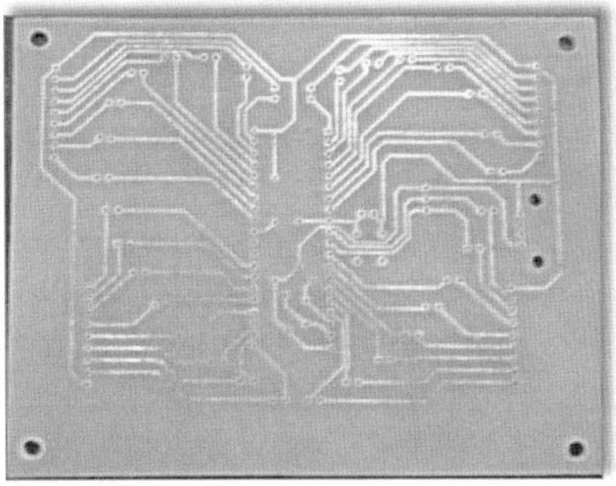

⑤ 단계) 에칭하기 / ⑥단계) 드릴링하기

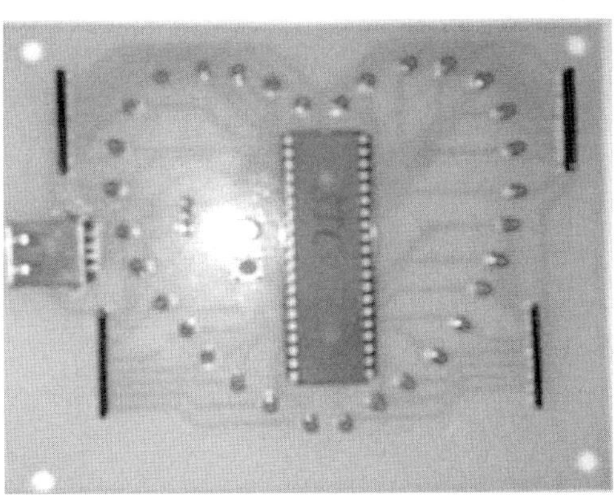

⑦ 단계) 납땜 인두를 꺼내십시오!

7.3 Generate Fabrication File(Gerber)

7.3.1 제작 파일(거버) 생성

PCB를 완성하면 File > Generate PCB Fabrication File(Gerber) 또는 Fabrication > PCB Fabrication File(Gerber)를 통해 Fabrication Files(gerber)를 출력할 수 있습니다.

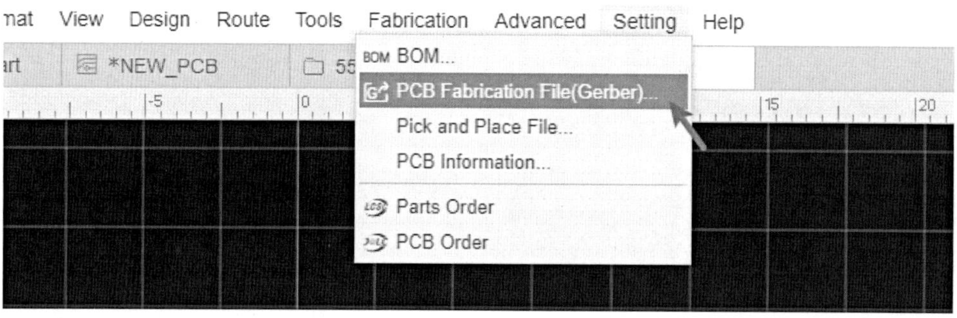

클릭하면 Gerber 생성 대화 상자가 열립니다.

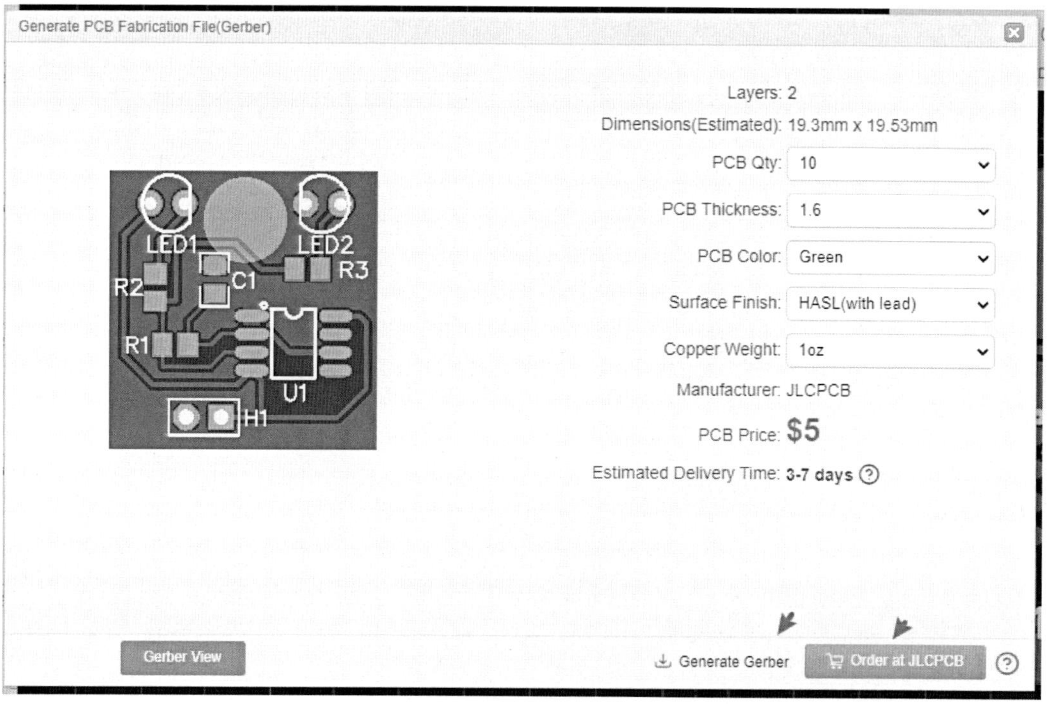

PCB 주문 가격을 계산할 수 있습니다. 장바구니에 저장을 클릭하면 JLCPCB로 이동하여 장바구니에 PCB를 추가할 수 있습니다.

7.3.1.1 Gerber file name

생성된 Gerber 파일은 압축된 zip 파일입니다. 압축 해제 후 다음 파일을 볼 수 있습니다.:

- Gerber_BoardOutline.GKO: PCB 테두리 파일. PCB 보드 공장은 이 문서에 따라 보드의 모양을 자릅니다. EasyEDA로 그린 홈인 솔리드 영역(Type: NPTH)은 Gerber 생성 후 테두리 파일에 반영됩니다.
- Gerber_TopLayer.GTL: Top side copper layer.
- Gerber_BottomLayer.GBL: Bottom side copper layer.
- Gerber_Inner1.G1, Gerber_Inner2.G1⋯ : Inner copper layer.
- Gerber_TopSilkLayer.GTO: Top silkscreen.
- Gerber_BottomSilkLayer.GBO: Bottom silkscreen.
- Gerber_TopSolderMaskLayer.GTS: Top solder mask. 기본 보드는 녹색 오일로 덮여 있으며, 이 레이어에 그려진 요소는 상위 레이어의 영역에 해당하는 요소는 오일로 덮여 있지 않습니다.
- Gerber_BottomSolderMaskLayer.GBS: Bottom solder mask. 기본 보드는 녹색 오일로 덮여 있으며, 이 레이어에 그려진 요소는 맨 아래 레이어의 영역에 해당하는 요소는 오일로 덮여 있지 않습니다.
- Gerber_Drill_PTH.DRL: Plated drill through hole layer. 이 문서는 내벽을 금속화해야 하는 구멍의 위치를 보여줍니다.
- Gerber_Drill_NPTH.DRL: Non-Plated drill through hole layer. 이 문서는 내벽을 금속화할 필요가 없는 구멍의 위치를 보여줍니다.
- Gerber_TopPasteMaskLayer.GTP: Top Paste Mask, for the stencil.
- Gerber_BottomPasteMaskLayer.GBP: Bottom Paste Mask, for the stencil.
- ReadOnly.TopAssembly: Top Assembly, read only, doesn't affect the PCB manufacture.
- ReadOnly.BottomAssembly: Bottom Assembly, read only, doesn't affect the PCB manufacture.
- ReadOnly.Mechanical: 기계적인 레이어에 대한 정보를 PCB 설계에 기록하고 정보 기록용으로만 사용하십시오. 기본적으로 레이어의 모양은 제작 시 제작되지 않습니다. 일부 보드 제조업체는 생산에 Altium 파일을 사용할 때 기계적 레이어를 사용하여 프레임을 만듭니다. Gerber 파일을 사용할 때 JLCPCB에서 텍스트 식별에만 사용됩니다. 예: 프로세스 매개변

수; V 컷 경로 등 EasyEDA에서 이 레이어는 보드의 테두리 모양에 영향을 주지 않습니다.

참고

- PCB 주문 전에 거버뷰에서 거버를 확인해주세요.
- Gerber 파일은 브라우저에서 생성됩니다. 브라우저 내부 다운로더를 사용하여 다운로드하세요!

7.3.2 Gerber View

Gerber를 제조업체에 보내기 전에 Gerber Viewer를 사용하여 Gerber를 잘 확인하십시오. Gerbv, FlatCAM, CAM350, ViewMate, GerberLogix 등과 같은 로컬 거버 뷰어를 사용할 수 있습니다.

Gerber 뷰어 추천 Gerbv:

프로젝트 페이지: http://gerbv.geda-project.org/

다운로드: https://sourceforge.net/projects/gerbv/files/

가장 일반적인 Gerbv 프로그램을 사용하는 방법은 다음과 같습니다.

① Gerber zip 파일을 다운로드하고, Gerbv를 다운로드하여 Gerber 파일의 압축을 풀고 Gerbv를 실행하십시오.

② Gerbv 대화 상자 왼쪽 하단 모서리에서 + 버튼을 클릭하고 gerber 폴더를 열고 모든 gerber 파일을 선택하고 엽니다.

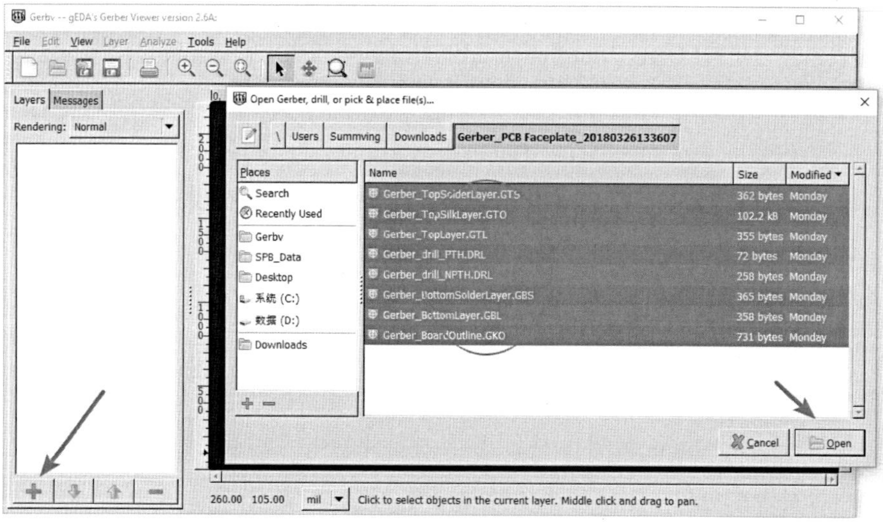

③ 그런 다음 모든 레이어를 확대/축소, 측정, 확인하고 드릴 구멍과 위치를 확인합니다.

FlatCAM도 좋은 도구입니다:(http://flatcam.org/)
FlatCAM을 사용하면 설계를 CNC 라우터로 가져올 수 있습니다. Gerber, Excellon 또는 G-code를 열고 편집하거나 scatch에서 생성하고 G-Code를 출력할 수 있습니다.
격리 라우팅은 FlatCAM이 완벽한 여러 작업 중 하나입니다. Python으로 작성된 오픈 소스이며 대부분의 플랫폼에서 원활하게 실행됩니다.
추천하는 무료 Online Gerber Viewer는 다음과 같습니다.

- jlcpcb.com
- tracespace.io/view
- gerber.ucamco.com

7.4 Pick and Place 파일 내보내기

PCB 편집기에서 Pick And Place를 CSV 파일로 생성하려면 다음을 통해 수행할 수 있습니다.

File 〉 Export Pick and Place File 또는 Top Menu – Fabrication – Pick and Place File.을 통하여 접근이 가능합니다.

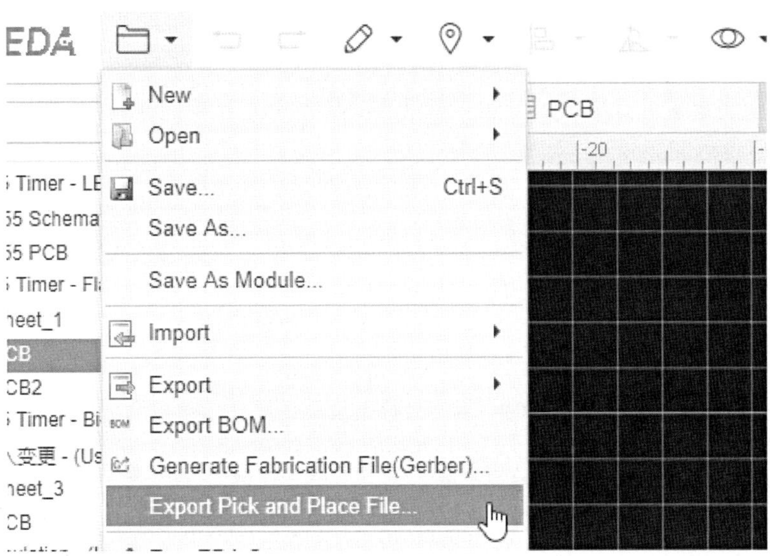

또, 다음과 같은 옵션을 설정할 수도 있습니다.

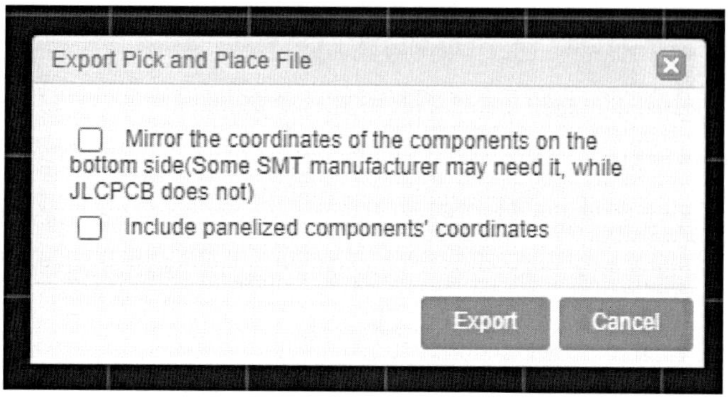

편집기에서 PCB를 패널화한 경우 "패널화된 구성 요소 좌표 포함"을 활성화할 수 있습니다. 내보낸 CSV파일을 열면 다음을 볼 수 있습니다.

Designator	Footprint	Mid X	Mid Y	Ref X	Ref Y	Pad X	Pad Y	Layer	Rotation	Comment
LED2	LED-3MM/2.:	15.4mm	17.27mm	16.76mm	17.27mm	16.67mm	17.27mm	T	270	LED-3MM
C1	805	7.62mm	11.94mm	7.62mm	10.92mm	7.62mm	10.92mm	T	90	10u
U1	SOIC-8_150M	13.31mm	7.49mm	10.92mm	9.4mm	10.29mm	9.4mm	T	0	NE555DR
LED1	LED-3MM/2.:	4.16mm	17.27mm	2.79mm	17.27mm	2.89mm	17.27mm	T	90	LED-3MM
H1	HDR-2X1/2.5	10.16mm	2.29mm	11.43mm	2.29mm	11.43mm	2.29mm	T	270	Header-Male-2.54_1x2
R1	0805-RESIST	4.76mm	7.37mm	3.81mm	7.37mm	3.81mm	7.37mm	T	0	47k
R2	0805-RESIST	3.3mm	11.36mm	3.3mm	10.41mm	3.3mm	10.41mm	T	90	470R
R3	0805-RESIST	14.29mm	12.7mm	15.24mm	12.7mm	15.24mm	12.7mm	T	180	220R

이 파일은 "mm"와 "mil"의 두 가지 단위를 지원하며 PCB 단위 설정을 따릅니다.

"하단면의 구성 요소 좌표 미러링(일부 SMT 제조업체는 필요할 수 있지만 JLCPCB는 필요하지 않음)" 옵션이 있습니다. 대부분의 SMT 제조업체에서는 필요하지 않을 수도 있으니, SMT 제조업체에 문의해 보기 바랍니다.

참고

- 다국어 지원을 위해 BOM 및 Pick and Place 파일(CSV 파일)은 UNICODE 인코딩 및 탭 기반입니다. 부품 공급업체 또는 PCB 제조업체에서 CSV 파일을 읽을 수 없는 경우 인코딩을 변환하고 구분 기호를 변경하기 바랍니다.
- 권장 솔루션: Excel 또는 WPS에 새 CSV 파일로 저장합니다. 예를 들어 Excel에서 CSV 파일을 열고 다른 이름으로 저장 - 기타 형식 - CSV(쉼표로 구분)(*.csv)를 클릭하거나 선택합니다.
- 또한 모든 텍스트 편집기(예: Windows 메모장)로 CSV 파일을 열고 ANSI 또는 UTF-8 인코딩으로 저장할 수 있습니다. 필요한 경우 모든 탭을 쉼표로 바꾸십시오.

7.5 Export DXF

EasyEDA는 PCB를 DXF로 내보내는 기능을 지원합니다. 현재는 Board Outline, Hole, NPTH, PTH 등만 지원합니다.

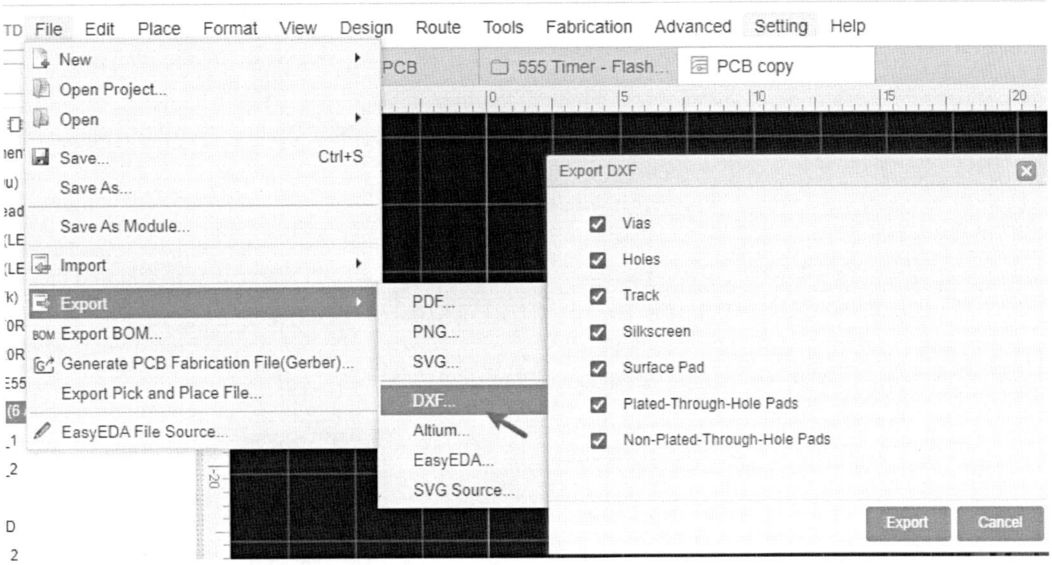

EasyEDA는 레이어와 개체가 분리된 DXF 내보내기를 지원하지 않습니다.

다른 방법으로는, PDF형식으로 내보내고, CAD 도구를 사용하여 PDF를 DXF로 변환할 수도 있습니다.

7.6 Altium Designer 형식으로 내보내기

EasyEDA는 Altium Designer 형식으로 회로도 및 PCB 내보내기를 지원합니다.

"Altium으로 내보내기" 기능은 현재 베타 버전입니다. 디자인을 Altium으로 내보낸 후 주의 깊게 확인하십시오. EasyEDA는 오류가 없다고 보장할 수 없습니다!!!

EasyEDA는 라이브러리 오류 및 형식 변환으로 인한 손실을 책임지지 않기 때문에, 동의하지 않으면 Altium형식으로 내보내기를 하지 말기 바랍니다. !!!

PCB를 주문하려면 Altium으로 내보내는 대신 Gerber를 생성하여 주문하기 바랍니다.

디자인을 Alitum으로 내보내고 반복해서 가져오지 마십시오. 그러면 일부 세부 정보가 누락될 수 있습니다!!!

아직 Alitum 19를 지원하지 않습니다. 내보낸 파일을 Altium 18 이하에서 열고 Altium 17을 권장합니다

잘못된 세부 정보를 찾으면 세부 정보 및 파일을 포함하여 수정하기 위해 당사에 문의하십시오.

support@easyeda.com

7.6.1 Exporting Schematics In Altium Designer Format

EasyEDA는 Altium Designer 형식으로 회로도 내보내기를 지원합니다.

"File 〉 Export 〉 Altium…"을 통해 "Download"를 클릭하면 .schdoc 파일이 제공됩니다.

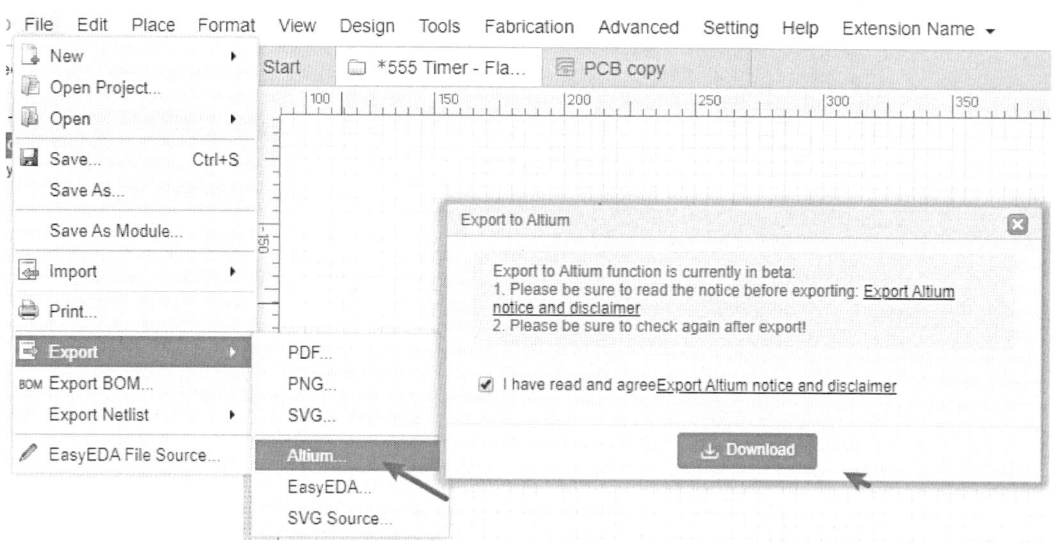

7.6.2 Altium Designer 형식으로 PCB 내보내기

EasyEDA는 Altium Designer 형식으로 PCB 내보내기를 지원합니다.

"File 〉 Export 〉 Altium…"을 통해 .pcbdoc 파일을 얻을 수 있습니다.

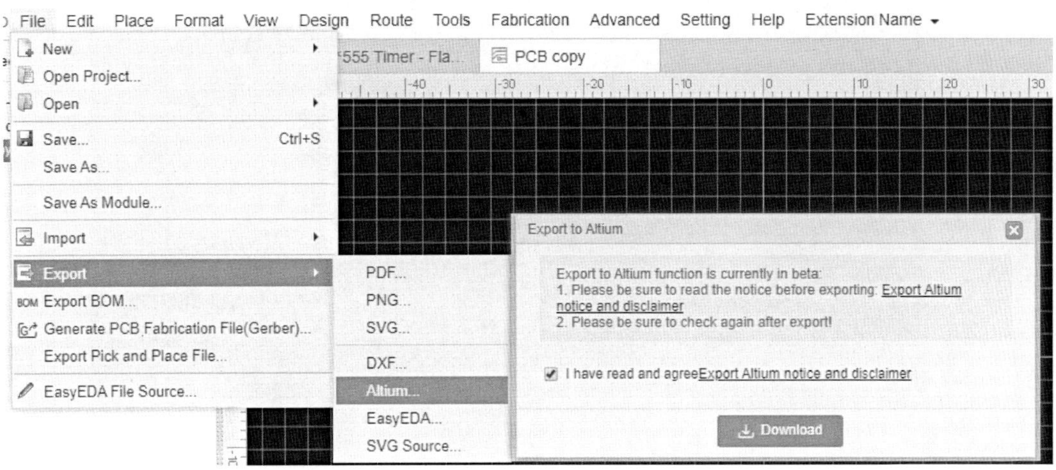

Altium Designer에서 내보낸 PCB 파일을 열면 DXP 가져오기 마법사 대화 상자가 열립니다. 걱정하지 말고 계속하려면 취소하십시오.

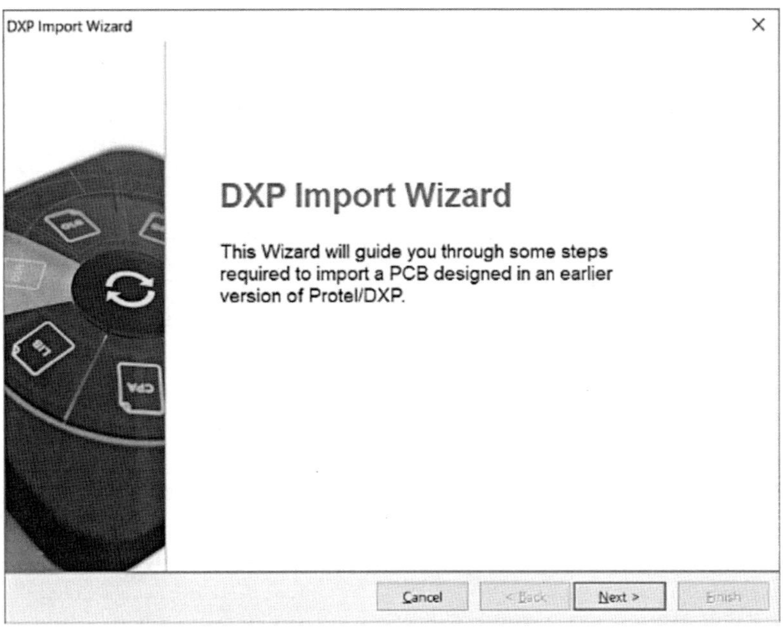

7.6.2.1 알려진 문제::

- Copper Area 채우기 데이터가 없습니다.

  그러면 아래와 같이 Copper Area가 없는 PCB 파일이 표시됩니다.

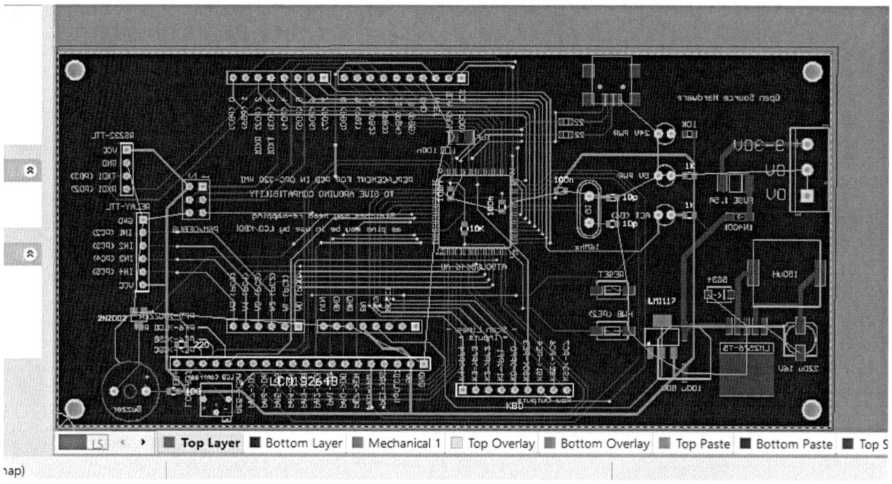

Altium Designer에서 모든 폴리곤을 리푸어링해야 합니다. (Tools 〉 Polygon Pours 〉 Repour All:)

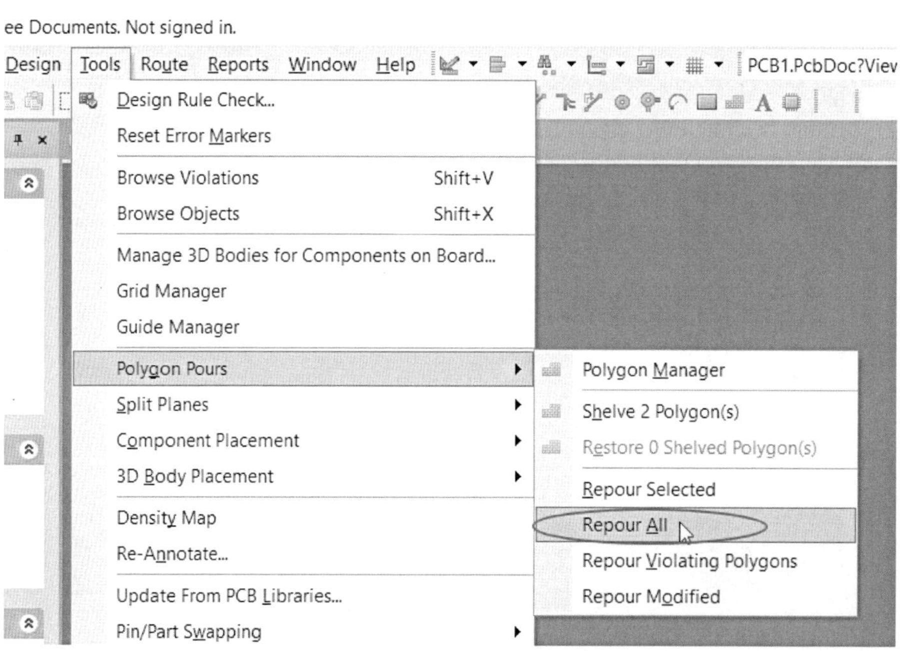

그리고 마지막으로 저장합니다

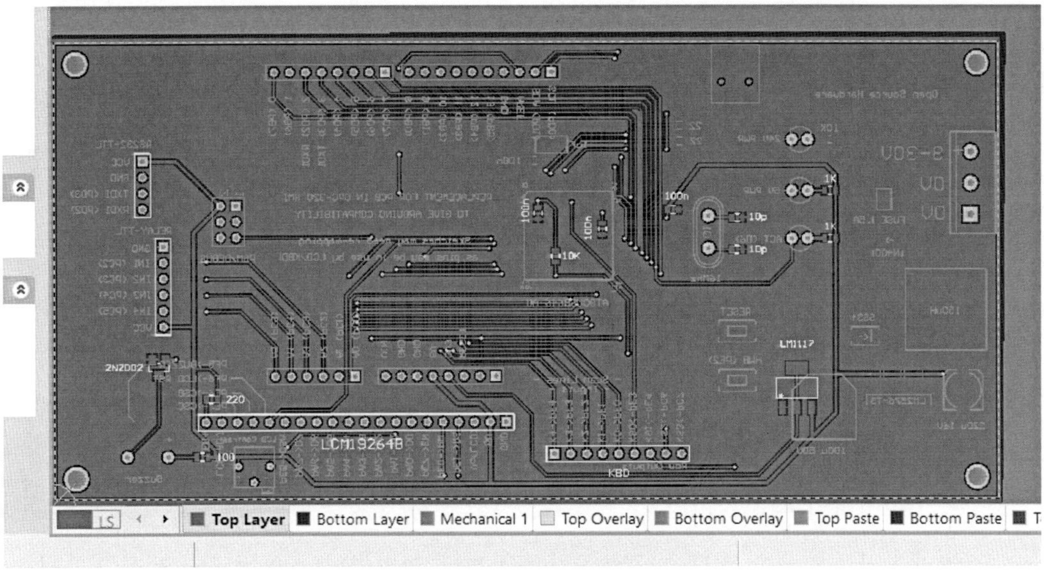

- 2. Ratlines 없음.

  Ratlines없이 PCB를 내보내는 경우 라우팅하기 전에 먼저 모든 연결을 표시해야 합니다.

  Design > Netlist > Clean All Nets (D > N > A), (V > C > S)

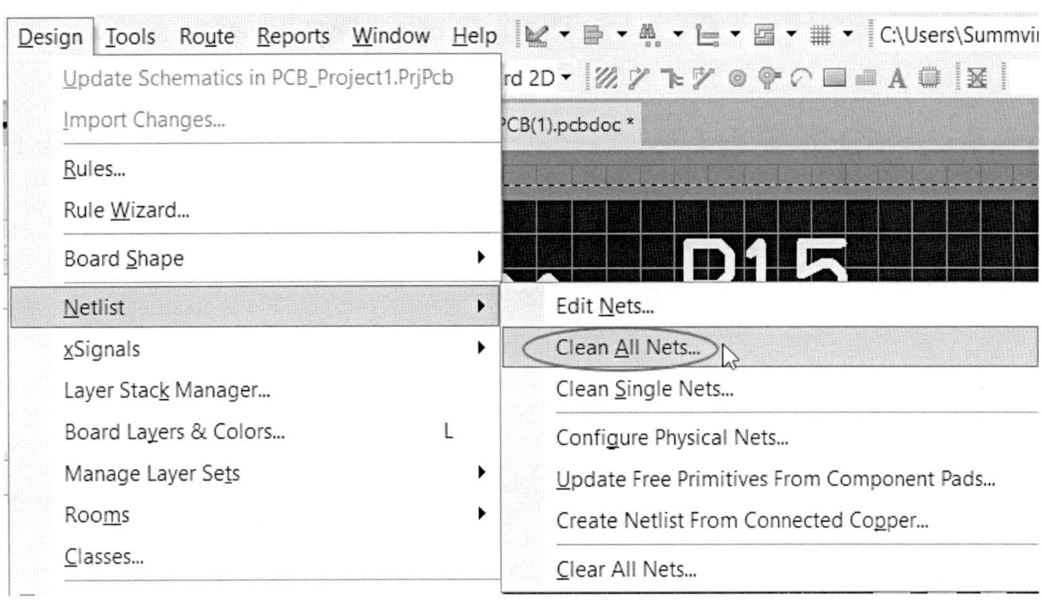

또는 다음의 단축키를 사용하면 됩니다. (N > H > A 다음 N > S > A)

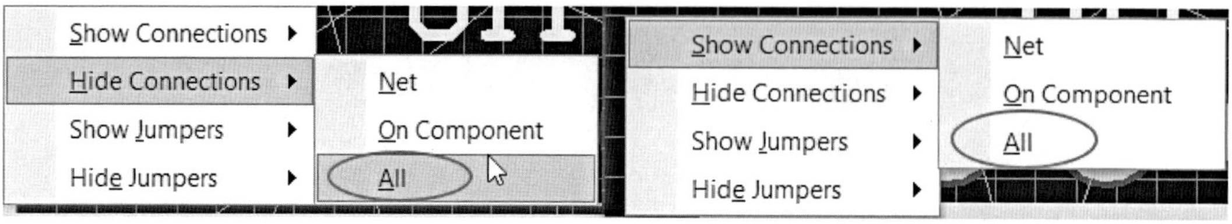

- 내부 레이어 평면 영역이 완벽하게 내보내지지 않습니다.
  플레인 존을 재구축(rebuild)하고 플레인 존의 네트를 다시 할당해야 합니다.
- DRC 규칙을 지원하지 않습니다.
  DRC를 수동으로 확인하십시오.
- 텍스트가 변경될 수 있습니다.
  글꼴 패밀리로 인해 일부 텍스트는 위치를 변경할 수 있습니다. 올바르지 않게 표시될 수 있습니다. 텍스트를 수동으로 수정하십시오.

7.6.3 Altium Designer 형식으로 Footprint 및 Symbol내보내기

EasyEDA는 Symbol 또는 Footprint를 Altium Designer 라이브러리 형식으로 내보내는 것을 지원하지 않지만 라이브러리를 회로도 또는 PCB에 배치하고 Altium Designer 형식으로 내보낸 다음 Altium Designer에서 라이브러리를 추출할 수 있습니다.

EasyEDA는 라이브러리 오류 및 형식 변환으로 인한 손실이 발생할 가능성이 있기 때문에, 신뢰할 수 있는 설계자료는 가급적 Altium형식으로 내보내기를 하지 말기 바랍니다.

7.7 SVG 소스 형식으로 내보내기

EasyEDA는 SVG 소스형식으로 내보내거나 편집하는 기능을 지원하고 있습니다. 다음을 통해 SVG 소스 파일을 만들 수 있습니다(File 〉 Export 〉 SVG source…).

그런 다음 이 상자의 내용을 텍스트 편집기에 복사하고 파일을 .svg 확장자로 저장합니다.

Inkspace (http://www.inkscape.org/)에서 편집하거나 브라우저에서 열 수 있습니다.

이 방법은 인터넷 연결이 필요하지 않으며 EasyEDA에서 오프라인으로 사용할 수 있습니다.

7.8 EasyEDA파일 내보내기

EasyEDA는 파일을 로컬에 저장할 수 있도록 지원하므로 디자인을 EasyEDA 소스 파일로 다운로드할 수 있습니다.

1. EasyEDA 문서 직접 내보내기

File 〉 EasyEDA File Source…을 통해 EasyEDA 소스 파일을 생성할 수 있습니다.

2. 프로젝트 다운로드

Project folder 〉 Right Click 〉 Download를 통해, 회로도 및 PCB용 EasyEDA 소스 파일이 포함된 zip 파일을 다운로드합니다.

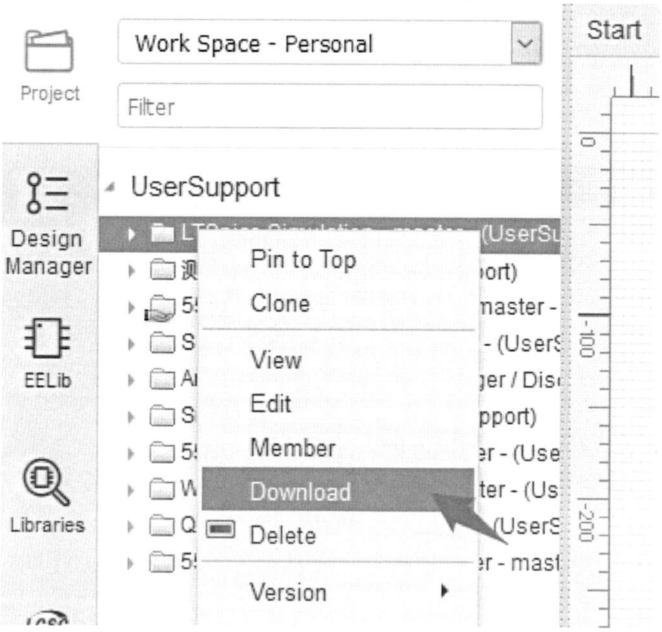

또는 Project folder 〉 Right Click 〉 Backup Project을 통해 프로젝트를 백업할 수 있습니다.

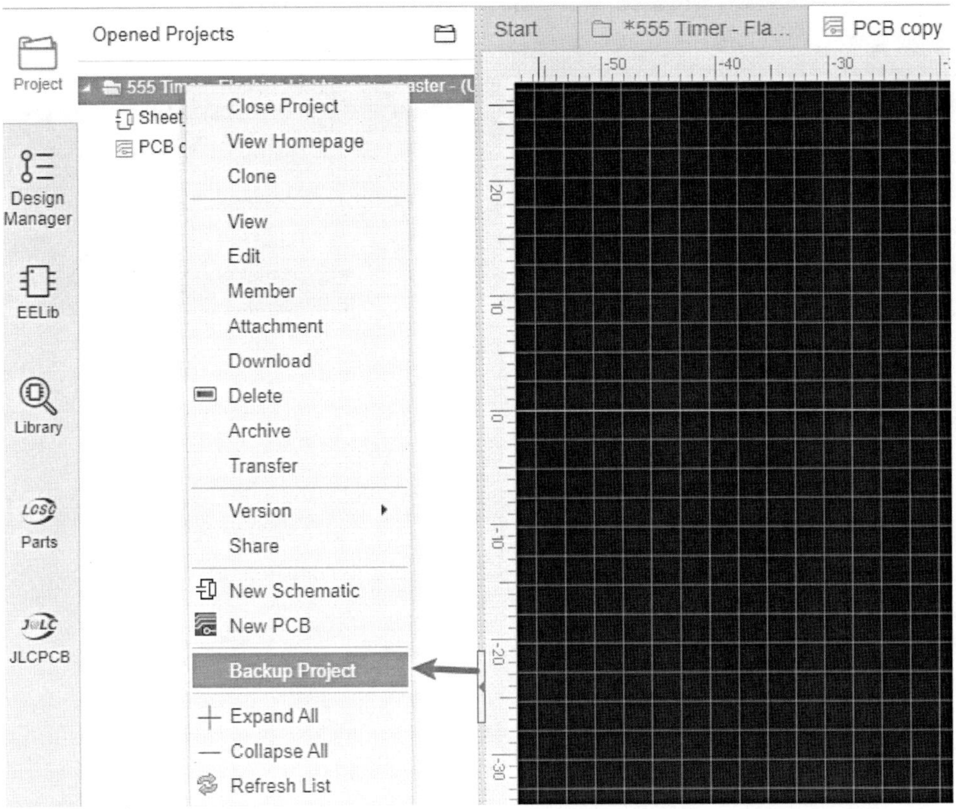

대화 상자가 열리면 백업할 프로젝트를 선택할 수 있습니다. 백업 프로젝트는 하루에 한 번만 있습니다.

EasyEDA 소스 파일은 다른 많은 프로그램에서 읽을 수 있는 JSON 파일입니다. JSON 형식은 다음을 참조하기 바랍니다.

http://en.wikipedia.org/wiki/JSON

3. EasyEDA 파일 열기

내보낸 EasyEDA 파일을 열려면 "– File – Open – EasyEDA…"를 통해 열 수 있습니다.

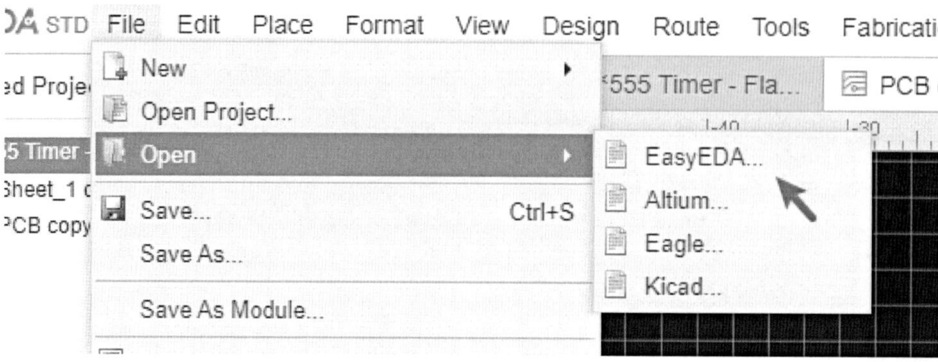

그런 다음 문서를 편집하고 저장할 수 있습니다.